## Zu diesem Buch

In Deutschland nehmen sich jeden Tag drei Jugendliche das Leben, mehr als zehn versuchen es. Drogen und Aids fordern weitaus weniger Opfer. Doch scheint der Freitod Jugendlicher Privatsache zu sein, allenfalls spektakuläre Suizidserien oder die Verzweiflung der Eltern finden öffentliche Beachtung. Gegen das Verschweigen lenkt dieses Buch die Aufmerksamkeit auf die verwickelten Gründe für Suizid, auf Risikofaktoren in der Lebensgeschichte und in der sozialen Umgebung, vor allem aber auf die übermächtige Angst vor der Leere des Lebens und vor dem Erwachsenwerden. Erst die Kenntnis der Motive versetzt uns in die Lage, Suizidgefährdungen zu erkennen und Jugendlichen wirkungsvoll zu helfen.

### Der Autor

Paolo Crepet, geboren 1951 in Turin, ist Psychiater und Soziologe. Er arbeitet im Rahmen internationaler und nationaler wissenschaftlicher Projekte zur Suizidforschung, ist Vorstandsmitglied psychiatrischer Gesellschaften und Autor mehrerer Untersuchungen über psychosoziale Probleme.

Paolo Crepet

# Das tödliche Gefühl der Leere

**der Leere**

*Suizid bei Jugendlichen*

Deutsch von Christine Plieger

**ro ro ro**

Rowohlt

Die Originalausgabe erschien 1993 unter dem Titel
«Le dimensioni del vuoto. I giovani e il suicidio»
im Verlag Giangiacomo Feltrinelli Editore, Mailand
Redaktion Wolfgang Müller
Umschlaggestaltung Susanne Heeder
(Foto: Charlie Ward / Tony Stone Images)

Deutsche Erstausgabe
Veröffentlicht im Rowohlt Taschenbuch Verlag GmbH,
Reinbek bei Hamburg, Februar 1996
Copyright © 1996 by Rowohlt Taschenbuch Verlag GmbH,
Reinbek bei Hamburg
«Le dimensioni del vuoto» Copyright © 1993 by
Giangiacomo Feltrinelli Editore, Mailand
Satz Sabon (Linotronic 500)
Gesamtherstellung Clausen & Bosse, Leck
Printed in Germany
1690-ISBN 3 499 19936 x

# Inhalt

## 3  Wenn der Faden reißt

*Der psychiatrische Dienst und die Familie*
*in der Konfrontation mit dem Suizid*  71

# .. Einleitung

Vor einiger Zeit fand an einem schwülen Sommerabend eine öffentliche Diskussion über den Suizid statt. Der Saal, eine riesige Bibliothek aus dem 19. Jahrhundert, war überfüllt, und ein Zuhörer, der keinen Sitzplatz ergattert hatte, lehnte an einem der hölzernen Bücherregale. Die unterschiedlichsten Menschen waren zusammengekommen: Studenten, Pensionäre, Intellektuelle, Frauen aus den besseren Kreisen, Wissenschaftler.

Neugierig betrachtete ich die verschwitzten Gesichter in der tiefen Stille, in der nur das Rascheln der Zeitungsblätter zu hören war, mit denen sich die Zuhörer Kühlung zufächelten. Ich stellte mir die Frage, warum so viele Menschen an diesem Abend in diesem Saal zusammengekommen waren und warum dieses beunruhigende und gleichermaßen ungewöhnliche Thema so anziehend wirkte. Dann fragte ich mich, ob die unerwartete Neugier nicht Zeichen einer tiefgehenden und verbreiteten Unruhe sei und ob hier nicht eine sehr alte Frage wiederauftauchte als Ausdruck eines fernen und angeborenen Unbehagens am Leben.

Während die Referenten ihre Argumente vorbrachten, versuchte ich, mir eine Antwort zu geben.

Nie war in unserer Gesellschaft die Grenze zwischen dem Begriff des Lebens und dem des Todes so fein und durchlässig wie heutzutage. Nicht weil der erstere seine Bedeutung zugunsten des zweiten eingebüßt hätte, sondern vielmehr weil beide Begriffe zu einem guten Teil ihren sakralen Sinn verloren haben. Unsere Existenz stellt für uns weder ein unwahrscheinliches und vergängliches Gut dar, noch deutet sie auf eine Erfahrung voraus, die unvermeidbar von Schmerz und Leid geprägt ist und in der jedes Jahr einem potentiell widrigen Schicksal abgerungen wird. Im Gegenteil, heute erlaubt es der menschliche Fortschritt, an das Leben zu denken wie an ein universelles und unveräußerliches Recht, das einem Großteil von uns eine Existenz verspricht ohne den Alptraum unvorhergesehener Schicksalsschläge und düsterer Bedrohungen. Jemandem hundert Lebensjahre zu wünschen schließt heute kein Glaubensbekenntnis ein, es ist auch keine unsinnige Gabe oder ein Appell an die fatalistische Erwartung eines gütigen Schicksals, sondern es bedeutet viel banaler, sich auf eine nicht unerhebliche statistische Wahrscheinlichkeit zu beziehen.

Dieser Fortschritt überdeckt einen widersprüchlichen Aspekt. Die Erfolge der Medizin und die verbesserten Lebensbedingungen (zumindest in dem Erdteil, den wir bewohnen) brachten eine unnatürliche Verlängerung des Lebens mit sich: Wie viele alte und kranke Menschen, die sich im Endstadium befinden, werden unter Bedingungen zum Überleben gezwungen, die niemand von ihnen akzeptiert hätte, wenn sie über ihr eigenes Schicksal wirklich hätten entscheiden können. Heutzutage fürchtet man weniger die Wahrscheinlichkeit eines verfrühten Todes, sondern viel eher die Aussicht auf ein wahnhaft verlängertes Leben, das keinen Sinn mehr hat und das der fundamentalen Freiheit beraubt ist, es in der gewünschten Zeit und auf die gewünschte Art und Weise zu beenden.

Aus unserem Leben scheint also die «natürliche» Kultur des Todes immer mehr zu verschwinden, jene Kultur, die untrennbar mit dem Schicksal verbunden bzw. vom göttlichen Willen geschaffen war. Gegen sie setzt sich immer stärker eine andere Kultur durch, die von wissenschaftlichen Erkenntnissen bestimmt und kontrolliert wird.

Diese Faktoren begünstigten das wachsende «Bedürfnis nach Irrationalem», das sich in der Verbreitung von Praktiken aus alter und neuer Zeit äußert: von der Esoterik bis zum Glauben an Außerirdische, von den neuen Formen des Mystizismus bis zu den extravagantesten Vorschlägen der Psychotherapie. Dennoch wäre es ein schwerwiegender Fehler zu glauben, daß dieses Phänomen nur eine heftige kollektive Regression darstelle. Das Bedürfnis nach Irrationalität richtet sich nämlich mindestens auf zwei Ansprüche: Zum ersten muß den Fragen, die sich auf das Leben (und auf den Tod) beziehen, ein sakraler Charakter zurückgegeben werden, der frei ist von den absurdesten Forderungen des wissenschaftlichen Rationalismus, indem die eigene Subjektivität wieder in den Mittelpunkt der Selbsterforschung gestellt wird; zum zweiten muß die Macht des einzelnen auf die Kontrolle des eigenen Schicksals und der Qualität des eigenen Lebens ausgeweitet werden.

Zweifellos besitzt die Medizin große Verantwortung für das, was derzeit geschieht: Wenn sie auf der einen Seite in der Lage war, viele Ursachen des Leidens und der Krankheiten zu besiegen, so gelang es ihr aber auf der anderen nicht, dem Leben einen neuen Sinn zu verleihen. Man kann auch nicht behaupten, daß sie imstande war, das Leben, das sie verlängert, glücklicher und zufriedener zu machen. Tatsächlich entfernte sich die Medizin zunehmend vom Interesse für die Ganzheit des Menschen, sie hat eine partielle Sicht verfestigt und einen abstrakten Kodex gefördert, an dem die Bedürfnisse des Menschen ablesbar sind. In dieser von der offiziellen Wissenschaft hinterlassenen großen Leere muß das Bedürfnis nach Irrationalität wachsen und dabei neue und unvorhergesehene Räume erobern: Gehört zu den Motiven, die viele Menschen in die Hände von Scharlatanen oder von Jüngern der okkulten Wissenschaften treiben, nicht auch die immer stärker gefühlte Notwendigkeit, in der eigenen Ganzheit begriffen zu werden und nicht als sezierbare Organe oder entschlüsselbare Symptome? Kann nicht auch hinter der Berufung auf die Schar von Hexenmeistern, Zauberern, Medien und Heilkundigen, die täglich Tausende von Fernsehzuschauern oder von Unglücklichen anlocken, eine kindliche Hoffnung stecken, dem Leben, das mittlerweile arm an Aufmerksamkeit und Neugier anderer ist, wieder einen Sinn zu geben?

Die Wiederaneignung der Bedeutung des eigenen Schicksals in seiner rationalen und irrationalen Form bringt also eine Rückgewinnung des Todesbegriffes in all seinen komplexen und vielfältigen Erscheinungsweisen mit sich, der paradoxerweise als Medium notwendig ist, um unserem eigenen Leben wieder einen Sinn zu geben. In diesem Vorgang steckt also wahrscheinlich eines der unbewußten Motive, sich einem so beunruhigenden Thema wie dem Suizid zu nähern.

Wenn der Suizid für viele eine Quelle wachsender Neugier und schlechtverhohlener Unruhe ist, so stellt er für andere das Objekt einer tiefgehenden und notwendigen Verneinung dar. Viele Jahrhunderte lang war derjenige, der sich das Leben nahm (oder dies versuchte), von Moral- und Rechtslehren verurteilt worden. Erst in der jüngsten Zeit hat dieses Urteil der Interpretation von Soziologen, Psychologen und Psychiatern weichen müssen. Der Suizid wurde aufgrund einer veränderten Betrachtungsweise zu einem Produkt des sozialen Wandels, zum Ausbruch einer Anomalie des Verhaltens oder zur Handlung, die eine charakterliche Verletzbarkeit verbirgt.

Der Suizidant ist nun nicht mehr Objekt des moralischen Urteils, sondern einer entwickelteren wissenschaftlichen Rechtgläubigkeit; bis jetzt ist es aber keinem noch so löblichen Versuch, seine Natur zu verstehen, um dadurch in seine selbstzerstörerischen Absichten einzugreifen, gelungen, auch nur die gröbsten methodischen Einschränkungen auszuräumen oder widersprüchliche Ergebnisse zu vermeiden. Es ist ein äußerst mühevolles Unterfangen, das Verhalten des Suizidanten taxonomisch einzuordnen oder seine Handlung auf Ursachen zurückzuführen: Er bedeutet nämlich ein unausgesprochenes Schachmatt nicht nur für die Regeln der wissenschaftlichen Rationalität, sondern auch und hauptsächlich für die Familienangehörigen, für die Freunde, für jeden, der ihm nahegestanden hat, für den, der ihn behandelt hat oder der versucht hat, ihm zu helfen, schließlich für die gesamte Gesellschaft.

Die Untersuchung des Suizidverhaltens schließt also eine präzise Vorbedingung mit ein: ein tiefes Verständnis für die Grenzen unserer Kenntnisse und ein überzeugtes Bekenntnis zu intellektueller Bescheidenheit. Diese Vorbedingung war aber zu oft nicht vorhanden; sie fehlte jedoch nicht nur bei einigen dünkelhaften Wissenschaftlern, die auf diesem Gebiet arbeiten, sondern auch bei einer paradoxen Art von Antwort auf das tiefe Gefühl der Angst, das der Suizidant demjenigen einflößt, der versucht, seine verzweifelte Geste zu erklären und zu verstehen. Außerdem verbindet sich diese Angst oft mit dem Gefühl der Frustration und der Ohnmacht, das die neueste Entwicklung der klinischen Fähigkeiten und der therapeutischen Praktiken kennzeichnet, nicht nur in Beziehung auf das Suizidverhalten, sondern auch auf einige damit wechselseitig verknüpfte Formen psychischer Pathologie, wie zum Beispiel auf die Psychosen und die depressive Verstimmung.

Sicherlich wandte die Psychiatrie nicht allein aus wissenschaftlicher Überzeugung so oft ihre höchst traumatisierenden und gewaltsamen Interventionsmethoden bei den Personen an, die einen Suizidversuch verübt hatten oder als gefährdet galten: von der chemischen Vernichtung durch Überdosen an Psychopharmaka bis zur physischen durch den Einsatz von Elektroschocks. Oft will man nicht nur diese Krisen «heilen» oder weiteren vorbeugen, sondern man will auch, vielleicht nur unbewußt, diese Person «bestrafen», weil sie ein therapeutisches Verhältnis «verraten» hat, oder auf die unerträgliche erpresserische Wirkung reagieren (das Schachmatt, von dem ich vorher sprach), die die Handlung oft miteinschließt. All das stellt für die Psychiatrie keine Neuigkeit dar, denn – wie Herbert Brown und Douglas Jacobs, zwei bekannte Psychiater der Universität Harvard behaupten – «je weniger wir von einem Phänomen begreifen und um so größer unsere Angst davor ist, desto mehr versteifen wir uns darauf, unsere barbarischsten und gewaltsamsten Methoden anzuwenden». (1)

Wenn man also annimmt, daß das Suizidverhalten in keinem Fall ein erschöpfendes Verständnis finden kann, wenn es auf ein einfaches klinisches Symptom einer psychischen Pathologie reduziert wird, wie kann man dann meinen, daß es allein durch die Einnahme eines Psychopharmakons behoben oder ihm dadurch vorgebeugt werden kann? Kann ein Antidepressivum oder ein Elektroschock eine Verzweiflung mildern oder ein leeres Leben füllen?

Wie viele andere Forscher bin auch ich vom Gegenteil überzeugt: Auch im Suizidverhalten, das sehr deutlich mit einem Zustand des psychischen Unbehagens in Verbindung steht, wird zeitweilig dieses Moment ausgeklammert, und der letzte Rest von Rationalität kann auftauchen. Der Suizid als aktive Suche nach dem Tod schließt also ein zielgerichtetes Verhalten ein bzw. die verzweifelte Aktivierung der noch vorhandenen bewußten Fähigkeiten. Das kann zum Beispiel erklären, warum die Suizidgefahr häufig im Anschluß an Zeiträume mit zurückgehender Symptomatik ansteigt, aber auch die quälenden Vorbereitungen, die oft dem letzten Akt vorausgehen.

Der Sinn des Diskurses verschiebt sich also unvermeidlich auf die tiefere Bedeutung des Suizids. Dieses Thema ist sicherlich zu kompliziert, um der Aufschlüsselung allein durch Psychiater überlassen zu werden.

Wenn der Anspruch berechtigt erscheint, das Suizidverhalten aufgrund seiner Vielschichtigkeit mit dem Wissen aller Disziplinen zu erklären, so wird dies erst recht unerläßlich, wenn man sich mit Jugendlichen beschäftigt.

Das, was in einer allgemeineren Weise als «Unbehagen der Jugend» bezeichnet wird, war in den letzten Jahren Objekt analytischer Untersuchungen und zweifellos nützlicher theoretischer Erklärungen. Die amtlichen Statistiken verdeutlichen, daß die Formen, in denen sich dieses Unbehagen manifestiert, jede noch so pessimistische Vorhersage übertroffen haben und ein derartiges Gewicht annehmen, daß sich eine tiefgehende und berechtigte Besorgnis breitmacht. Die Häufigkeit der von Jugendlichen erlittenen oder verübten Gewaltakte, die Anzahl der jugendlichen Drogen- und Alkoholabhängigen, die Masse der Jugendlichen auf der Suche nach einer ersten Anstellung, der wachsende Prozentsatz von Minderjährigen, die gezwungen sind, in der Erpressung der Makro- und Mikrokriminalität zu leben, und die äußerst hohe Rate von vorzeitigen Schulabgängern sind Indizien (und vielleicht sind dies nur einige der grausamsten und erbarmungslosesten) für die tiefe Krise, welche die Welt der Jugendlichen erschüttert. Die Verwendung von Sozialstatistiken bei der Untersuchung dieser Phänomene ist ein zu neues Verfahren, um mit Sicherheit feststellen zu können, ob dieses deprimierende Bild schlechtere oder bessere Bedingungen beschreibt, als sie für frühere Generationen galten. Aber auch das wäre sicherlich für niemanden ein Trost.

Der Anstieg der Suizidrate unter Jugendlichen, der in vielen Ländern der westlichen Welt gut dokumentiert ist, muß in dieses traurige Verzeichnis aufgenommen werden. Dieses Phänomen darf jedoch nicht einfach und intuitiv mit den gerade benannten Problemen verknüpft werden, wenn man nicht einer ähnlichen Simplifizierung zum Opfer fallen will, wie sie für die biomedizinischen Wissenschaften beschrieben wurde.

Tatsächlich kann das Suizidverhalten, wenn es nicht allein auf den Ausdruck einer psychischen Pathologie reduziert werden soll, nicht unbedingt als reines Produkt einer sozialen Krise betrachtet werden, auch wenn sie so umfassend und dramatisch ist, wie jene, die uns betrifft. Wenn wir als Erklärungshypothese für das Suizidverhalten Jugendlicher eine Äquivalenz zwischen diesem Phänomen und dem Ausdruck sozialer Krisen annehmen würden, müßten wir erwarten, daß die höchsten Raten dieses selbstzerstörerischen Verhaltens in den geographischen Gebieten oder in den sozialen Schichten zu finden sind, die von der sozialen Umwälzung besonders betroffen werden. Wir müßten uns in diesem Fall sogar wundern, wenn ein in einer ungünstigen Umwelt geborener und dort aufgewachsener Jugendlicher sich nicht für den Suizid entscheidet...

Die zuverlässigsten epidemiologischen Daten beweisen aber, daß diese Hypothesen simplifizierend und oberflächlich sind. Offensichtlich ist das Problem um ein Vielfaches komplexer.

Warum also stellt der Suizid Jugendlicher ein so dramatisches und verbreitetes soziales Problem dar? Der Leser wird in den Kapiteln dieses Buches Hinweise auf diese komplizierte Frage finden; hier beschränke ich mich darauf, kurz einige vorwegzunehmen, und stütze mich dabei hauptsächlich auf die von Keith Hawton in einem seiner bekanntesten Aufsätze formulierten Hypothesen. (2) Hawton richtet sein Augenmerk auf die Situation in den meisten westlichen Ländern und unterstreicht das gemeinsame Auftreten von grundlegenden Faktoren.

Der erste ist die tiefgehende Veränderung, die sich in der Institution Familie vollzieht: Die Anzahl ihrer Mitglieder hat stark abgenommen; die Anzahl der Trennungen ist beachtlich angestiegen; die Wahrscheinlichkeit, in einer Familie mit nur einem Elternteil auf die Welt zu kommen, wird alles andere als gering sein. In den USA schätzt man, daß jedes dritte Kind unter solchen Bedingungen aufwächst. All das bewirkt, daß ein außerordentlich bedeutsamer Faktor für die soziale und affektive Stützung fehlt – die Folgen für das psychische Gleichgewicht des Jugendlichen lassen sich erahnen. Dieser Faktor ist für ein Land wie Italien noch bedeutsamer, in dem die Familie bisher eine äußerst wichtige Rolle als psychischer Schutz spielte. Diese rasche und dramatische Veränderung, die von einem fortschreitenden Verfall der sozialen Werte in ihrer Gesamtheit begleitet wird, hat sicherlich dazu beigetragen, die Anzahl der durch Gewaltakte ums Leben gekommenen Jugendlichen in den letzten fünfzig Jahren beängstigend ansteigen zu lassen: Die Zahl der ermordeten jungen Menschen erreicht nun jene der Suizidanten, die über ein Jahrhundert lang immer höher gewesen war.

Der zweite Faktor ist ein kultureller Aspekt: Das Ausmaß, in dem die Idee des Suizids von Jugendlichen akzeptiert wird, hat sich verändert. Ich erwähnte gerade den fortschreitenden Bedeutungsverlust des Wertes der Existenz, der mit all dem verbunden ist, was jeder täglich in den Zeitungen lesen kann: Todesfälle durch eine Überdosis an Heroin, Herausforderungen zu Geisterfahrten auf der Autobahn, verrückte Duelle unter Motorradfahrern, das grauenvolle Spiel, erst kurz bevor der Zug vorbeidonnert, von den Bahngeleisen aufzustehen. Auch wenn keines dieser tragischen Rituale an sich mit einem Suizid vergleichbar ist (in diesen Fällen will man ja nicht sterben, man beabsichtigt nur, den Tod herauszufordern und Verachtung für das Leben zu demonstrieren), enthält jedes dieser Rituale auch die Botschaft einer beängstigenden Selbstzerstörung (das, was die Fachleute mit «Suizidäquivalent» bezeichnen), die ihrerseits ein Synonym für das Akzeptieren der Todeskultur ist. Eine auf diese Weise aktive Suche nach dem Tod bedeutet, daß er in die neue Lebenssprache der Jugendlichen aufgenommen ist.

Man wird hier einwenden können, daß jede Generation ihre negativen Mythen besaß, ihre auf dem Altar des Nihilismus geopferten Idole. Man könnte auch feststellen, daß diese Fälle eine Wiederkehr dessen bedeuten, was ein Jugendlicher über die barbarischsten Aspekte der Gesellschaft der Erwachsenen «gelernt» hat. Was muß ein Kind aus Palermo von den Werten des Lebens halten, wenn es erbarmungslose Kriminelle frei und respektiert leben sieht? Auch wenn diese Einwände begründet sind, kann man dennoch die Besonderheit der existentiellen Krise bei Jugendlichen nicht leugnen. Diese Krise hängt mit dem Problem der Identität zusammen.

Erik Erikson (3) beschrieb die Adoleszenz als einen Grenzzustand, in dem sich der Konflikt zwischen Wahl und Identität verschärft: Ist für den Erwachsenen die Identitätskrise vor allem an die Angst gebunden, das zu verlieren, was man gewesen ist und was man ist, so liegt für den Jugendlichen das Element des Leidens darin, daß sich die Differenz zwischen dem Nicht-Wissen, wer man ist, und der Angst, das zu verlieren, was man sein wird, vergrößert. Diese Kluft ist heutzutage dem Risiko ausgesetzt, sich noch weiter zu vertiefen, denn die durch die Massenmedien (Werbung, «fiction») vermittelten kollektiven Vorstellungen erscheinen sowohl unglaubwürdig als auch verführerisch. Wenn das, was ein Jugendlicher als Erwachsener machen möchte, und das, was er glaubt, in Wirklichkeit machen zu können, auseinanderfällt, zeichnet sich eine ernstzunehmende Gefahr für seine emotionale Stabilität ab.

Die Leere, die von der Angst ausgelöst wird, wachsen zu müssen, kann sich also für jemanden schrittweise mit existentiellen Surrogaten füllen, die einen frühzeitigen Lebensüberdruß anzeigen. In einem Leben, das an Wert verliert, wächst die Bedeutung der Todespraktiken und -ideen: Das Leben neigt dazu, eine Ergänzung seines eigenen Endes zu werden, bis der Versuch, sich auszulöschen, kein paradoxer Beweis mehr ist: Ich bin, also kann ich mich auch auslöschen, indem ich mich umbringe.

Im Zentrum dieser Untersuchung steht eben diese Leere. Ich will sie nicht aseptisch erklären, sondern in sie eindringen, um sie zu verunreinigen und um ihren Sinn und ihre Dimensionen zu entdekken.

# 1 Angst zu leben, Angst zu wachsen

*Vom Begriff des Todes zu den erklärenden Theorien*
*für das Suizidverhalten Jugendlicher*

## Das Wissen um den Tod bei Kindern und Jugendlichen

Wir Erwachsenen nehmen oft an, daß ein Kind dem Gedanken des Todes so fern ist wie das Glück von der Traurigkeit oder das Licht von der Dunkelheit. Wir neigen nämlich dazu, dem Kind jenen Teil unserer Welt zuzuschreiben, von dem wir fühlen, daß wir ihn unwiderruflich verloren haben: einen spielerischen und unbeschwerten Umgang mit dem Leben. Es ist so, als ob wir meinten, daß der Reifungsprozeß selbst wie eine unumgängliche und besondere Last das Wissen um Angst und Schmerz mit sich bringen würde. Alles in allem schauen wir auf das Kind wie auf ein Wesen, das durch eine tiefgehende Unterbrechung der Kontinuität von uns getrennt ist, wir verlangen sogar, daß die Welt des Kindes durch die Ängste der Großen nicht getrübt wird, daß das Leid der Existenz nicht in sie eindringen kann.

Wenn ich dieses Thema behandele, möchte ich jedoch von einem anderen Aspekt als dem eben angedeuteten ausgehen, und zwar von dem, daß das langsame Wachsen eines Lebens von den frühesten Entwicklungsphasen an undeutlich faßbares Leid, stumme Verzweiflung, dumpfen Schmerz und düsterste Ängste einschließt. Wenn diese Gefühle offen zutage treten, zeigt dies nicht unbedingt den Beginn einer pathologischen Entwicklung an. Im Gegenteil, sie sind Elemente einer Lebensgeschichte mit Höhen und Tiefen, aus der jeder Mensch schöpft, um seine Existenz mit Inhalten und Erfahrungen zu füllen. Das Wissen um das Leid und den Tod, das hier nicht nur als Verschärfung einer leidvollen Erfahrung, sondern auch als Geschehnis an sich verstanden wird, bildet sich also spontan während des Wachstumsprozesses des Kindes und läßt die Verteidigung des Ich in dieser sehr delikaten und entscheidenden Phase seiner Entwicklung heranreifen. Der Begriff des Todes gehört zum Vorrat an Neugierde und Phantasie, den das Kind gegenüber den Dingen der Welt hegt, er stellt eine unerläßliche Voraussetzung für eine angemessene Entfaltung seiner Abwehrkräfte dar.

Jeder Erwachsene, der Gelegenheit hatte, die Fragen eines Kindes zu beantworten, das einen toten Spatz im Garten gefunden hatte oder dessen Kätzchen gestorben war, weiß, daß Kinder sehr oft eine ausgeprägte Neugier dem Tod gegenüber zeigen, daß ihre Fragen sehr konkrete und nicht unbedingt Angst einflößende Aspekte betreffen. Diese Neugier bezieht sich weniger auf einen äußeren Vorfall, sondern sie spiegelt vielmehr das sich entwickelnde Interesse des Kindes an sich selbst und am eigenen Wachstum. Mit anderen Worten, das Kind möchte uns fragen: «Wenn die Katze tot ist, warum lebe dann ich?»

Wer das Suizidverhalten Jugendlicher untersuchen, interpretieren und verstehen will, muß also von dieser Wißbegierde ausgehen, die oft von der Erwachsenenwelt verleugnet und verfälscht wird. Diese neugierigen Fragen stellen die ersten Bausteine dar, aus denen das Kind sein Wissen über den Tod und spiegelbildlich dazu auch über einen bedeutsamen Teil des Lebens zusammenfügt.

Seit den bahnbrechenden Studien der Psychoanalytikerin Hermine Hug-Hellmuth (1) sind sich alle Forscher und Ärzte, die sich für die Analyse dieses Aspektes der psychischen Entwicklung des Kindes interessiert haben, einig, daß sich der Begriff des Todes in den ersten Lebensjahren ständig und tiefgehend verändert.

In einem seiner Grundlagenwerke behauptet Ronald Lourie (2), daß die früheste Erfahrung mit dem Tode am Ende des ersten Lebensjahres im Zusammenhang mit der Trennung von der Mutter gemacht wird. Das Kind legt nämlich dabei, wenn auch nur auf eingeschränkt bewußte Weise, die Gleichwertigkeit von *Abwesenheit* und *Nicht-Existenz* fest. Wenn die Person abwesend ist, ist es so, als ob sie nicht mehr existieren würde. Für den Menschen fällt also der erste Begriff des Todes mit dem der Abwesenheit zusammen. Unmittelbar danach aber experimentiert das Kind mit der eigenen Kontrollfähigkeit über dieses Geschehen: Wenn es wahr ist, daß die Mutter verschwindet, *kann* sie aber auch *wieder*kommen, ja, *man kann sie sogar wiederkommen lassen.*

Das Kind lernt, Verhaltensweisen einzusetzen, die seine Angst vor dem Verlust der Mutter gerade durch das Verschwindenlassen der Mutter bekämpfen: Es schließt die Augen, oder es weist die Mutter zurück und «tötet» dadurch den Grund seines Schmerzes. Wenn es selbst verschwindet, gelingt es ihm, sich vor dem unerträglichen Schmerz, den das Verschwinden der Mutter bedeutet, zu schützen. Aber die Mutter taucht (auch) wieder auf, als Folge des erpresserischen Verhaltens des Kindes. Sie bestärkt somit im Kind das Bewußtsein, daß Erpressung ein wirksames Mittel ist, eine Form der Macht über Personen, die selbst Macht über es haben. Es lernt also nicht nur, daß es den Verlust (Abwesenheit – Tod) gibt, sondern daß man sich vor dem Schmerz und der Angst durch die eigene Vernichtung (man bringt sich um, um den Grund des eigenen Schmerzes zu beseitigen) schützen kann und daß dieses System wirksam ist, um jemanden wieder lebendig zu machen und um selbst zu leben. Dadurch daß der Begriff des Todes in diesem ersten Stadium an Abwesenheit–Trennung geknüpft ist, bezieht er sich auf ein *umkehrbares Ereignis*: Der Tod unterbricht nicht alle Lebensfunktionen; der Tote hört und sieht weiterhin.

Zwischen dem zweiten und vierten Lebensjahr beginnt sich der Todesbegriff zu verändern. Der amerikanische Kinderpsychiater George MacLean (3), hob hervor, daß das Kind in diesem Alter anfängt, Angst vor seinem Tod zu empfinden. Der eigene Tod ist nun die Ausweitung der Angst, die durch Objekte, die es umgeben, durch Unwetter und durch die Dunkelheit hervorgerufen wird. Der Gedanke an den Tod kann auch in Verbindung mit einem Frustrationsgefühl oder mit Wut auftreten. In jedem Fall deutet er auf eine komplexere Wahrnehmung der Umwelt hin. Nach dem dritten Lebensjahr verbindet sich die Vorstellung vom Tod, obwohl er immer noch als umkehrbares Ereignis erscheint, mit der Vorstellung von Gewalt. Die Todesphantasien werden nun auf Personen übertragen, die, obwohl sie für das Kind wichtige affektive Bindungen darstellen, seine Aggressivität ganz besonders anziehen. Für ein Kind in diesem Alter sind nicht mehr unbelebte Objekte der Ursprung seiner Angst vor dem Tod, sondern lebende Figuren in seinen immer wiederkehrenden Phantasien: die böse Hexe aus dem Märchen, das schreckliche Monster aus dem Comic-Heft, der fürchterliche Roboter der Cartoons im Fernsehen. Der Begriff des Todes ist also noch von Universalität (ein Ereignis, das alle trifft) und Kausalität geschieden. Die Gründe für das Ende des Lebens sind noch magisch und geheimnisvoll, wenn man die Ernährung ausnimmt, denn das Essen ist für Kinder dieses Alters eindeutig Ursache (Grundbedingung) für das Leben.

Nach dem neunten Lebensjahr erfährt die Vorstellung vom Tod eine zweite und grundlegende Veränderung: Die Konnotation eines vorübergehenden Ereignisses, eines Instrumentes der Erpressung und der Gewalt, verschwindet, die Vorstellung wird als *endgültiges, universelles und irreversibles* Ereignis erfahren. Sowohl nach Speec und Brent (4) als auch nach Kane (5) entspricht nämlich der Begriff des Todes in den Jahren unmittelbar vor der Adoleszenz dem Wissen, daß es sich nicht nur um ein für alle gleiches Ereignis handelt, sondern daß der Tod auch die Ursache für das Aufhören des biologischen und sensorischen Lebens des Menschen ist. Er kann also einer anderen als der eigenen Person zugeschrieben werden.

Auch der Schweizer Psychologe Jean Piaget hat einen wichtigen Beitrag zu diesem Thema geleistet. Nach ihm beginnt nämlich das Kind zwischen dem siebten und zwölften Lebensjahr, den Tod als einen möglichen Schlußakt, wenn auch nicht immer als universelles und individuelles Ereignis wahrzunehmen. (6) In diesem Alter ist die kognitive Entwicklung bereits geprägt durch eine konkrete Handlungsfähigkeit, die es dem Kind gestattet, ein kognitives und logisches System auf die Lösung von Problemen anzuwenden.

Diese Theorien lassen sich nicht unterschiedslos auf alle Kinder übertragen. Denn nicht bei allen Heranwachsenden, die älter als neun Jahre sind, hat sich der Begriff des Todes in der eben beschriebenen Form verwandelt (von der Wahrnehmung des Todes in dem, was einem verstorbenen Menschen widerfahren ist, bis zum Erkennen des Todes als unumgängliches Ende eines biologischen Prozesses): Es gibt nicht wenige ältere Kinder und Jugendliche, für die der Tod noch immer ein umkehrbares Ereignis darstellt. (7) Wir müssen uns also vor Augen halten, so wie es Melear (8) empfiehlt, daß das Alter nicht die einzige Bezugsgröße bei der Analyse der Entwicklung des Todesbegriffes ist, sondern daß auch der emotionale Zustand und die kognitive Entwicklung in die Betrachtung einbezogen werden müssen.

Einige Forscher nehmen an, daß gerade die langsame Entwicklung der kognitiven Fähigkeiten und die daraus folgende schrittweise Ausbildung des Todesbegriffes in den ersten Lebensjahren eine der Erklärungen für die geringe Anzahl von Suiziden bei Kindern liefert. (9) Folgt man Autoren wie Nagy (10) oder Pfeffer (11), dann beginnt die Vorstellung vom Tod erst in der frühen Phase der Adoleszenz auch die ersten Wünsche nach dem eigenen Tod einzuschließen. Diese Wünsche hören auf, nur Phantasien zu sein, sie nehmen vielmehr die Gestalt einer möglichen und konkreten Lösung eines verinnerlichten Konfliktes an. Damit diese Lösung in eine Handlung übergeht, braucht es aber eine kognitive Fähigkeit, die sich erst in der zweiten Phase der Adoleszenz entwickelt: die Fähigkeit zur mentalen Programmierung oder all das, was zur Fähigkeit des Individuums gehört, die Variablen seiner Umwelt vorauszusehen, einzuschätzen und die wirkungsvollsten für den gewünschten Zweck auszuwählen.

Diese Überlegungen zum Begriff des Todes in der Kindheit und in der frühen Adoleszenz münden in eine Frage: Existieren Unterschiede in den Todesvorstellungen zwischen den Jugendlichen, die eine Tendenz zur Selbstzerstörung oder zum Suizid offenbaren, und Gleichaltrigen, die frei davon sind?

Wenn ein möglicher Unterschied darin besteht, daß Jugendliche mit Suizidtendenzen seit ihrer Kindheit für den Tod und Toten gegenüber eine ausgesprochene und häufig wiederkehrende Aufmerksamkeit aufbringen, dann muß aber trotzdem betont werden, daß der Begriff des Todes bei diesen Jugendlichen besonders unreif ist und jenen für die Kindheit typischen spiegelt: Der Tod wird als ein *reversibles und angenehmes Ereignis* gesehen. Dieses Faktum hat die amerikanische Psychiaterin Cynthia Pfeffer überzeugend nachgewiesen. (12; 13)

Andere bemerkenswerte Unterschiede sind in einer weiteren interessanten Studie (14) ermittelt worden, die innerhalb einer repräsentativen Gruppe von Jugendlichen vier Parameter untersucht hat: Anziehung/Abstoßung dem Leben und Anziehung/Abstoßung dem Tod gegenüber. Die Jugendlichen wurden gebeten, auf Fragen zu Geschichten zu antworten, in denen Alternativen zwischen Tod und Leben behandelt werden. Die Helden in diesen Märchen sind Tiere, von denen einige im Verlauf der Geschichte sterben. Die Heranwachsenden mit Suizidvorstellungen zeigten, wenn auch unter widersprüchlichen Aspekten, im Vergleich zur Kontrollgruppe Ablehnung dem Leben gegenüber; gleichzeitig konnte festgestellt werden, daß der Tod auf sie im Unterschied zur Kontrollgruppe eine viel stärkere Anziehung ausübte.

Hier drängt sich spontan die Frage auf, wie Suizidhandlungen von diesen Jugendlichen erlebt und interpretiert werden. Diese Untersuchung ist nicht einfach, da zuerst unvermeidbare Widerstände und Tendenzen der Verleugnung überwunden werden müssen, vor allem dann, wenn der befragte Jugendliche gewahr wird, daß das Suizidverhalten seinen eigenen Gefühlen nicht völlig fremd ist. Um eine Antwort auf die oben gestellte Frage zu erhalten, wird am häufigsten die Methode angewandt, Jugendliche nach ihren Suizidversuchen direkt zu befragen. Die Ergebnisse dieser Untersuchungen können jedoch verfälscht sein: In den Stunden und Tagen unmittelbar nach dem Suizidversuch unterliegt das tiefe Erlebnis des Jugendlichen einer Reihe von Veränderungen im Hinblick auf die Beweggründe, die ihn den Tod herbeiwünschen ließen. White (15) stellte darüber hinaus fest, daß mehr als die Hälfte der befragten Jugendlichen nicht in der Lage war, das Erlebte in Worte zu fassen, weder was die Handlung anbelangt noch die Motive, die zu ihr geführt haben.

Bei diesem Problem scheint der richtige Weg zu sein, die Motive, die den Jugendlichen zum Suizidversuch getrieben haben, in die der Handlung vorangehenden und in die ihr nachfolgenden Erlebnisse aufzuspalten. Dazu regt auch der englische Psychiater Keith Hawton (16) an.

Eine der interessantesten Untersuchungen, die in den letzten Jahren durchgeführt wurde, betrifft eine Gruppe von Heranwachsenden zwischen dem 13. und 17. Lebensjahr, alle mit vorausgegangenen Suizidversuchen. Die Gruppenmitglieder wurden gebeten, eine von fünf Karten zu wählen, wobei jede Karte für eine andere Erklärung der Absicht, sich selbst zu verletzen, stand (17). Das von über der Hälfte der befragten Jugendlichen gewählte Gefühl ist Wut auf ein Familienmitglied oder auf einen Freund in Verbindung mit dem Gefühl, allein und unerwünscht zu sein. Überdies wurde festgestellt, daß mit dem Ansteigen des Alters die angegebene Begründung immer deutlicher zur Sorge um die eigene Zukunft tendierte. Dies bestätigt die durch verschiedene Untersuchungen (18; 19) gestützte Hypothese, daß es in der ersten Phase der Adoleszenz nicht so sehr depressives Erleben ist, das die Suizidgedanken begleitet, als vielmehr das Gefühl des Hoffnungsverlustes, mithin ein typisch kognitives Merkmal, das oft dem Symptom eines pathologischen Gefühlslebens vorausgeht.

Versucht man nun, die Beweggründe zu analysieren, die ein Jugendlicher für seinen Suizidversuch angibt, kommt man zur Feststellung, daß er höchst selten eine klare und präzise Begründung vorbringt. White (20) behauptet, daß die Mehrheit der von ihm unmittelbar nach einem Suizidversuch befragten Jugendlichen die eigene Handlung entweder gar nicht oder wenn dann nur mit vagen Sätzen ohne genauen Bedeutungsinhalt rechtfertigte. In einer anderen und eingehenden Untersuchung haben Hawton und seine Mitarbeiter (21) Jugendliche aus der Grafschaft Oxford befragt, die durch die Einnahme von Medikamenten versucht hatten, sich das Leben zu nehmen. Sie wurden danach gefragt, ob sie wirklich die feste Absicht zu sterben gehabt hätten oder ob sie nicht sterben wollten, und schließlich, ob sie dem Ausgang des Suizidversuches gegenüber gänzlich gleichgültig gewesen seien. Die Antworten wurden daraufhin mit den Aussagen derjenigen in Beziehung gebracht, die als erste die

Jugendlichen nach ihrer Einlieferung in das Krankenhaus behandelt hatten. Das interessanteste Ergebnis dieser Untersuchung ist das erhebliche Maß der Nicht-Übereinstimmung zwischen den Meinungen der Jugendlichen und denen der Ärzte: Während ungefähr ein Drittel der Heranwachsenden erklärte, sie hätten tatsächlich die Absicht gehabt, sich das Leben zu nehmen, erwähnten die Ärzte nur bei einem kleinen Prozentsatz diesen Vorsatz. Ebensowenig entsprachen die Aussagen der Jugendlichen, die am häufigsten (42 % der Fälle) Gleichgültigkeit gegenüber dem Ausgang des Suizidversuchs angegeben hatten, denen der Ärzte, die nur bei 12 % der Jugendlichen von dieser Möglichkeit sprachen. Diese Untersuchung war darüber hinaus in der Lage, die Begründungen der Jugendlichen für die Suizidversuche zu ermitteln. Folgende Argumente wurden am häufigsten vorgebracht: das Bedürfnis, sich aus einem unerträglichen psychischen Zustand zu befreien, die Notwendigkeit, einer als unaushaltbar eingeschätzten Situation zu entfliehen, das Bedürfnis, die Menschen in ihrer unmittelbaren Umgebung endlich verstehen zu lassen, wie verzweifelt sie seien. Dagegen wurden höchst selten manipulative Gründe angeführt, wie das Bedürfnis, um Hilfe zu bitten, oder der Versuch herauszufinden, ob man wirklich vom Partner oder der Partnerin geliebt wird.

Die Tatsache, daß der Jugendliche seine Handlung mit der Absicht begründet, tatsächlich sterben gewollt zu haben, widerspricht den epidemiologischen Daten, die eine geringe Häufigkeit vollendeter Suizide in diesem Lebensalter nachweisen. Und daß ein Jugendlicher seinen Suizidversuch nicht mit manipulativen Beweggründen erklärt, kann bedeuten, daß er sich im Moment der Tat psychisch derart überfordert fühlt und so handelt, *als ob* er sich wirklich das Leben nehmen wolle, wenn auch der Tod nicht das Ziel seiner Handlung ist. Die manipulativen Gründe entfalten sich tatsächlich oft als unbewußter Ausdruck von Aggression und umgeleiteter Feindschaft (den Eltern oder Freund/Freundin gegenüber), die der Jugendliche noch nicht autonom verarbeiten kann. Dies darf uns aber nicht zu der Annahme verleiten, daß hinter dem Suizidverhalten Jugendlicher nie eine tatsächliche und bewußte Absicht stehe. Nicht selten stellt sich heraus, daß der Suizidversuch in Wirklichkeit oft nur aus Zufall nicht tödlich endete. Im übrigen wird die Suche nach dem Tode in der Zeit der frühen Adoleszenz sicherlich durch den Glauben der jungen Menschen erleichtert, daß der Tod eine vorübergehende Episode sei und sie aus einer leidvollen Situation befreie.

Diese Anmerkungen zum Begriff des Todes in den ersten Lebensphasen und zu den Meinungen Jugendlicher über das eigene Suizidverhalten und das ihrer Altersgenossen erlauben mir nun, den zentralen Punkt dieser Gedankenkette aufzugreifen: die wichtigsten theoretischen Erklärungen des selbstzerstörerischen Verhaltens Jugendlicher.

## Theoretische Erklärungen des Suizidverhaltens Jugendlicher

Wer sich wie ich mit dem Fall eines Suizidanten auseinandersetzt, ist immer wieder versucht, zu sagen, daß es sich um eine höchst komplizierte Angelegenheit handele; das ist zugleich wahr und banal. Auch wenn wir der Behauptung von Edwin Shneidman zustimmen müssen, daß «das einzige, was zwölf Personen, die sich in den Kopf schießen, gemeinsam haben, die Kugel ist» (22), so sind wir doch alle bemüht, den unfruchtbaren Gegensatz zwischen einer multifaktoriellen Verallgemeinerung (einige epidemiologische Untersuchungen laufen Gefahr, diesen Fehler zu machen) und einem subjektivistischen Partikularismus (dem auf der anderen Seite bestimmte klinisch beschreibende Studien verfallen können) zu vermeiden. Um dem Leser bei dieser schwierigen Frage zu helfen, beschreibe ich im folgenden – wenn auch nur in aller Kürze – einige Grundzüge der wichtigsten theoretischen Modelle, aus denen sich das Kaleidoskop der Interpretationen des Suizidverhaltens Jugendlicher zusammensetzt.

## Der soziologische Ansatz

Seit dem letzten Jahrhundert ist dieser Ansatz dank der Forschungsergebnisse von Emile Durkheim (23) der bekannteste. Nach diesen
Theorien wird das Suizidverhalten von jenen äußeren Faktoren beeinflußt und bestimmt, die an typisch intersubjektive Dynamiken
menschlicher Beziehungen in der familiären, beruflichen und sozialen Umgebung gebunden sind. Der Beitrag des französischen Soziologen hat sich vor allem in einer mittlerweile allgemein akzeptierten
Klassifizierung des Suizidverhaltens in vier hauptsächliche Typen
niedergeschlagen: Vom *egoistischen Suizid* spricht man bei demjenigen, der jegliche Bindung mit der Gesellschaft verloren hat, der
Suizid nimmt hier die Bedeutung einer Befreiung vom Zwang zu
leben an. Der *altruistische Suizid* geschieht nicht aus persönlich
zwingenden Gründen, sondern aus kollektiven. Der *fatalistische
Suizid* wird von einer Person vollzogen, die durch den Tod einer
konkreten, als unerträglich empfundenen Situation entkommen
will. Beim *anomischen Suizid* ist eine Person nicht mehr in der Lage,
sich rational mit einer Krise auseinanderzusetzen, die durch die Veränderung ihrer Beziehungen zur sozialen Ordnung entstanden ist.
Eine derartige Veränderung kann sowohl in einer einschneidenden
ökonomischen Krise geschehen als auch dann, wenn sich die Lebensumstände plötzlich zum Besseren wenden. Diesen Zusammenhang belegt Durkheim mit einem charakteristischen Beispiel: Um
die Mitte des vergangenen Jahrhunderts nahm in Preußen die Zahl
der Suizide zu, und zwar am Tag nach einer drastischen Preissen-
kung für Brot.

Eine lange Reihe von Sozialforschern führte die von Durkheim
begonnene Arbeit sowohl methodologisch als auch theoretisch weiter. Unter ihnen lieferten Henry und Short (24) einen interessanten
Beitrag: Sie ergänzten die «äußere» Variable (gemeint sind die sozialen Beziehungen) als Ursache für das Suizidverhalten durch die
Variable der «inneren» (Über-Ich-)Bindungen des einzelnen. Diesem Ansatz liegt die Hypothese zugrunde, wonach Menschen in sozialen Situationen Wahlen treffen, die ihre Persönlichkeit wider-
spiegeln.

Von großer Bedeutung war auch die Forschungsarbeit des amerikanischen Soziologen Jack Douglas. (25) Er hebt den Wert der sozialen Integration einer Gruppe als Schutz vor dem Suizid hervor, betont aber auch die Bedeutung der sozialen Stigmatisierung als auslösenden Faktor vieler selbstzerstörerischer Verhaltensweisen, die in kleinen Gruppen auftreten und Merkmale einer strengen sozialen Kontrolle darstellen. Soziale Integration darf also nicht allein als schützender Faktor verstanden werden, da sie auch Formen des Ausschlusses von Personen begünstigen kann, die nicht der vorherrschenden Norm entsprechen.

Die Autoren einiger neuerer Arbeiten (26; 27; 28), die die theoretischen Beiträge der Suizidforschung analysiert haben, verweisen immer wieder auf den soziologischen Ansatz von Ronald Maris (29), der als einer der innovativsten bezeichnet wird. Ronald Maris wollte sich vom statischen und strukturellen Ansatz Durkheims lösen und einem dynamischeren Erklärungsmodell annähern. Er gelangt dabei zu der Hypothese, daß die Erforschung der *Lebensgeschichte von Suizidanten* notwendig sei. Laut Maris reicht der soziologische Ansatz allein nicht für derartige Analysen aus. Der Forscher muß seine Untersuchung mit Instrumenten aus dem psychologisch-klinischen Bereich, die in der Theorie der individuellen Verletzlichkeit gründen, und mit solchen aus dem Feld der psychosozialen Analysen anreichern.

## Der psychosoziale Ansatz

Einer der meistzitierten Beiträge in der Literatur zur psychosozialen Erklärung des Suizidverhaltens Jugendlicher stammt von Petzel und Riddle. (30) Sie haben einige theoretische Begriffe aus der Gruppenpsychologie (die Familienkonflikte, die sozialen Beziehungen, die Anpassungsprozesse im Freundeskreis und in der schulischen Umwelt) verbunden mit anderen aus der kognitiven Psychologie (der Grad der Absichtlichkeit und der Motivation zur Selbstzerstörung, die bewußten Einstellungen zum Tod, der Grad des Hoffnungsverlustes).

Hendin hingegen versuchte, die Beiträge epidemiologischer Studien aufzugreifen und sie mit den jüngsten Ergebnissen der dynamischen Psychologie zu vergleichen. (31) Auf diese Weise erschienen einige Untersuchungen zum Verhältnis zwischen Suizid und Gewalt, zu den historischen Zeiträumen, in denen die Suizidrate überall anstieg, und zum Einfluß der Familie auf die Entstehung einer Kultur (oder Subkultur) der Selbstzerstörung in neuem Licht. Der bekannte amerikanische Psychiater David Lester (32; 33) hat ähnliche und noch überzeugendere Hypothesen aufgestellt. Er führte die Lebensqualität als Variable ein, um damit den auffälligen Unterschied zwischen den Industrieländern mit hoher Suizidhäufigkeit und den Entwicklungsländern mit allgemein geringeren Raten zu erklären. Lester behauptet, daß Menschen, die feste äußere Formen benützen, um ihr unglückliches Schicksal zu deuten und zu beklagen, eine aggressivere Haltung annehmen, die sich weniger depressiv und somit weniger selbstzerstörerisch auswirke. In letzter Zeit wurde Lester auch als einer der Autoren bekannt, die die Hypothese vortrugen, es gebe eine Subkultur des Suizidverhaltens Jugendlicher. Allerdings ist diese Theorie unter den Forschern nicht auf einhellige Zustimmung gestoßen. (34) Aus der Analyse einiger Merkmale, die die Geschichten von jugendlichen Suizidanten gemeinsam haben, ergibt sich nach Lester die Möglichkeit, eine Subkultur einzugrenzen und zu beschreiben, auf die sich auch viele andere Jugendliche beziehen und mit der sie sich identifizieren. Die Jugendlichen müssen nicht unbedingt alle Variablen ihrer Altersgenossen, die sich das Leben genommen haben, aufweisen. Diese Suizid-Subkultur (oder *peer culture*, Kultur der Gleichaltrigen, wie sie Lester nennt) kann als Bezugspunkt und als Beispiel fungieren und so die Möglichkeit bieten, auf dem Weg über die Identifikation Suizidverhalten zu imitieren.

### Der psychodynamische Ansatz

Die Psychoanalyse, vor allem der auf die fundamentalen Einsichten ihres Gründers Sigmund Freud zurückgehende theoretische und klinische Forschungskomplex, interessierte sich eher für den Suizid, mit dem sie sich aber nur sehr indirekt auseinandersetzte, als für das Thema der Selbstschädigung. In einer seiner bekanntesten Abhandlungen, *Trauer und Melancholie* (35), behauptet Freud, daß die Selbstschädigung die Rückwendung (Introversion) der Aggressivität darstelle, die eine Person dann vollziehe, wenn sie nicht in der Lage sei, ihre Triebregungen auf das Objekt der Libido zu richten. Die Person, die das Liebesobjekt, das sie verloren zu haben fürchtet, verinnerlicht (oder sich imaginär einverleibt) hat, erachtet es als einfacher, ihre Aggressivität gegen diesen verinnerlichten Teil zu wenden als nach außen, denn dies würde ihr Über-Ich verhindern. Das Über-Ich, verstanden als unbewußtes Bewußtsein, unterwirft die Person, indem es sie zwingt, die sozialen und moralischen Normen zu beachten. Die Selbstzerstörung erlaubt nun einerseits, die geliebte Person anzugreifen (den von ihr verinnerlichten Teil in der Phantasie zu töten), weil sie schuldig wurde, einen verlassen zu haben, andererseits fungiert die Selbstzerstörung als Strafe, die das Über-Ich androht, weil dem Liebesobjekt gegenüber aggressive Impulse gehegt wurden.

In der späteren Abhandlung *Jenseits des Lustprinzips* (36) modifiziert Freud teilweise seine Gedanken. Er behauptet, daß Todestriebe (Thanatos), genauso wie Lebenstriebe (Eros), in der gesamten Tierwelt wirken und daß sie die primäre Triebkraft des Menschen darstellen, um ins Stadium der vollkommenen inneren Spannungslosigkeit zurückzukehren, dem Merkmal des fötalen Lebens. Diese Todestriebe sind allgemein den Lebenstrieben entgegengesetzt, wie auch den sozialen Werten, die der einzelne in seinen ersten Lebensjahren erlernt. Nach dieser Hypothese ist also die Aggressivität gegen sich selber nicht der verdrängten Aggressivität nachgeordnet, sondern sie entspricht einer dem menschlichen Wesen angeborenen Neigung. Der Psychoanalytiker Tabachnick (37) stellt von dieser Theorie ausgehend die Behauptung auf, daß die durch das Über-Ich agierenden Todestriebe die Fähigkeit besitzen, das Ich zum Suizid zu führen, indem sie die Verknüpfung sprengen, die Lebens- und Todestriebe zusammenhält. Die mit dem Eros verbundene Komponente, die den einzelnen zu Formen nach außen gewendeter Aggressivität und zum Kampf drängt, unterliegt in der Auseinandersetzung mit der Komponente des Thanatos, die die selbstzerstörerischen Valenzen betont. Der Suizid zeigt den Bruch des Gleichgewichtes zugunsten der Todestriebe an.

Aber worin liegt der Grund für diesen Bruch? In einem ihrer letzten Aufsätze versuchten die beiden italienischen Psychologen Eugenio Fizzotti und Angelo Gismondi (38) auf diese Frage zu antworten. Dabei zitierten sie das Werk des deutschen Psychoanalytikers Heinz Henseler (39), der die These aufstellt, daß der Suizid dann erfolge, wenn die Person befürchtet, ihre narzißtische Objektbeziehung sei ausweglos gefährdet. Nach der psychoanalytischen Theorie und nach Henseler besteht eine solche Beziehung im Liebesverhältnis des Subjektes zu einem Objekt, das unbewußt und nach dem Modell seiner selbst gewählt wird. Dabei handelt es sich um eine Wahl, in der das Objekt die eigene Person unter diesem oder jenem Aspekt darstellt. Die gewählte Person wird nicht so sehr als unabhängiges Individuum geschätzt, sondern vielmehr als Ersatz für einen wirklichen oder vermuteten Mangel. Eine narzißtische Objektbeziehung impliziert eine geringe Achtung vor sich selbst: Personen in dieser Lage versuchen die mangelnde Selbstachtung durch bewußte und unbewußte Größenphantasien zu überwinden oder suchen sich Partner, die das personifizieren, was sie bei sich selbst als unzureichend oder fehlend empfinden. Der andere hört auf, ein anderer als man selbst zu sein, und wird Teil des Selbst (narzißtisches Objekt). Wenn diese Art von Beziehung zerbricht, ist es so, als ob ein Teil von einem selbst zerstört würde. Die Person läuft also Gefahr, sich aufzulösen. In diesen Fällen werden der Zorn und der Haß über den Bruch der Bindung gegen einen selbst gewendet, in der Hoffnung, die Beziehung dadurch am Leben zu erhalten. In solchen Situationen kann der Suizid eine doppelte Bedeutung haben: jene bewußte, sich das Leben zu nehmen, und jene unbewußte, das Leben der narzißtischen Objektbeziehung zu retten. Der erstrebte Tod führt diese Personen in ihrer Phantasie zu einer Lösung, in der die Ruhe und die Aufhebung der Spannungen sie zurückzuführen vermag in ein primitives Stadium (Regression), in dem dieses Objektverhältnis wieder aufleben kann.

Der Psychoanalytiker Karl Menninger beleuchtet in seinem anregungsreichen Werk *Selbstzerstörung* (40) drei fundamentale psychodynamische Aspekte der Neigung zur Feindlichkeit gegen sich selbst: den Wunsch zu töten, den Wunsch, getötet zu werden, und den Wunsch, tot zu sein. Nach Menninger enthält jeder Suizid diese drei Aspekte, auch wenn einer üblicherweise vorherrscht. In einem der angeführten Fälle ist der Suizid eines Jugendlichen vor allem im Wunsch zu töten (den Vater) begründet, aber auch die Wünsche, getötet zu werden (Selbstbestrafung) und tot zu sein (um zur verstorbenen Mutter zu gelangen) sind gegenwärtig. Die Leistung Menningers beschränkt sich aber nicht nur auf diese Analysen. Von großer Bedeutung ist sein theoretischer Beitrag zur Erweiterung des Suizidbegriffs. Er prägte und definierte den Begriff des *chronischen Suizids*. Darunter versteht er ein Verhalten, das die eigene Existenz indirekt der Selbstzerstörung ausliefert. Typisch dafür ist das Verhalten des chronisch Drogenabhängigen. Ebenso von Menninger stammt der Begriff des *fokalen Suizids*, er bezieht sich auf Personen, die selbstbestrafende Impulse durch sich monoton wiederholende Handlungen ausführen: Ein Beispiel dafür ist die Verletzung der Handgelenke durch oberflächliche Schnitte, die nicht unbedingt auf eine selbstzerstörerische Absicht hindeuten muß.

Der Amerikaner Gregory Zilboorg, ein anderer bekannter Psychoanalytiker, entwickelte einige der theoretischen Anstöße Menningers weiter. Er vertritt die Auffassung, daß jede Suizidhandlung eine unbewußte Komponente der Feindseligkeit enthalte, die mit einer deutlichen Unfähigkeit einhergeht, andere zu lieben. (41; 42) Die Bedeutung des Beitrages von Zilboorg gründet nicht nur in seiner intuitiven Erkenntnis der narzißtischen Komponente des Suizidverhaltens – worunter er einen primitiven Akt versteht, durch den die Person versucht, ihre Unsterblichkeitsphantasien zu verwirklichen, und hierin nimmt Zilboorg den Gedanken von Henseler vorweg –, sondern es gelang ihm auch, die innerpsychischen Dynamiken, die den Suizid leiten, mit äußeren Faktoren zu verbinden. So begreift er zum Beispiel die Verletzlichkeit der familiären Bindungen als einen auslösenden Faktor des Suizids Jugendlicher.

Wie wir bei Henseler gesehen haben, bleibt der psychoanalytische Beitrag zu diesem Thema nicht bei den bahnbrechenden Ideen von Freud oder bei denen seiner ersten Schüler stehen. Nach dem Zweiten Weltkrieg interessierten sich zahlreiche Autoren für theo-

retische Erklärungen des Suizidverhaltens vornehmlich Jugendlicher: Auf der einen Seite setzten gegen Ende der fünfziger Jahre
Autoren wie Adler (43) und Sullivan (44) noch einmal den Akzent
auf die zwischenmenschliche Bedeutung des Suizids. Dabei vertra-
ten sie die Meinung, daß die Suizidhandlung ein unzulängliches
Interesse an der Gesellschaft widerspiegele: Die soziale Eingliederung der Person sei durch sehr viel Haß und Feindschaft gekennzeichnet, und sie versuche, gegen die anderen vorzugehen, indem sie
sich selbst verletze. Auf der anderen Seite betont die psychoanalytische Richtung in der Nachfolge C. G. Jungs, die von Wahl (45) gut
vertreten wird, die Verbindung zwischen Suizidverhalten und dem
Wunsch nach Reinkarnation, der Ausdruck der individuellen, ma-
gischen und omnipotenten Regression sei und sich auf die mystische
Wahl eines neuen Lebens richte.

Unter den jüngsten Analysen verdienen die Untersuchungen der
beiden amerikanischen Psychoanalytiker Wade (46) und Smith (47)
besondere Beachtung. Der Beitrag von Wade stützt sich auf die Annahme, daß der Suizid, vor allem der Jugendlicher, deswegen ausgeführt werde, weil er in der Lage sei, vorläufige Erleichterung bei
einer affektiven, als leidvoll empfundenen Erfahrung zu verschaffen. Für einen Jugendlichen, der aufgrund einer erzwungenen Trennung an einer Depression leidet oder den Gefühle der Verlassenheit
bedrücken, kann der Suizid die Bedeutung eines sicheren Rückzugs
in einen primitiven symbolischen Zustand annehmen; er ist dabei
das Mittel, um die Trennung («Abspaltung» ist der von Wade benützte Begriff) vom elterlichen Objekt, von dem man verlassen worden ist, zu überwinden.

Auch im Zentrum der Überlegungen von Smith steht die narzißtische Objektbeziehung: Da der Tod die äußerste Möglichkeit der
Negation ist, die das Ich besitzt, stellt der Suizid eine Handlung dar,
die zwar die Verwirklichung des bevorzugten Teiles des Ich schützt
(narzißtischer Gehalt), aber zugleich das für Frustration und Ver-
leumdung ursächliche Objekt verneint.

*Der systemische und beziehungsanalytische Ansatz*
Mag ihre erstaunliche Verbreitung im klinischen und im organisa-
tionspsychologischen Bereich auch unumstritten sein, so haben die
systemischen Theorien zur Erforschung und zur theoretischen Erklärung des Suizidverhaltens Jugendlicher nicht mehr als andere
und weniger bekannte beigetragen. Einer der in diesem Zusammenhang am häufigsten zitierten Familientherapeuten ist Joseph Richman. (48; 49; 50) Der Schwerpunkt seiner Theorie liegt in der
Beobachtung, daß das Suizidverhalten Jugendlicher sehr oft in Beziehung mit einer Reihe von Indikatoren für Familienprobleme
steht: Rollenkonflikte, schwach ausgeprägte Rollentrennungen,
Bindungen, die in nicht funktionierenden Bündnissen gründen, un-
klare Kommunikationsformen sowie Starrheit und die Unfähigkeit
zu akzeptieren, daß eine Krise gelöst oder durchgestanden werden
muß. Trotzdem bleibt eine zentrale Frage, die Trautman und Shaffer (51) deutlich machten: Verleitet die *nichtfunktionierende Familie* die in ihr Heranwachsenden zum Suizidverhalten, oder sind es
Faktoren der individuellen Verletzlichkeit, die autoaggressives Verhalten im Jugendlichen und somit einen rapiden und fortschreitenden Verfall der Familie begünstigen?

Überzeugender scheinen die Beiträge der systemischen Psychologie zu sein, die den Beziehungen zwischen der *psychopathogenen
Familie* und dem von ihr ausgelösten Verhalten der Selbstzerstörung gelten. Einige Theorien beschreiben das Kausalverhältnis zwischen dem unbewußten Wunsch der Eltern, das konflikttträchtige
Kind zu eliminieren (*kill off* ist der von den Autoren benützte Begriff), und der Ausführung des Suizids (*acting out*) durch eben dieses Kind (52); andere formulieren die Hypothese, daß der Sündenbock (oder die Bestimmung der Person durch das dysfunktionale
Familiensystem, auf die es seine pathologischen Beziehungen richtet) manchmal durch dieses Familiensystem zu selbstzerstörerischem Verhalten veranlaßt wird. (53) Schließlich betonen wieder
andere, obwohl sie die Wichtigkeit des Zusammenhanges zwischen
Suizidverhalten und Dysfunktion des Ich oder Unfähigkeit zur Verinnerlichung bekräftigen, daß diese Motive erst dann in Handlung
umgesetzt werden, wenn sie eine Antwort des Heranwachsenden

auf die unbewußten Dynamiken des zerfallenden Familiensystems darstellen. (54)

### Der psychologisch-integrative Ansatz: Der «Kubus» von Edwin Shneidman

Nachdem die verschiedenen psychologischen Theorien über das Suizidverhalten skizziert wurden, könnte es banal erscheinen, die Aufmerksamkeit des Lesers auf die Notwendigkeit zu lenken, einer übergreifenden und besonnenen Auffassung den Vorzug zu geben, die in der Lage ist, das Brauchbare eines jeden Ansatzes aufzunehmen und das zu verwerfen, was sich theoretisch und empirisch als schwach erwiesen hat. Trotzdem soll sich der Leser nicht täuschen lassen, denn eine der deutlichsten Grenzen der wissenschaftlichen Erforschung des Suizidverhaltens besteht in der übermäßigen Trennung der verschiedenen Forschungsfelder und der unterschiedlichen theoretischen Schulen, auch wenn sie – wie im Fall des psychologischen Ansatzes – zu einem einzigen Untersuchungsgebiet gehören. Nicht alle halten diese Trennung für notwendig, auch wenn erst wenige konkrete Versuche unternommen wurden, eine erklärende Theorie des Suizidverhaltens auf der Basis eines integrierten Ansatzes zu formulieren. Darüber hinaus wurden in den letzten Jahren die Begriffe *integriert* und *multidisziplinär* oft oberflächlich verwendet. In ihrer unverfälschten Bedeutung wollen sie nicht das Gegenteil von «Spezifizierung» anzeigen, die ja in der Wissenschaft absolut notwendig ist, besonders wenn das Gebiet so kompliziert ist wie die Erforschung des Suizids. Im Gegenteil, die Integration unterschiedlicher Theorien und der multidisziplinäre Ansatz legen den Akzent auf die Notwendigkeit eines Vergleichs zwischen den verschiedenen Spezifizierungen, ohne eine davon zu entwerten oder herabzusetzen.

Der daraus resultierenden Forderung, erklärende Theorien für das Suizidverhalten zu entwickeln, die auf Annahmen der wichtigsten Strömungen der Psychologie basieren, kommt man seit dem Ende der sechziger Jahre nach. In seinem Buch *Theory of Suicide* (55), das mittlerweile zum Klassiker avanciert ist, stellt Faber die Hypothese auf, daß der Suizid, den er als «eine Krankheit der Hoffnung» bezeichnet, das Resultat einer engen Verflechtung ist zwischen sozialen Einflüssen (eine Subkultur der Toleranz gegenüber der Selbstzerstörung, die wachsende Nachfrage der sozialen Gruppe nach Leistungen auf der Grundlage individueller Fähigkeiten) und psychischen Einflüssen (veränderte Wahrnehmung der Zukunft).

Eine komplexere Theorie, die nicht nur einige Errungenschaften der dynamischen Psychologie, sondern auch einige Erkenntnisse der Biologie einbezieht, wurde von Baechler (56) vorgetragen. Diese Theorie basiert auf der Hypothese, daß der Mensch auf der Grundlage seiner biologischen Funktionen und seiner Lernfähigkeiten dazu neige, eine eigene Reaktionsweise gegenüber einigen spezifischen Umweltbedingungen zu entwickeln. Baechler stützt sich auf diese These, wenn er behauptet, daß es für den Menschen fünf Basismodalitäten (strategies) gebe, mit denen jedes existentielle Problem gelöst werden kann: die rationale (die objektiven Bedingungen verändern, die das Problem verursacht haben); die irrationale (eine von der objektiven Realität losgelöste persönliche Wirklichkeit konstruieren); die Modalität des Sich-Weigerns, im Spiel zu bleiben, indem die Realität verlassen wird (Suizid); jene, die mit den Spielregeln bricht (falschspielen, betrügen) und schließlich jene der Vernichtung (das Zerstören der eigentlichen Ursache des Problems).

Nach dieser Theorie wird der Suizid vornehmlich in drei Situationen begangen, und zwar wenn die rationalen Lösungen unzureichend sind, wenn die Anzahl und die Schwere der Probleme die Schwelle des Erträglichen überschritten haben (oder die individuelle Fähigkeit überfordern, ihnen zu begegnen) und wenn die vitalen Fähigkeiten des einzelnen endgültig erschöpft sind. Baechler nimmt also an, daß eine Person erst dann zur Selbstschädigung neigt, wenn diese biologischen Charakteristika auf eine der obengenannten Bedingungen treffen. Es bleibt der Eindruck, daß Baechler die Vertiefung des Begriffes der individuellen Verletzlichkeit umgehen will. Dieser spielt jedoch in der Diskussion über die Geltung biologischer Hypothesen eine zentrale Rolle.

Der Psychologe Edwin Shneidman (57) gilt als einer der bedeutendsten lebenden Suizidforscher. Ich sehe es als meine Pflicht an, seinen Beitrag zu erwähnen, der sich durch umfangreiche Sachkenntnis und umfassende Sicht des Ganzen auszeichnet. Das innovativste Element der integrativen Theorie von Shneidman ist in seiner dreidimensionalen Hypothese enthalten, die als *Kubustheorie* bekannt ist. Der Autor nimmt nämlich an, daß die Ätiologie des Suizidverhaltens schematisch auf die drei Dimensionen dieser geometrischen Figur zurückführbar sei, denen er den Schmerz, die Unruhe und den Zwang zugeordnet hat. Jede dieser drei Variablen besitzt unterschiedliche Intensität, die Skala reicht vom niedrigsten bis zum höchsten Wert. Der Schmerz wird als subjektive Erfahrung eines psychisch unerträglichen Leidens beschrieben, das vom Betroffenen idiosynkratisch definiert wird. Dieser Schmerz kann von 1 (geringer Schmerz) bis 5 (unerträglicher Schmerz) reichen. Die Unruhe wird als allgemeiner psychischer Zustand definiert, der eine gestörte Person kennzeichnet. Auch in diesem Fall kann die Punktezahl zwischen 1 (unerhebliche Unruhe) und 5 (sehr große Unruhe) variieren. Vom streng psychologischen Standpunkt aus gesehen, besteht die Unruhe in der relativen Fähigkeit des einzelnen, die Impulse, die Erregung und die Neigung zum zwanghaften Handeln zu kontrollieren. Diese Unruhe ist also laut Shneidman das ausschlaggebende Element für den tödlichen Ausgang des Suizids. Der Zwang schließlich ist als das definiert, was die individuellen psychischen Reaktionen in bezug auf Gedanken und Gefühle sowie auf das Verhalten bestimmt. Gemäß diesem Erklärungsmodell ist der Zwang also das Ergebnis des Einflusses innersubjektiver und sozialer Beziehungen auf eine Person.

Hält man sich an diese Kubusform und setzt die drei negativsten Punktezahlen miteinander in Verbindung, dann wird ein kleiner Suizidwürfel deutlich, der das Höchste des Schmerzes, der Unruhe und des Zwanges, das heißt die gefährlichsten Risikofaktoren in ihrer maximalen Ausprägung einschließt. Shneidman behauptet, daß niemand einen Suizid begehe, wenn die Kombination dieser drei interaktiven Komponenten nicht gegeben sei. Der Suizid ist also definierbar als «Tod, der durch die Verknüpfung einer ausbrechenden psychischen Energie (intensiver Streßzustand), einem akuten psychischen Schmerz mit dem Empfinden, vom Druck äußerer Ereignisse überwältigt zu werden, verursacht wird».

## Der genetische und psychobiologische Ansatz

Selbstverständlich könnte ich diesen kurzen Exkurs über die verschiedenen Erklärungsansätze des Suizidverhaltens nicht abschließen, ohne auf den Beitrag der biologischen Wissenschaften verwiesen zu haben, auch wenn ich diesem – und vor allem dem psychiatrischen – in den folgenden Kapiteln viel Platz einräumen werde. Eine der immer wiederkehrenden Fragen von Eltern oder Freunden eines Jugendlichen, der versucht hat, sich das Leben zu nehmen, gilt der Möglichkeit, ob dieses Verhalten durch genetische oder biologische Faktoren verursacht sein könnte. Auf diese Weise sucht man Entlastung von einer Verantwortung, die schwer auf jedem liegt, der mit einer Person, die einen Suizidversuch unternommen hat, in engstem Kontakt lebt. Eine derart komplexe und beunruhigende Handlung auf ein Chromosom, auf einen veränderten Neurotransmitter oder auf eine organische Krankheit zurückzuführen bedeutet, gefährliche und schädliche Ursachen in der Gesellschaft oder in den Beziehungen, die oft als ungerecht und schuldzuweisend erfahren werden, zu delegieren.

Vielleicht aus diesen Gründen, aber sicher auch dank der gewaltigen finanziellen Unterstützung, die dieser Forschungssektor im Vergleich zu jenen Bereichen erhalten hat, die enger an die Untersuchung dynamischer und sozialer Aspekte gebunden sind, stellen die Theorien, die eine mit genetischen, biologischen oder psychobiologischen Faktoren verflochtene Kausalität des Suizidverhaltens annehmen, einen der fruchtbarsten Zweige innerhalb der wissenschaftlichen Arbeit dar.

Gibt es jedoch hinreichende Gründe, die eine genetische Hypothese des Suizidverhaltens stützen? Die Resultate der jüngsten Untersuchungen bleiben Diskussionsbeiträge, auch weil die dieser Art von Forschung innewohnenden methodischen Probleme äußerst komplex sind. Die bekanntesten Studien teilen sich in drei Untersuchungsstränge auf: die Untersuchung eineiiger Zwillinge, die der Amish und das Projekt Iowa-500.

Die Untersuchung homozygoter Zwillinge (sie haben identisches Erbgut) gliedert sich in zwei Untertypen: Bei der beschreibenden Methode werden die betroffenen Personen über einen langen Zeitraum beobachtet, bei der anderen werden Zwillinge, die nach der Geburt getrennt und verschiedenen Familien anvertraut wurden, einzeln untersucht. Wenn keine Unterschiede im Verhalten feststellbar wären, könnte man im zweiten Fall eine Kausalität für das Suizidverhalten annehmen, die genetischer und nicht familiärer oder sozialer Natur ist. Es verwundert nicht, daß die ersten kritischen Einwände (neben den ethischen gegen die generelle Anlage dieser Forschung) der geringen Zahl der untersuchten Personen galten, der Anzahl der Störvariablen, die in den ersten Lebensjahren der Zwillinge eintreten können, und schließlich der Veränderung der familiären Umwelt, die durch die Untersuchung selbst hervorgerufen wird. Zur ersten Untergruppe gehören einige Forschungen, die interessante Ergebnisse erbracht haben. In einer neuen Studie hat der amerikanische Psychiater Alec Roy (58) über Beobachtungsergebnisse an 176 Zwillingspaaren berichtet: In einem Fall starb nur ein Zwilling durch Suizid, während sich in neun Fällen beide Zwillinge das Leben nahmen; von diesen neun Paaren gehörten sieben den 62 homozygoten Paaren an. Dieses Faktum könnte ein Indiz zugunsten der Hypothese einer genetischen Komponente im Suizidverhalten sein.

Die Forschungen über adoptierte Zwillinge vertreten die bekanntesten Beispiele dieses Untersuchungstyps. Berühmt geworden ist vor allem die Studie von Schulsinger und seinen Mitarbeitern (59), eine retrospektive Untersuchung des Registers der zwischen 1924 und 1947 in Kopenhagen adoptierten Kinder: Von 5483 Kindern starben 57 im Lauf der Jahre durch Suizid. Die Untersuchung zeigte, daß zwölf ihrer Verwandten ersten Grades ebenfalls Suizid begangen hatten, in der Kontrollgruppe traf dies nur auf zwei Familienangehörige zu. Obwohl diese Daten beeindruckend sind und in der Folgezeit durch weitere Untersuchungen bestätigt wurden (60; 61), reichen sie trotzdem nicht aus, um mit Sicherheit zu belegen, daß der Grund dafür ausschließlich in einer Anomalie des Erbgutes zu suchen ist, die überdies noch nie nachgewiesen wurde, und nicht eine psychische Krankheit, an der alle Personen litten, als ätiologische Hypothese die weitaus wahrscheinlichere ist. Zudem muß erwähnt werden, daß alle untersuchten Personen verschiedene Formen der Depression aufwiesen.

Bei den Studien über die Amish stieß man auf ähnliche Grenzen, wie sie bereits bei der Zwillingsforschung auftauchten: Die Amish sind eine religiöse Sekte in den Vereinigten Staaten, die schon seit Jahrhunderten die Heirat mit Nicht-Anhängern verbietet, weshalb sie eine ideale Population für genetische Studien darstellen. In der Gruppe der Amish, die im County Lancaster im Südosten von Pennsylvanien lebt, sind 26 Suizide zwischen 1880 und 1980 gemeldet worden. Auch wenn zwei Drittel der Fälle aus vier Familien stammen (und diese Tatsache könnte an eine gewisse Übereinstimmung zwischen Suizidverhalten und Chromosomenstruktur denken lassen), besteht das überzeugendste Ergebnis dieser Untersuchung darin, daß 24 Personen an Depressionen litten. In dieser Untersuchung wurde die Methode der psychologischen Autopsie angewandt, das heißt, die Analyse stützte sich auf die in Gesprächen mit Verwandten und Freunden ermittelten Informationen. (62)

Den dritten Forschungsstrang zur Hypothese genetischer Ursachen des Suizids vertreten die Studien von Tsuang im amerikanischen Bundesstaat Iowa. (63; 64) Der Autor untersuchte die Verwandten ersten Grades einer Stichprobe von 500 Personen, von denen sich 26 das Leben nahmen. Dabei entdeckte er, daß unter den Verwandten der Suizidanten das Suizidrisiko dreimal höher war als in der Kontrollgruppe. Allerdings lag auch in diesem Fall der Risikograd unter den als depressiv diagnostizierten Personen spürbar höher als bei denen, die kein klinisches Symptom aufwiesen.

Wenn methodologische Probleme die wissenschaftlichen Arbeiten zur Genetik des Suizids nicht nur behindert haben, sondern auch ihre Ergebnisse nicht immer als überzeugend gelten können, so sind die Untersuchungen im Bereich der biologischen Psychiatrie um so anerkannter und fundierter. Die verheißungsvollsten Studien verfolgen grundsätzlich eine Untersuchungslinie, die an die Wirkung eines der zerebralen Neurotransmitter-Hemmstoffe, des Serotonins, und insbesondere eines seiner Metaboliten, der 5-Hydroxyindolessigsäure, schematisch 5-HIAA, gebunden ist. In einer langen Untersuchungsreihe wurde nämlich sowohl bei Suizidopfern (im Rahmen einer Autopsie) als auch bei Überlebenden von Suizidversuchen (durch Entnahme von Gehirn-Rückenmark-Flüssigkeit) eine geringe Produktion von Serotonin (und also auch eine geringe Konzentration von 5-HIAA) in der Gehirnsubstanz festgestellt. Die Menge war bedeutend niedriger als bei der Kontrollgruppe. (65; 66; 67; 68; 69) Nach den Autoren sind die Mengen an 5-HIAA um so geringer, je gewaltsamer der Suizidversuch war, sie neigen sogar zu einer noch umfassenderen Hypothese: Dieser spezifische biologische Indikator (die niedrige Menge an 5-HIAA) stehe nicht nur in Verbindung mit dem Suizidverhalten, sondern auch, wie einige italienische Forscher bestätigen (70), mit einem «erhöhten und verallgemeinerten Aggressionsdrang, wobei der Suizid lediglich den besonderen Fall der Wendung auf sich selbst darstellt (...). Dieser Indikator kann also mit einem höheren Maß an latenter oder geäußerter Aggressivität in Verbindung gebracht werden und mit einer geringeren Fähigkeit, gewalttätige und impulsive Handlungen zu kontrollieren.»

Trotz der beträchtlichen Fülle von Untersuchungen und des wissenschaftlichen Engagements in diesem speziellen Gebiet konnten die erzielten Ergebnisse, wie einige anerkannte Forscher zugegeben haben (71), auf keine der grundlegenden Fragen Antwort geben. Zum Beispiel: Kann die Disfunktion dieser zerebralen Metaboliten als eigenständiger Indikator für Suizidrisiko angesehen werden? Oder steht sie nicht eher mit einer im einzelnen vorliegenden Form der psychischen Pathologie in Verbindung, so daß diese Anomalie, anstatt direkt ein Suizidrisiko anzuzeigen, mit einer psychischen Erkrankung korreliert, die ihrerseits eine erhöhte Wahrscheinlichkeit für selbstzerstörerisches Verhalten mit sich bringt. Mit anderen Worten heißt dies, daß die Frage nicht gelöst ist, was die biologischen Indikatoren eigentlich anzeigen. Diese Frage ist keineswegs von geringer Bedeutung: Wenn die Indikatoren in der Lage wären, ein Suizidverhalten an sich zu signalisieren, könnten sie als Vorzeichen eines Risikoverhaltens zur Vorbeugung genützt werden; wenn sie hingegen unauflöslich an eine psychische Krankheit gebunden sind (in diesem Fall die Depression), wäre diese biologische Dysfunktion nur als inneres Signal eines Zustandes erklärbar, der häufiger an seinem äußeren Ausdruck erkannt wird (das psychische Symptom).

Daß das Suizidverhalten sehr häufig mit psychischen Krankheiten einhergeht, ist nicht nur den Spezialisten in diesem Bereich oder den Medizinern bekannt, sondern auch der Allgemeinheit. Die Beziehung zwischen psychischem Unbehagen und Suizid werden wir jedoch noch eingehender beleuchten.

## 2 Die Orte der Verzweiflung

*Epidemiologie des Suizidverhaltens*
*Jugendlicher*

Betrachtet man all das, was in diesem Jahrhundert geschehen ist, so wird man schnell gewahr, wie schwer sich ein geschichtlicher Zeitraum abstecken läßt – die frühen sechziger Jahre bilden vielleicht die einzige und kurze Ausnahme –, in dem der Suizid unsere Gesellschaft nicht hart getroffen hätte und in dem die Risikofaktoren und die möglichen Nebenursachen weniger offensichtlich gewesen wären. Die Zeit war tatsächlich nur kurz, in der die ökonomischen und sozialen Bedingungen sich mit der Wiedergeburt von kollektiven Interessen und Werten verbanden, die auch dem einzelnen Hoffnungen für eine andere und bessere Zukunft boten.

Ich bin aber auch davon überzeugt, daß Suizide und Suizidversuche Jugendlicher mehr als die der Erwachsenen als Zeichen und Merkmale für die Schwierigkeiten verstanden werden können, denen unsere Gesellschaft auf ihrem Weg begegnet. Suizide sind also nicht nur ein Maß der individuellen Lebensqualität oder jener in Beziehungen, sondern auch Signal einer leidvollen Wahrnehmung unserer eigenen Zukunft. Trotzdem oder vielleicht gerade deswegen, weil wir mehr oder weniger bewußt dies wissen, glauben wir, daß dieses Phänomen nur für begrenzte Zeiträume und geographisch umschriebene Gebiete (zum Beispiel Nordeuropa oder die amerikanischen Großstädte) Gültigkeit habe. Dieses falsche Bild wird auch durch ein episodenhaftes und oberflächliches Interesse der Massenmedien genährt sowie durch einen stattlichen Teil der wissenschaftlichen Gemeinde.

Die Unterbewertung dieses Phänomens wird sicherlich durch einige oberflächliche statistische Daten begünstigt. Analysiert man nämlich die Häufigkeit des Suizids in den unterschiedlichen Altersklassen, kann man feststellen, daß sie dazu neigt, direkt proportional zum Alter anzusteigen: Unter den Personen, die älter als 65 Jahre sind, ist die Zahl der Suizide im Durchschnitt viermal höher als bei den Jugendlichen, auf die nicht mehr als 5 % aller Suizide entfallen. (1)

Auf der Grundlage dieser einfachen Daten könnte man also meinen, daß der Suizid unter Jugendlichen nur eine Randerscheinung darstelle. Die statistische Häufigkeit dieses Phänomens kann aber auch anders interpretiert werden, wenn die Klassifizierung der Todesursachen insgesamt betrachtet wird. Während in der Mehrheit der westlichen Länder der Suizid unter den älteren Menschen nur die zehnthäufigste Todesursache darstellt – wie wir gesehen haben, tritt er aber trotzdem häufig auf –, nimmt er in Europa unter den Jugendlichen zwischen dem 15. und 24. Lebensjahr den dritten Platz ein; lediglich die Todesursachen Autounfall und Mord oder Krebserkrankung (je nach Land) sind häufiger. In den Vereinigten Staaten steht der Suizid als Todesursache von Jugendlichen (2) an erster Stelle. Man kann sich die wirkliche Häufigkeit des Phänomens leicht vorstellen, wenn man bedenkt, daß die statistischen Quellen nicht mehr als einen ungefähren Schätzwert bieten können: Die Toten durch eine Überdosis an Heroin werden zum Beispiel nicht mitgezählt, mindestens ein Drittel davon sind nach einer Schätzung der Weltgesundheitsorganisation WHO eigentlich als Suizide zu betrachten. Ebensowenig gelten die Todesursachen durch die Einnahme giftiger Substanzen als Suizide; sie werden als «unbestimmt» oder «zufällig» bewertet, auch wenn sie sich in den letzten 30 Jahren in den Vereinigten Staaten und in Großbritannien verfünffacht haben.

### Die Dimensionen einer weltweiten Tragödie

Diese Erwägungen werden noch alarmierender durch das ständige Ansteigen dieser Werte – vor allem in einigen Ländern – und durch den Mangel an präzisen Vorstellungen darüber, wie sich diese Erscheinung eindämmen oder ihr vorbeugen ließe. Tatsächlich machte das Suizidverhalten Jugendlicher (hier sind nicht nur die Suizide, sondern auch die Suizidversuche gemeint) vor 30 Jahren in den Ländern des Westens ungefähr ein Achtel des gesamten Phänomens Suizid aus, heute ist es ein Fünftel.

Die Vereinigten Staaten sind eines der am schwersten betroffenen Länder: Zwischen den fünfziger und den achtziger Jahren verdreifachte sich die Anzahl der Suizide unter Jugendlichen. Die am häufigsten vertretene Altersklasse ist die der «erwachsenen Jugendlichen» (20–24 Jahre) mit 30 Suiziden auf 100000 Jugendliche. (2; 4) Diese Tendenz scheint ungebrochen, das zentrale Institut für Statistik prognostiziert für das Jahr 2000 den Wert von 36,3, also mehr als das Doppelte des Durchschnittes in der gesamten Bevölkerung. (5) Die Analyse dieser Daten nach Geschlechtern zeigt bemerkenswerte Unterschiede: Obwohl die Zahl der Suizide unter den männlichen Jugendlichen angestiegen ist (+ 143 %), wobei der Anstieg zwischen 1960 und 1981 nicht viel höher war als bei den jungen Frauen (+ 125 %), beginnt sich im Verhältnis zwischen diesen Werten eine deutliche Ungleichheit abzuzeichnen (vier Suizide von Männern auf jeden einer Frau). (4)

Eine ähnliche Tendenz wurde in Kanada registriert, wo am Ende der siebziger Jahre die Zahl der Suizide unter männlichen Jugendlichen zwischen 10 und 14 Jahren und unter weiblichen Jugendlichen zwischen 15 und 19 Jahren im Vergleich zu der dreißig Jahre früher mehr als das doppelte betrug. (6; 7)

Die Situationsanalyse in den europäischen Ländern bestätigt den Ernst des Phänomens, auch wenn die registrierten Werte im allgemeinen niedriger sind als die in Nordamerika. Wie zwei bekannte Forscher, der englische Soziologe Stephen Platt und der holländische Psychologe René Diekstra, überzeugend dokumentiert haben, melden 20 von 24 untersuchten Ländern im Zeitraum zwischen 1972/73 und 1983/84 ein Anwachsen der Suizidrate bei Jugendlichen. Die höchsten Zuwächse von über 100 % verzeichnen Luxemburg, Irland, Norwegen, Portugal und Frankreich. (8; 9)

Unter den Frauen ist der Zuwachs viel geringer, und er betrifft auch weniger Länder (17 von 24). Im einzelnen bedeutet das: In Großbritannien stieg die Suizidrate, Mädchen und Jungen zusammengenommen, von den fünfziger Jahren bis in die Mitte der siebziger Jahre an, stabilisierte sich dann für einige Jahre und nahm erneut in den achtziger Jahren zu. Auch in Italien lagen im selben Zeitraum die Werte der Jungen konstant höher als die der Mädchen.

Ein letzter Unterschied konnte zwischen den verschiedenen Altersklassen festgestellt werden: Unter den Jugendlichen zwischen 20 und 24 Jahren registriert man zweimal höhere Zahlen als unter denen von 15 bis 19 Jahren.

Der Zuwachs in Italien, der zu Beginn der siebziger und achtziger Jahre festgestellt wurde, gehört nicht zu den höchsten in Europa. Unter den männlichen Jugendlichen im Alter zwischen 15 und 24 Jahren betrug der Zuwachs aber dennoch 33,3 %. (Hierbei handelt es sich um den bedeutendsten Zuwachs im Vergleich aller Altersklassen, der nur von den 40,7 % bei den 25- bis 34jährigen übertroffen wird.) Bei den weiblichen Jugendlichen waren es 5 %. Das, was die Lage in Italien mit der in anderen europäischen Ländern verbindet, ist die Tatsache, daß der Suizid unter Jugendlichen eine der häufigsten Todesursachen darstellt. Während der Prozentsatz der Toten im Straßenverkehr mit wachsendem Alter abnimmt, steigt jener der Suizide an. 1982 war bei ungefähr 10 % der Todesfälle von 20- bis 29jährigen Suizid die Ursache. In dieser Altersgruppe ist der Suizid damit die vierthäufigste Todesursache, in den letzten Jahren zeichnet sich aber die Tendenz ab, daß er an die dritte Stelle rückt vor den Tod durch Herz-Kreislauf-Störungen. 1989 betrugen die Suizide von Jugendlichen unter 29 Jahren tatsächlich 12,4 % der Gesamtheit der Todesfälle in dieser Altersgruppe. Überprüft man hingegen die Entwicklung der Daten im europäischen Maßstab für einen größeren Zeitraum als den von Platt und Diekstra untersuchten oder betrachtet man den Zeitraum zwischen 1969 und 1989, so läßt sich feststellen, daß sich zwar unter den Jüngsten (10–19 Jahre) ein Rückgang abzeichnet (– 24,5 %), in den Altersklassen zwischen 20 und 24 Jahren und zwischen 25 und 29 Jahren aber ein beträchtlicher Zuwachs von 37 % beziehungsweise 24,5 % zu verzeichnen ist.

Wenn diese grundlegenden epidemiologischen Daten die Verbreitung der wohl verzweifeltsten Flucht aus der Lebensangst bei

Jugendlichen beschreiben, so sind jene, die sich auf den Suizidversuch oder auf selbstschädigendes Verhalten mit weniger fatalem Ausgang beziehen, ebenso interessant, zwar weniger dramatisch, aber deshalb nicht weniger beunruhigend.

## Das Verhältnis zwischen Suizid und Suizidversuch

Die besonderen Charakteristika des Suizidversuches komplizieren aufgrund der beachtlichen Definitions- und Klassifikationsschwierigkeiten, aber auch aus methodologischen Problemen, die dieser Art epidemiologischer Forschung innewohnen, in extremer Weise die Untersuchungen. Um wissenschaftliche Gültigkeit zu erlangen, müssen sie nämlich auf bestimmte geographische Gebiete beschränkt sein und einen ausreichenden Zeitraum umfassen, in dem allein zuverlässige und vergleichbare Daten gesammelt werden können. Trotz dieser methodologischen Grenzen, rührt die Verpflichtung, die Forschung auf die Suizidversuche auszuweiten, von einer einfachen statistischen Überlegung her: Überall auf der Welt sind die Formen der Selbstschädigung unter den Jugendlichen weitaus zahlreicher als die ausgeführten Suizide. Bei den Erwachsenen und den älteren Menschen hingegen entspricht die Zahl der Suizidversuche ungefähr der der vollendeten Suizide.

Wie für die Suizide so zeigen auch die Daten für die Suizidversuche Jugendlicher eine beachtliche Zunahme in den letzten zwanzig Jahren. Dieser Anstieg, der in verschiedenen Ländern auf rund 60 % geschätzt wird, hat den Suizidversuch zu einem wirklichen medizinischen Notfall gemacht. In den Vereinigten Staaten sind ungefähr 10 % aller Notaufnahmen in die Rettungsstationen der Krankenhäuser auf Suizidversuche zurückzuführen und laut einer Untersuchung, die für das Stadtgebiet von New York durchgeführt wurde, über ein Drittel der Einweisungen in die pädiatrischen Abteilungen. (10; 11; 12; 13; 14)

Im Unterschied zu den Suiziden überwiegt bei den Suizidversuchen der Anteil der Frauen, auch wenn sich das Verhältnis je nach untersuchter Gruppe ändert. Auf 100 Suizidversuche bei männlichen Jugendlichen entfallen tatsächlich mindestens 140 bis sogar 250 von jungen Frauen. (15) Diese Kluft nimmt jedoch mit steigendem Alter ab, in der erwachsenen und älteren Bevölkerung kehrt sich dieses Verhältnis sogar um.

Großbritannien ist eines der wenigen Länder, wo in den sechziger Jahren einsetzende Untersuchungsreihen eine realistische Schätzung der Häufigkeit von Suizidversuchen Jugendlicher erlauben. Eine von Norman Kreitman in Edinburgh koordinierte Untersuchung ergab, daß in den sechziger und siebziger Jahren die Zahl der Suizidversuche von Jugendlichen unter 19 Jahren beträchtlich anwuchs: Bei den weiblichen Jugendlichen stellte man eine Zunahme von über 250 % fest, bis dann um die Mitte der siebziger Jahre der wahrlich erschreckende Wert von einem Suizidversuch auf 100 Mädchen zwischen 15 und 19 Jahren erreicht wurde. (16) In den folgenden Jahren bestätigten zwei bekannte Forscher der Universität Oxford, Hawton und Goldacre, die in Schottland ermittelten Daten, wenn auch mit niedrigeren Werten. Beide Forscher verfolgten sechs Jahre lang die Tendenz bei den Suizidversuchen Jugendlicher zwischen 15 und 24 Jahren; dabei stießen sie bei den männlichen Jugendlichen auf eine Häufigkeit von 260 auf 100 000, während dieser Wert bei den weiblichen dreimal so hoch war. (17) Diese Untersuchung hat außerdem nachgewiesen, daß in der zweiten Hälfte der siebziger Jahre die Zahl der Suizidversuche Jugendlicher langsamer anstieg, als aus den Ergebnissen von Kreitman hervorging: Zwischen 1975 und 1979 betrug nämlich die Zuwachsrate in der jüngsten Altersgruppe (12–15 Jahre) 35 % und 23 % bei den Jugendlichen zwischen 16 und 20 Jahren.

Ein aktuelleres und vollständigeres epidemiologisches Bild der Suizidversuche in Europa liefert seit kurzem eine Studie, die von der Weltgesundheitsorganisation koordiniert wird und an der sich 14 Zentren zwölf europäischer Länder beteiligen. Diese Studie begann 1987 und läuft zur Zeit noch. Eines der vorrangigen Ziele der Untersuchung erfüllt die notwendige Aufgabe, nach einer homogenen Verfahrensweise Daten, die sich auf kleine geographische Räume beziehen (Städte oder Provinzen), zu sammeln und sie über längere Zeit zu vergleichen. Die ersten Ergebnisse bieten jedenfalls einige interessante Überraschungen (18): Nicht überall sind die Werte für die Suizidversuche in den jüngeren Altersklassen (15–24 Jahre) höher als jene, die sich auf das fortgeschrittene Alter beziehen: Sowohl in Italien (in den Städten Ferrara, Reggio Emilia und Padua) als auch in Schweden, Norwegen und Finnland lagen die Werte bei den Männern und den Frauen zwischen dem 25. und dem 34. Lebensjahr höher. Überdies stieß auch die Regel, nach der die Häufigkeit des Phänomens bei den jungen Frauen größer ist als bei den jungen Männern, auf einige Ausnahmen: In Spanien und in Finnland sind die Werte bei den Männern höher; in Ungarn, in Schweden und in Holland gibt es eine nur geringe Differenz «zugunsten» der Frauen. Eine Bestätigung dieser Regel geht hingegen aus der geographischen Verteilung der Gesamtheit aller registrierten Werte hervor: Während in der Mitte und im Norden Europas die Zahlen höher liegen (763 Suizidversuche auf 100000 junge Frauen in Frankreich, 406 in Ungarn, 399 in Finnland und 355 in Dänemark), werden im Süden die niedrigsten (153 in der Emilia Romagna, 129 in Padua, 112 in Spanien) verzeichnet. Die Untersuchung über die Suizidversuche bei jungen Männern zeigt ebenfalls diese geographischen Unterschiede.

Statt einer wahrscheinlich niemals zuverlässigen Vollständigkeit in der Einschätzung des Phänomens in einer großen Population nachzulaufen, haben sich viele Forscher dem Studium einer jungen Bevölkerungsgruppe gewidmet, die als gefährdet gilt, und zwar denjenigen Personen, die die englische Literatur als *repeaters* bezeichnet, das heißt die bereits versucht haben, sich das Leben zu nehmen. Wie noch im Kapitel über die prädisponierenden Faktoren ausgeführt werden wird, geht man tatsächlich allgemein davon aus, daß ungefähr 30 bis 40 % derjenigen, die einen Suizid versuchen, dies mindestens einmal vorher versucht haben, so wie wir auch wissen, daß 10 Personen von 100, die einen Suizidversuch hinter sich haben, in den folgenden zehn Jahren durch Suizid sterben werden.

Bei den Jugendlichen schwanken die prozentualen Schätzungen

über die vorangegangenen Suizidversuche viel auffälliger als bei den Erwachsenen: Je nach Autor reicht sie bei Jugendlichen unter 24 Jahren von einem Minimum von 8 % bis zu einem Maximum von 62 %. (19; 20) Das Interesse für diesen Forschungsansatz entspringt also der Erkenntnis, daß vor allem unter Jugendlichen der Zuwachs der Suizidversuche in einer relativ kurzen Zeitspanne einen Anstieg der vollendeten Suizide nach sich zieht. (21) Sich mit dieser speziellen Gruppe eingehender zu beschäftigen kann folglich bedeuten, mindestens bei einer Komponente dieses Phänomens die Basis für vorbeugende Maßnahmen zu schaffen.

Wenn man sich mit der Vorbeugung des Suizidverhaltens Jugendlicher auseinandersetzt, sollte man sich jedoch vergegenwärtigen, daß die Berücksichtigung der Gruppe der *repeaters* allein nicht genügt, sondern daß die größtmögliche Aufmerksamkeit unbedingt auf das gerichtet wird, was – besonders häufig bei Jugendlichen – dem Suizid vorausgehen kann: die Suizididee. Tatsächlich stimmen zahlreiche Untersuchungen darin überein, daß von 10 Jugendlichen mit psychischen Problemen mindestens drei und maximal sieben zugaben, Suizidideen im Jahr, das dem des psychiatrischen Gesprächs voranging, gehabt zu haben. (22; 23) Die Suizididee, der Suizidversuch und der fehlgeschlagene Suizid können also in einigen Fällen als Momente eines *Kontinuums* verstanden werden, das den Jugendlichen in den Tod führen kann, wenn man nicht in der Lage ist, einzugreifen, um diese Kette zu sprengen.

Die Bedeutung der epidemiologischen Forschungen liegt demnach nicht nur darin, die Verbreitung dieses Phänomens quantitativ zu bestimmen, sondern diese Studien erlauben es auch, soziale und demographische Variablen zu beschreiben. Diese können die Voraussetzung für die Anlage von Risikokarten schaffen, das heißt, sie können die besonders repräsentativen Kennzeichen jener Jugendlichen aufzeigen, die Suizidideen haben, die versucht haben, sich das Leben zu nehmen, oder denen dies gelungen ist. Wenden wir uns also den häufigsten dieser Variablen zu.

## Soziodemographische Variablen, die das Suizidverhalten Jugendlicher beeinflussen

### Geschlecht

Wie wir bereits gesehen haben, findet sich der vollzogene Suizid unter Jugendlichen, nicht anders als unter den Erwachsenen, sehr viel häufiger bei männlichen Jugendlichen als bei weiblichen (im Verhältnis von 2–3 zu 1), während die Verteilung der Suizidversuche unter den Geschlechtern trotz einiger Ausnahmen umgekehrt ist (in diesem Fall ist das Verhältnis weiblich/männlich weniger ausgeprägt: 1,5–2 zu 1). Diese Unterschiede verblassen aber, je mehr man sich den untersten und den obersten untersuchten Altersgruppen annähert, also unter 14 Jahren und um die 30 Jahre. Viele Studien bestätigen, daß das kritische Alter für Mädchen zwischen 17 und 18 Jahren liegt; ist dieses überwunden, bleiben die Werte konstant und nehmen nach 35 wieder ab. (24)

### Ethnische Faktoren und soziale Schichten

Der Suizid Jugendlicher, bei dem das männliche Geschlecht ohnehin im Vordergrund steht, zeigt aber auch hinsichtlich der ethnischen und sozialen Zugehörigkeit unterschiedliche Ausprägung. Tatsächlich geht aus den in den Vereinigten Staaten durchgeführten Untersuchungen hervor, daß weiße Jungen und Mädchen unter 19 Jahren sich mit doppelter Häufigkeit umbringen, als es schwarze oder hispano-amerikanische Gleichaltrige tun. (25) Dieses Faktum verkehrt sich aber ins Gegenteil, sobald die Grenze von 20 Jahren überschritten ist. (26)

Die Erklärung dafür ist nicht einfach: Auf der einen Seite scheint dieses Forschungsergebnis zu belegen, daß soziale Faktoren wie Armut, Arbeitslosigkeit und Alkoholismus keine definitive Rolle bei der Verbreitung des Phänomens unter jüngeren Jugendlichen spielen, auf der anderen Seite zeigt es, daß das Netz sozialer Beziehungen, das unter Farbigen viel dichter ist, die wirkliche Trennlinie zwischen Jugendlichen und jungen Erwachsenen bezeichnet. Diese Annahme wird gestützt durch die geringe Verbreitung des Suizids unter weißen Jugendlichen in den Südstaaten der USA und in den ländlichen Gebieten, wo das soziale Netz noch heute viel fester ist als unter den Bedingungen einer Großstadt. (27) Diese Überlegungen gewinnen dramatische Aktualität auch für die Länder Südeuropas, die eine Masseneinwanderung von Bevölkerungsgruppen (vor allem junge Männer) aus Nordafrika kennen. Es handelt sich hierbei um Gruppen, in denen das Suizidverhalten – wie besonders in denen moslemischen Glaubens – äußerst selten ist: Es müßte also nachgewiesen werden, in welchem Ausmaß westliche «Anstekkung» auf dieses Verhalten einwirken kann, oder ob es die Bedingungen der sozialen Ausgrenzung sind, die einen Zuwachs des Suizidrisikos mit sich bringen. Wenn letztere Annahme durch empirische Untersuchungen bestätigt werden würde, hieße das, daß die ethnischen Faktoren nur in ihrem natürlichen Zusammenhang sozial und kulturell von Bedeutung sind und daß sie, unter dem Zwang, sich mit unterschiedlichen und feindlichen Umwelten auseinanderzusetzen, einen großen Teil ihrer schützenden Wirkung verlieren. Auch was die soziale Schicht betrifft, sind die vorliegenden epidemiologischen Ergebnisse nicht eindeutig und verweisen auf eine gründlichere Überprüfung des soziokulturellen und familiären Zusammenhanges.

### Die Auflösung der sozialen und kulturellen Struktur

Das Zerfallen dieses Kontextes kann eine sehr wichtige Rolle im Verhältnis zu den klassischen soziodemographischen Indikatoren spielen. Dies wird beispielhaft belegt durch Untersuchungen an einer ethnischen Gruppe, die seit Jahrzehnten im Zentrum eines kulturellen – mehr als eines physischen – Massakers steht, und zwar an den Indianern in Amerika. Unter indianischen Jugendlichen, die mittlerweile seit Generationen in den Städten Kanadas und der USA aufwachsen, ist die Suizidrate tatsächlich fünfmal höher als jene der weißen Gleichaltrigen. (28; 29) Aber auch in Europa konnte festgestellt werden, daß sich durch die Verbindung von Strukturauflösung des Lebenszusammenhanges und sozialer Herkunftsschicht die erhöhten Zahlen für Suizidverhalten, die aus den Vierteln am Rand vieler Großstädte vorliegen, erklären lassen.

## Zivilstand

Während der Suizid bei Erwachsenen viel häufiger unter «Singles» auftritt als unter Verheirateten, trifft bei Jugendlichen genau das Gegenteil zu, auch wenn der Ehestand aufgrund des Alters selbstverständlich viel seltener ist. (30) Diese Erscheinung hängt wahrscheinlich mit der Tatsache zusammen, daß die Ehe unter Jugendlichen oft eine aufgenötigte Flucht aus einer belastenden sozialen Umgebung oder eine erzwungene Entscheidung aufgrund einer unerwünschten Schwangerschaft darstellt. In beiden Fällen verwirklicht die eheliche Verbindung sicher nicht den Autonomieanspruch, den sich ein Jugendlicher häufig erträumt. (31) Diese Vermutungen werden übrigens durch die Ergebnisse einiger Untersuchungen belegt: Sie zeigen auf, daß unter den jungen Frauen die Gruppe der jungen Mütter absolut am stärksten suizidgefährdet ist. (32)

## Arbeitsbedingungen

Auch wenn in den letzten Jahren die Arbeitsbedingungen immer stärker die Zukunft und die Lebensqualität eines Jugendlichen bestimmen, so wurde die mögliche Verflechtung des Suizidverhaltens mit dieser Variablen erst in wenigen Studien untersucht. Aus diesen geht immerhin hervor, daß, während unter den Erwachsenen eine positive Korrelation zwischen Arbeitslosigkeit und Suizid zu bestehen scheint (33; 34; 35), die Suizidhäufigkeit bei Jugendlichen auf der Suche nach der ersten Anstellung geringer ist, auch wenn sie dann ständig zunimmt. (36) Offensichtlich wirkt sich bei Jugendlichen die soziale Stigmatisierung, der psychische Faktor mit ganz besonderer Bedeutung für den Aufbau des Selbstwertgefühls, nicht in so drückender Weise und folglich mit weniger zerstörerischen Konsequenzen aus. (37)

## Traumatische Ereignisse

Zuletzt sollen noch die traumatischen Ereignisse im Leben einer Person, die einen Suizid versucht oder ihn ausführt, betrachtet werden. Dieses Phänomen, das in Italien erst in jüngster Zeit die notwendige Beachtung fand, besitzt jedoch, wie viele Untersuchungen in anderen Ländern belegen, beträchtlichen Einfluß auf das Selbstwertgefühl wie auf die Selbsteinschätzung und kann somit später selbstzerstörerisches Verhalten auslösen. Zu Beginn der sechziger Jahre hatten Bergstrand und Otto beobachtet, daß eine hohe Anzahl von jugendlichen Suizidanten aus Familien mit geringem Einkommen stammte, in denen sich Episoden von Gewalt häuften. (38) Diese Ergebnisse wurden vor nicht allzu langer Zeit sowohl von White (39) als auch von Hawton (40) angefochten. Beide behaupteten, daß nicht die soziale Stellung der Familien dieser Jugendlichen mit Suizidversuch die am höchsten korrelierende Variable sei (denn sie decke sich völlig mit der für die allgemeine Bevölkerung), sondern vielmehr die Möglichkeit, auf mehr oder weniger traumatische Ereignisse (körperliche oder psychische Gewaltanwendung, Vergewaltigung) in ihrer Lebensgeschichte zu stoßen.

Tatsächlich stimmen alle Forscher unabhängig von der Interpretation der Rolle der sozialen Schicht darin überein, daß sie den *Einfluß der Familie* auf das Suizidverhalten eines Jugendlichen als grundlegend erachten. In diesem Zusammenhang ist das Ergebnis einer in Holland durchgeführten Untersuchung besonders interessant: Aus ihr geht hervor, daß eine positive Beziehung zwischen dem Suizid Jugendlicher und der in der Kindheit erlittenen *sexuellen Gewalt* besteht. 70 % der Mädchen mit Suizidversuch waren früher tatsächlich von ihren Vätern oder ihren Verwandten sexuell mißbraucht worden. (41) Sowohl Adams-Tucker als auch Pfeffer erforschten die Beziehung zwischen dem Suizidverhalten einer Gruppe von Jugendlichen unter 15 Jahren und der Häufigkeit einer früheren inzestuösen Erfahrung. Dabei stellten sie fest, daß dieses Trauma von der Mehrheit der Kinder erlitten wurde und daß es neben einem ausgeprägten Suizidgedanken auch eine Reihe von psychiatrischen Symptomen mit sich brachte, die sich auf depressive Zustände, Schlafstörungen und psychosomatische Störungen konzentrierten. (42; 43)

Einen letzten Beleg dafür, daß die in der Adoleszenz erlittenen *Gewaltepisoden* auf einen Suizid im Erwachsenenalter vorausweisende Elemente sein können, lieferten die Forschungsergebnisse von Roberts und Hawton, die vor kurzem das enge Verhältnis zwischen der Erfahrung physischer Gewalt und einer sich manchmal erst nach Jahren aufbauenden deutlichen Suizidneigung nachwiesen. Bei über 20 % der untersuchten Suizide Jugendlicher konnten schwere Gewaltakte in der Kindheit festgestellt werden, demgegenüber versuchten 3 bis 5 % der Eltern, die sich an ihren Kindern vergangen hatten, sich in der Folgezeit das Leben zu nehmen. (44) Zu ähnlichen Schlüssen kam auch eine Gruppe italienischer Psychologen unter der Leitung von Gian Vittorio Caprara. (45) Sie untersuchten die Kennzeichen dreier Gruppen von Jugendlichen und jungen Erwachsenen zwischen 18 und 30 Jahren, die Suizide versucht hatten: Der ersten Gruppe gehörten jene an, die nie vorher versucht hatten, sich umzubringen, der zweiten diejenigen, welche es in den letzten zwei Jahren mindestens einmal versucht hatten, und der dritten alle jene mit einer Diagnose auf Schizophrenie. Bei den beiden letzten Gruppen fand sich entweder eine negative «familiäre Belastung», oder sie hatten bedrückende schulische und zwischenmenschliche Erfahrungen gemacht.

## Das Suizidverhalten unter Studenten

Spricht man vom Suizidverhalten Jugendlicher, dann ist die Gruppe der Schüler und Studenten besonders zu beachten, denn viele Forscher schätzen diese Gruppe als potentiell gefährdet ein. An den englischen Universitäten Oxford und Cambridge (46; 47) durchgeführte Untersuchungen belegen tatsächlich, daß dort die Anzahl der Suizide bemerkenswert höher liegt als bei Jugendlichen, die nicht die Universität besuchen: Unter den Studenten wurden 10 Suizide auf 100 000 Studenten festgestellt, bei den Studentinnen waren es 13; unter den gleichaltrigen Nicht-Studenten betrug die Anzahl 5,1 beziehungsweise 2,6. Die Häufigkeit des Suizids war unter Studentinnen bedeutend höher als bei den gleichaltrigen nicht-studierenden Frauen. Diese besorgniserregende hohe Rate scheint sich nach der Einrichtung eines eigens dazu geschaffenen *Counseling-Dienstes* (48) an beiden Universitäten vermindert zu haben. Dies bestätigt die Hypothese einer positiven Korrelation zwischen Suizidverhalten, Streßsituationen während der schulischen und universitären Ausbildung und psychischer Labilität, die typisch ist für die erste Reife und heutzutage noch verschärft wird durch die ungewissen Aussichten auf eine Arbeit und eine angemessene Stellung im Beruf. Diese Hypothesen scheinen zum Teil von einigen Forschungsergebnissen bestätigt zu werden, die zudem nachwiesen, daß unter den Studenten der englischen Universitäten der Suizid viel häufiger auftritt als bei ihren amerikanischen Kollegen in Yale und Harvard. (49; 50) Die Erklärung hierfür wurde oft den Unterschieden im Aufnahmesystem zugeschrieben: Dort, wo die Zulassungsbedingungen strenger seien (wie in den Vereinigten Staaten), nehme die Möglichkeit ab, daß sich Personen mit ungünstigeren ökonomischen, sozialen und wahrscheinlich auch psychischen Voraussetzungen einschreiben. Diese von Hawton (51) vorgeschlagene Deutung scheint mir aber deshalb nicht sehr überzeugend zu sein, weil die Zulassung zur Universität eine Art Befriedigung und soziale Bestätigung darstellen könnte, wohingegen eine strenge Auswahl eine Zunahme der Suizide unter den ausgeschiedenen Kandidaten hervorrufen müßte. Dieses Phänomen wurde aber von den genannten Studien nicht erforscht.

Außerdem sind sich nicht alle Autoren darin einig, daß der Status des Studenten bzw. Schülers besonders suizidgefährdet sei. Platt hat in einer jüngst durchgeführten Untersuchung einer Schülergruppe aus den höheren Schulen von Edinburgh im Vergleich zu einer Kontrollgruppe keine signifikanten Unterschiede festgestellt, weder in der Anzahl der Suizide noch in jener der Suizidversuche. (52) Nach Platt ist es aber notwendig, einige Charakteristika zu bestimmen, die die beiden untersuchten Gruppen unterscheiden: Unter den Schülern, die Suizid begangen hatten, fehlten in der Lebensgeschichte besondere, auslösende Ereignisse mehr als doppelt so oft wie im Vergleich mit den Nicht-Schülern; diese wiesen wiederum einen viel höheren Prozentsatz von vorhergegangenen Suizidversuchen in ihren Familien auf und waren viel öfter Opfer von Gewalt gewesen. Im übrigen scheinen die Suizide der Schüler mit auffälligem Verhalten und häufigem Fehlen in der Schule zusammenzuhängen: Ein Viertel der jugendlichen Suizidanten, die in einer in Kalifornien durchgeführten Studie untersucht wurden, wies in der Tat eine lange Geschichte schulischer Abwesenheit und geringer Schulerfolge auf. (53; 54)

Diese Bemerkungen führen zu einer der wichtigsten Streitfragen in der Diskussion über den Suizid Jugendlicher: dem Verhältnis zu jenem charakteristischen jugendlichen Persönlichkeitstypus, den die angelsächsische Literatur als *antisozial* bezeichnet. Die *antisoziale Persönlichkeitsstörung*, die nach dem *Diagnostic and statistical manual of mental disorders* (DSM III) zu den Persönlichkeitsstörungen zählt, verlangt als diagnostische Kriterien das Vorliegen von Elementen wie Abwesenheit von der Schule, Vandalismus, lügnerisches Verhalten, Diebstähle und Schulnoten, die deutlich unter dem Durchschnitt liegen. (55) Diese Diagnose wurde oft deshalb kritisiert, weil sie ein persönliches Verhalten, das soziale Anpassung verweigert, zu objektivieren und zu stigmatisieren versucht, indem die Widersprüche und die sozioökonomischen Ungleichheiten, die es auslösen können, unterbewertet werden. Das Verhältnis zwischen Suizid und «antisozialem» Verhalten scheint auf dem aktuellen Stand der wissenschaftlichen Diskussion äußerst unklar und verwirrend zu sein; diese Konfusion wird wohl absichtlich genährt, um die Hypothesen derjenigen zu bestätigen, die durch einen blinden und oberflächlichen biologischen Reduktionismus – in diesem Fall einen psychologischen – jedwedes abweichende Verhalten erklären wollen.

Jenseits der *querelles* um diagnostische Fragen oder um den zentralen Stellenwert psychobiologischer Ursachen scheint mir das, was den Diskurs über die Erklärung des Suizidverhaltens bei Adoleszenten sinnvoll einleiten kann, sehr eng mit der Untersuchung der prädisponierenden und beschleunigenden Faktoren verbunden zu sein, vor allem im Hinblick auf den möglichen Nutzen dieser Forschung im präventiven wie im klinischen Bereich und im Bereich der Sozialdienste.

## Prädisponierende und beschleunigende Faktoren

Wie oben bereits angemerkt, bilden *die vorangegangenen Suizidversuche* bei Jugendlichen und jungen Erwachsenen einen der wichtigsten *prädisponierenden Faktoren*. (56; 57) Leider wurden aber erst zu wenige Untersuchungen durchgeführt, um mit größerer Sicherheit den Risikograd des Suizidtodes bestimmen zu können, dem die Jugendlichen ausgesetzt sind, die bereits versucht haben, sich das Leben zu nehmen. Nach einer schwedischen Studie töteten sich 4,3 % von 1547 Jugendlichen in einem Zeitraum zwischen 10 und 15 Jahren nach ihrem ersten Versuch. (58) Der Großteil der Forscher behauptet, daß 40 bis 60 % der jungen Suizidanten wenigstens noch einmal versuchen, sich umzubringen. Wenn wir diese Angabe in eine Risikoabschätzung übertragen, heißt das, daß es 1,5 % der Jugendlichen binnen 12 Monaten nach dem Suizidversuch gelungen sein wird, sich zu töten. (59)

Besondere Aufmerksamkeit wurde bisher dem *familiären Kontext* zuteil. So wie nämlich die Integrität der Kernfamilie Jugendliche vor dem Suizid schützen kann, so stellt umgekehrt ihre Brüchigkeit ein sicheres Risikoelement dar. Dorpat, Jackson und Ripley stellten fest, daß Scheidung oder Trennung der Eltern oder der Tod eines von beiden in der Geschichte von 50 % der jugendlichen Suizidanten anzutreffen ist. (60) Ein niedrigerer Prozentsatz ergab sich bei einer Studie in Großbritannien, nach der über 20 % der Eltern sich in den vier Jahren vor dem Suizidtod des Kindes hatten scheiden lassen (61), während sich bei der Hälfte der untersuchten Suizidfälle Jugendlicher im County Sacramento in Kalifornien die Kernfamilie aufgelöst hatte. (62)

Eine letzte Bestätigung der Hypothese, nach der ein *frühzeitiges Zerbrechen der Familienbindungen* sich auf das Suizidverhalten eines Jugendlichen signifikant auswirken kann, lieferte die von dem schottischen Soziologen McAnarney gegen Ende der siebziger Jahre durchgeführte Untersuchung. (63) Der Autor wollte untersuchen, ob dieser Faktor in geographischen Kontexten und in Kulturen, in denen die soziale Rolle der Familie grundlegend anders ist, gleichermaßen prädisponierend wirkt. Die Untersuchung umfaßte Gruppen Jugendlicher aus schottischen, dänischen, indischen, afrikanischen und US-amerikanischen Städten. Die Resultate bestätigten, daß dort, wo sehr enge Familienbeziehungen existieren (zum Beispiel im Sudan), die Anzahl der Suizide unter Jugendlichen niedriger ist (1 auf 100000), während dort, wo die Familieneinheit viel stärker bedroht ist (Indien), die Werte viel höher liegen (98 auf 100000). Diese Studie beachtet jedoch einige wichtige Variablen nicht, zum Beispiel kulturelle und religiöse, die die Ergebnisse beeinflußt haben könnten.

Ein anderes familiäres Merkmal, das einen prädisponierenden Faktor darstellen könnte, ist die Tatsache *vorangegangener Suizide oder Suizidversuche der Eltern oder der engsten Verwandten*. Dies kann mit einer gewissen familiären Neigung zu einigen psychiatrischen, vor allem depressiven Störungen zusammenhängen. Shaffer hat nachgewiesen, daß in über 50 % der Familien junger Suizidanten Personen mit Diagnosen über psychische Störungen oder chronischem Alkoholismus lebten. (64) Die Anwesenheit von Personen mit stark gefährdetem Gefühlsleben in einer Familie kann tatsächlich mit großen Beziehungsproblemen verbunden sein, die wiederum vorwiegend die psychisch anfälligsten Menschen betreffen; sie bestätigen oder verschlimmern deren Ablehnung bzw. Ausschluß. Ich möchte aber hierbei daran erinnern, daß familiäre Tendenz keineswegs genetische Übertragung bedeutet. Eher handelt es sich um einen kulturellen Faktor, der zu einer Art bewußtem oder unbewußtem Akzeptieren des Suizids als mögliche und endgültige Lösung eines Problems, das ansonsten für unlösbar gehalten wird, führen kann.

Auch wenn es sehr schwer ist, rückblickende Untersuchungen über die Charaktereigenschaften eines jungen Suizidanten anzustellen (die sogenannte psychologische Autopsie), so war eine vorhandene *psychiatrische Symptomatik*, die mit dem Suizidakt in einer Wechselbeziehung steht und ihn vorbereitet, trotzdem Gegenstand interessanter Untersuchungen. Die Ergebnisse zeigen, daß eine psychiatrische Symptomatik – vor allem affektive Störungen in Form von Depressionen, emotionaler Instabilität und in einigen

61

Fällen von Psychosen – bei mindestens einem Drittel der jungen Suizidanten vorlag und daß 17% von ihnen in Behandlung bei einem Psychiater waren. (65; 66) Diese Werte wurden sowohl in den Vereinigten Staaten als auch in einigen asiatischen Ländern durch eine Serie von Untersuchungen ermittelt: Tatsächlich ging auch hier die Depression (19–23% der Fälle) als die häufigste Art von psychischer Störung hervor. (67; 68)

Folglich kann man behaupten, daß unter den jugendlichen Suizidanten psychische Krankheiten mit einer gewissen Häufigkeit auftreten, auch wenn sie im Vergleich mit den Erwachsenen geringer ist. (69) Natürlich können die aus diesen Untersuchungen ermittelten Daten sehr stark variieren, da die angewandten diagnostischen Kriterien oft unterschiedlich sind und nicht immer übereinstimmen.

Der Großteil der Autoren ist sich darin einig, daß psychische Krankheiten bei Jugendlichen mit Suizidversuch weniger häufig vorkommen (ungefähr 20%) als bei Suizidanten dieser Altersgruppe. Auch liegt bei ihnen eine weniger ausgeprägte Psychopathologie (Persönlichkeitsstörungen oder leichte depressive Störungen) vor. (70)

*Der Mißbrauch von Alkohol und Drogen* kann ein weiterer wichtiger prädisponierender Faktor sein. Viele Forscher stimmen darin überein, diesem Faktor eine kausale Bedeutung zuzuschreiben, auch wenn der Zusammenhang nicht leicht verifizierbar ist. Alkohol und Drogen scheinen tatsächlich oft im Leben eines jungen Suizidanten auf: nach Miles in mindestens 70% der Fälle. (71)

Trotzdem ist das Verhältnis zwischen Drogenabhängigkeit und Suizid sicherlich nicht allein quantitativ darstellbar. Sowohl der Alkoholismus als auch die Abhängigkeit von Drogen werden mit gutem Recht als langsame Suizide betrachtet. Diese Suchtverhalten sind typisch für Menschen, die es sozusagen nicht eilig haben, sich umzubringen, und sie führen nur zufälligerweise (durch eine bestimmte Dosis oder durch eine plötzliche Verschlechterung des gesundheitlichen Zustandes) zum Tod, es sei denn, eine willentliche Handlung liegt vor. Jedenfalls kann nur mit Schwierigkeiten festgestellt werden, ob es sich um einen Unfall oder um einen bewußt herbeigeführten Tod handelt. Bei dieser Frage kommt den Aussagen von eventuellen Freunden, die die letzten Stunden mit dem Opfer verbracht haben, besonderer Wert zu. Einige Quellen belegen, daß der Suizid unter Drogenabhängigen kein häufiges Phänomen ist: Eine Studie in New York hat nachgewiesen, daß seine Häufigkeit 2–3 % beträgt, während sie bei inhaftierten Drogenabhängigen doppelt so hoch ist. (72) Dies könnte bedeuten, daß nicht so sehr eine den Tod begünstigende psychische Einstellung den Drogenabhängigen dazu bringt, sich das Leben zu nehmen, sondern vielmehr ein plötzlicher Krisenzustand, wie er gerade bei einer Inhaftierung eintreten kann.

Nicht alle Autoren stimmen jedoch mit diesen Schätzwerten überein. Einige Studien aus London geben eine viel höhere Suizidrate unter Drogenabhängigen an (um die 20 %), und sie behaupten, daß die Suizidgefahr unter diesen zwanzigmal höher sei als bei Gleichaltrigen. (73; 74) Wie ich bereits angemerkt habe, ist nach einer Schätzung der Weltgesundheitsorganisation bei den Suiziden im eigentlichen Sinn mindestens einer von drei auf eine Überdosis an Heroin zurückzuführen.

Auch für diese Aussage fällt die Erklärung nicht leicht. Die Forschungsergebnisse weisen nämlich auf ein offenes Dilemma hin: Oft kann der Persönlichkeit eines Drogenabhängigen eine explizite depressive Symptomatik mit Persönlichkeitsstörungen und anderen psychischen und psychiatrischen Störungen zugeordnet werden. Einige Forscher haben deswegen angenommen, daß diese Pathologie der Persönlichkeitsstruktur einen Risikofaktor für Suizid bilden könnte; für andere sind es die sozialen Bedingungen (Ausgrenzung, kaum erträgliche Lebensbedingungen, Armut, Arbeitslosigkeit), die maßgeblich die Entwicklung dieser Symptomatik verstärken. Der Suizid wäre dann die Konsequenz aus der Verschlechterung der Lebensbedingungen und nicht aus der Verschärfung der psychiatrischen Symptomatik. (75; 76; 77)

Auf alle Fälle ist der Hinweis wichtig, daß die Verbreitung der Drogenabhängigkeit (Rauschgift und Alkohol; Bier, wenn es sich um männliche Jugendliche handelt) unter den Jugendlichen nicht nur von einer Zunahme der Suizide begleitet wird, sondern in noch stärkerem Maße von einer Zunahme der Suizidversuche. Zum Beispiel hat die Verbreitung des Alkoholismus und der Einnahme von bestimmten Psychopharmaka unter jungen Frauen (vor allem in den nordeuropäischen Ländern) im letzten Jahrzehnt zu einer Verdoppelung der Suizidversuche geführt. (78) Auch dieses Faktum wird unterschiedlich erklärt: Einige Forscher nahmen nämlich an, daß die kulturelle Akzeptanz von Psychopharmaka als wundertätige Antwort auf viele Probleme unseres täglichen Lebens eine Voraussetzung für einen immer massiveren Gebrauch darstellen könnte, der dann zur tödlichen Überdosis führen kann. Es ist nicht auszuschließen, daß einigen Arten des Risikoverhaltens Jugendlicher (so können wir viele Verhaltensweisen nennen, die die Nachrichtenseiten unserer Zeitungen füllen, denken wir nur an die Toten an den Samstagabenden) diesen beiden Phänomenen vereint zugrunde liegen: die gleichzeitige Einnahme verschiedener Drogen, also von Psychopharmaka (in diesem Fall sind es Aufputschmittel) und von Alkohol, die Euphorie-Effekte bewirken kann, allerdings mit einem Rückgang der Wahrnehmungsfähigkeit für Gefahren, mit Stimmungseinbrüchen und mit plötzlicher und schwerer Schläfrigkeit bezahlt wird.

Wenn die prädisponierenden Faktoren in bestimmtem Umfang erklärbar sind, so ist dies bei den *beschleunigenden Faktoren* nicht immer der Fall. Unter beschleunigenden Faktoren versteht man das, was in den Stunden oder Tagen (üblicherweise höchstens drei Tage) unmittelbar vor der Tat geschehen ist und irgendwie die Entscheidung vorangetrieben haben kann. Die Vorstellung oder die Absicht, sich umzubringen, bildet sich vor allem bei jungen Menschen in einem schrittweisen Prozeß, der sich meist erst nach und nach konkretisiert. Das Mißtrauen, der Verlust des Selbstwertgefühls oder das Gefühl, daß nichts mehr zu machen sei, bahnen sich einen Weg in der Psyche des Betroffenen. Trotzdem kann manchmal ein unmittelbarer Anlaß für das Suizidverhalten gefunden werden. Denken wir nur zum Beispiel an die oben angesprochenen Schüler, die sich unmittelbar nach einem schulischen Versagen oder nach einer besonders strengen, jedoch als ungerecht empfundenen Zurechtweisung durch einen Elternteil bzw. eine Lehrkraft umbringen oder

Suizidversuche unternehmen. (79) Der *schulische Mißerfolg* korreliert mit dem Suizid um so stärker, je mehr die Prüfung die Rolle einer umfassenden Überprüfung des Schülers annimmt und je entscheidender sie für seine berufliche und soziale Zukunft ist. In Japan, wo die weltweit größte Suizidhäufigkeit bei Jugendlichen verzeichnet wird (80), weist ihr Verhältnis zu Schwierigkeit und Bedeutung der Zulassungsprüfung für die Universität ein außergewöhnliches zeitliches Zusammentreffen auf: Die Spitze der Suizidrate wird im Monat Mai registriert, das heißt also dann, wenn die Prüfungen abgehalten werden. Auch *Disziplinarmaßnahmen* können laut einer englischen Untersuchung in sehr vielen Fällen einen beschleunigenden Faktor darstellen. (81)

Wenn man die Häufigkeit, mit der diese Faktoren auftreten, analysiert, kann man eine Bedeutungsskala aufstellen, die sowohl eine Unterscheidung nach Geschlechtern als auch die Entwicklung der Häufigkeit in den letzten Jahren einschließt. Im allgemeinen kann man feststellen, daß der beschleunigende Faktor am häufigsten bei *Streitigkeiten mit dem Partner oder mit den Eltern* auftritt (darauf stößt man bei 15 % der Suizide Jugendlicher), gefolgt vom *Bruch einer Liebesbeziehung* und von einer *Handlung, die Probleme mit der Justiz* nach sich zog (beide in 9 % der Fälle), während das Wiederholen einer Schulklasse oder ein anderer schulischer Mißerfolg nur in 8 % der Fälle mit dem Suizid verbunden werden kann. Die Unterschiede zwischen den Geschlechtern zeigen, daß die beschleunigenden Faktoren wesentlich häufiger bei männlichen Jugendlichen auftreten und daß bei diesen das Zerbrechen einer Gefühlsbeziehung, schulische Probleme und Unannehmlichkeiten mit der Justiz an erster Stelle stehen, während bei jungen Frauen längerfristig gesehen *die sexuelle Belästigung* der wichtigste Faktor ist. Dieser Faktor gewinnt unter jungen Frauen offensichtlich auch am stärksten an Bedeutung.

Ernsthaft erwogen werden müssen auch die *dramatischen Reaktionen auf den Verlust eines Elternteiles oder einer lieben Person,* ein Trauma, das, vor allem wenn es in jungen Jahren eintritt, sehr häufig in Beziehung mit einem Suizid oder Suizidversuch stehen kann. (82) In diesem Fall kommt auf psychischer Ebene nicht nur der Effekt des negativen Lebensereignisses zum Tragen, sondern auch eine Art von Verinnerlichung der Todeserfahrung.

Allgemein sollte man aber beachten, daß die Bedeutung der beschleunigenden Faktoren mit dem Alter eher noch wächst: Sie nehmen klarere Konturen an, wenn sie sich auf die nicht mehr allerjüngste Bevölkerungsgruppe beziehen, das heißt, wenn der Zusammenhang mit jenen prädisponierenden Faktoren ersichtlich wird, die üblicherweise die Welt der Erwachsenen kennzeichnen, wie zum Beispiel der Verlust der Arbeit oder die Auflösung einer Ehe bzw. einer langen und wichtigen Gefühlsbeziehung.

## Warum wird der Suizid bei Jugendlichen häufiger?

Die Erklärungen für dieses Phänomen, das, wie schon gesagt, der internationalen Literatur zufolge in beinahe allen westlichen Ländern vorliegt, sind kompliziert und zum Teil widersprüchlich.

Wie ich an anderer Stelle ausgeführt habe (83), muß man sich in erster Linie vor Augen halten, daß die Adoleszenz jene äußerst sensible Phase der psychophysischen Entwicklung ist, während der ein junger Mensch zum erstenmal in seinem Leben nicht nur beweisen muß, daß er fähig ist, sich ohne die Hilfe der Familie mit Problemen auseinanderzusetzen und Lösungen dafür zu finden, sondern in der er auch die Wertmaßstäbe für die eigene Identität formt. Viele der für dieses Alter typischen Krisen oder Schwierigkeiten können das Gleichgewicht der Entwicklung stören und auf die Bildung der Persönlichkeitsstruktur einwirken. Ein Bruch in der Entwicklung oder das Einreißen negativer Mechanismen kann jenes Mißtrauen in die eigenen Fähigkeiten, jene negative oder pessimistische Einstellung gegenüber sozialen Beziehungen und jenen Verlust von Zukunftserwartungen hervorrufen, welche die psychischen Voraussetzungen für die Bildung einer Suizidabsicht darstellen.

Überdies macht die Tatsache, daß die wachsende Häufigkeit von Suiziden vor allem in den letzten Jahrzehnten nachgewiesen wurde, die Erforschung einer möglichen Wechselbeziehung zwischen diesem von uns untersuchten Phänomen und den sozialen Veränderungen in der jüngsten Vergangenheit plausibel. Zunächst ist hier der Wandel zu nennen, der sich in der Familienstruktur vollzogen hat. Die Familie zeigt sich heutzutage in ihrer von der Gesellschaft zugewiesenen Rolle als soziale Stütze geschwächt und von der Verantwortung überwältigt, jenem Fehlen von Aussichten und Werten, welche die Gesellschaft selbst nicht mehr hervorzubringen und vorzugeben in der Lage ist, entgegenzuwirken. So steht heute der Jugendliche viel öfter als früher der Situation gegenüber, sich ohne jene Hilfe, die einmal die Familie zusicherte, mit den zum Erwachsenenleben gehörenden Schwierigkeiten auseinandersetzen zu müssen (die Suche nach einer Arbeit, einer Wohnung usw.). Diese Verpflichtung, sich selbst zu helfen, kann – falls es ihm gelingt, familiäre Ersatzfiguren zu finden wie Freunde, Liebespartner, ideologische und berufliche Leitfiguren oder Personen, an die er glaubt – die Persönlichkeit des Jugendlichen einerseits stärken und die Reife beschleunigen, andererseits kann auf diese Weise eine Art von psychischem Zwang ausgelöst werden, der dem jungen Menschen einen äußerst belastenden und der Entwicklung sowie dem psychophysischen Wachstum nicht förderlichen Rhythmus aufdrängt. Dieser Rhythmus kann bei der ersten Belastungsprobe in die Brüche gehen, beim ersten bedeutungsvollen Zusammentreffen mit einer Welt, die oft von Regeln bestimmt und regiert wird, welche für die Welt des Jugendlichen unverständlich und nicht in sie übertragbar sind. Diese Erklärung scheint mir besonders auf das exzessive Suizidverhalten unter jungen Frauen zuzutreffen. Die Verpflichtung zur beschleunigten Reife – mit der ganzen Last der Verantwortung für das Funktionieren der familiären Beziehungen, die sie mit sich bringt – setzt aufs Spiel, daß die Bestrebungen, die sich an eine in den letzten Jahrzehnten erkämpfte neue gesellschaftliche Rolle der Frau knüpfen, zerbrechen und zunichte gemacht werden. Neues Bewußtsein und neue Erkenntnisse sind immer noch gezwungen, mit den engen Regeln einer alten Welt zusammenzuleben, in deren Ordnung die Frau nicht vorkommt.

Wenn ich von der Krise der Familie in ihren unterschiedlichen Erscheinungsformen spreche, die selbstzerstörerisches Verhalten bei Jugendlichen auslösen können, dann meine ich nicht so sehr ein Ursache-Wirkung-Verhältnis zwischen der Scheidung oder der Trennung der Eltern und dem Wunsch der Kinder zu sterben, als vielmehr eine viel feinere Verflechtung, in der das Zerfallen des unterstützenden familiären Netzes (in diesem Fall meine ich nicht die Kinder von Alleinerziehenden) eine für die Kinder äußerst schwierige Wachstums- und Entwicklungsperiode einleiten kann; es besteht mit anderen Worten die Gefahr, daß die gesamte Lebenssituation als äußerst schwer, unerträglich, ohne sichtbare Lösungen und letzten Endes als grundlegend ungerecht und unnütz erlebt wird. Untersucht man die Motive für den Suizidversuch Jugendlicher, kann man – wie eine neuere holländische Studie belegte – tatsächlich feststellen, daß die am weitesten verbreiteten Beweggründe gerade im Beziehungsleben (die Probleme mit dem Partner oder den Eltern spielen in über 50% der Fälle eine entscheidende Rolle) und in der sozialen Eingliederung (Einsamkeit und die Schwierigkeit, soziale Kontakte aufzubauen) zu finden sind. (84)

Eine zweite Forschungsrichtung, die die möglichen Gründe für die Zunahme des Suizidverhaltens unter Jugendlichen untersucht, beschäftigt sich mit dem Verhältnis zwischen dieser Zunahme und der Gewalttätigkeit Jugendlicher. In den Vereinigten Staaten mußte zum Beispiel für beide Phänomene ein besorgniserregender Anstieg in den letzten zwanzig Jahren verzeichnet werden. (85) Ich glaube jedoch, daß zwischen beiden Erscheinungen nicht so sehr ein Kausalzusammenhang besteht, als viel eher eine Beziehung kultureller Art. Ein nur scheinbar zweitrangiges Element kann uns helfen, die Verknüpfung und den Ernst dieses Sachverhaltes zu verstehen: Der Verkauf von Waffen entwickelte sich parallel zu den Suiziden Jugendlicher, die eben mit diesen Mitteln ausgeführt wurden. Wir stehen hier seit mindestens zwei Jahrzehnten einem bedeutsamen und konstanten Zuwachs gegenüber, der zwischen den sechziger und den achtziger Jahren 25–30% betrug. (86; 87) Wenn man dieses Faktum mit dem verbindet, daß Mord und Suizid unter amerikanischen Jugendlichen zu den bei weitem häufigsten Todesursachen gehören, kann man auf einen relevanten Zusammenhang zwischen beiden Phänomenen schließen. Die Feststellung, daß beim Gebrauch von Waffen für den Suizid keine geschlechtsspezifischen Unterschiede vorliegen, stützt die Hypothese, wonach es sich hier um eine kulturelle «Errungenschaft» handelt. Suggeriert nicht eine Welt, die immer mehr vom Gesetz der Gewalt und der Pflichtverletzung beherrscht wird, in der Zeitungen, Fernsehen und Kino mit Waffen und blutigen Helden aufwarten, ebenfalls diese Mittel zu verwenden, um über das eigene oder das Schicksal eines anderen zu entscheiden?

Im folgenden und im Kapitel über den Suizid durch Imitation werde ich ausführen, daß junge Menschen oft zu den wichtigsten Käufern dessen gehören, was auf dem Markt angeboten wird. Die Werbung, die heute als Kommunikationsmittel kulturell breiter akzeptiert ist, als dies in früheren Generationen der Fall war, gebraucht Methoden der Überzeugung, die mittlerweile selbst Teil des Denkens und Handelns Jugendlicher geworden sind.

Es sind also gerade die Jüngsten, die die Widersprüche und Antinomien einer Welt, die immer weniger auf ethischen Grundlagen und Orientierungen beruht, als erste erleiden müssen. Eine veränderte kulturelle Haltung gegenüber dem Suizid kann auf einer allgemeineren Ebene den Grund dafür liefern, warum auch in Ländern, in denen eine vorherrschende religiöse Überzeugung den Suizid verurteilt, das Phänomen immer häufiger wird, da die Bindungskraft der Religion nachläßt. Dies wird deutlich am Beispiel Irland, einem Land mit einer langen und tief verwurzelten katholischen Tradition, wo die Zunahme der Suizide junger Menschen sowohl von einer schweren ökonomischen Krise (Arbeitslosigkeit, Unterbezahlung und Auswanderung) als auch von einer schwächer werdenden Beziehung zur Kirche vor allem unter den Jugendlichen begleitet wird.

Auch in Italien übten die kulturellen und sozialen Veränderungen in jüngster Zeit eine spürbare Wirkung auf die Haltung Jugendlicher zum Suizid aus. Eine neuere Untersuchung des IARD in Mailand erlaubt eine Analyse dieser Veränderungen: 15 % der befragten Jugendlichen glauben danach, daß der Suizid von unserer Gesellschaft toleriert wird, ein Viertel hält ihn für moralisch annehmbar, selbst wenn nur wenige (3 %) einräumen, daß er auch ihnen geschehen könnte. (88)

Es scheint also, daß in einer Gesellschaft wie der unsrigen, in der so oft Rechte behauptet und so selten die Bedingungen für ihre Umsetzung zugunsten aller verfochten werden, auch der Tod eines jungen Menschen Ausdruck einer Wahl sein kann, die von seinen Altersgenossen verteidigt wird, ohne daß allerdings irgend jemand etwas unternehmen würde, um zu verhindern, daß diese Vorstellung oder dieser Alptraum eines Tages tragische Realität wird.

# **3** Wenn der Faden reißt

*Der psychiatrische Dienst und die Familie
in der Konfrontation mit dem Suizid**

> *C.: Todd, Todd, wach auf!!!*
> *T.: Ah, Charlie ... was ist denn?*
> *C.: Neil ist tot ...*
> *T.: Warum hat er es gemacht?*
> *C.: Es gibt keine Erklärung dafür, Todd.*
> *T.:...das war sein Vater. Er hätte uns nicht verlassen, er hätte
> es nie gemacht... das war seine Familie, das war sein Vater,
> der ihn umgebracht hat.*
> *C.: So etwas kannst du nicht sagen, da gibt es keinen
> Zusammenhang!*
>
> *Jemand liest ein Stück aus einem Gedicht von Prof. Keatting:*
> *«...ich ging in den Wald, weil ich leben wollte
> mit Weisheit und Tiefe und heraussaugen
> das Innerste des Lebens, zerschlagen
> all das, was nicht Leben war!
> Und nicht entdecken, im Moment des Todes,
> daß ich nicht gelebt hatte!»*
>
> (Der Club der toten Dichter, Regie P. Weir, 1988)

## *Teresas Geschichte*

*Ferrara. Gestern nachmittag nahm sich eine etwa 25jährige Frau,
deren Identität noch unbekannt ist, das Leben. Sie stürzte sich aus
dem Fenster einer Zahnarztpraxis im fünften Stock eines Gebäudes*

* Dieses Kapitel wurde von Stefano Caracciolo, Paolo Crepet und Angela Tomelli geschrieben. Die Autoren danken herzlich allen Mitarbeitern des psychiatrischen Dienstes in Ferrara, ohne deren Unterstützung Teresas Geschichte
nicht hätte aufgearbeitet werden können.

71

*in der Altstadt. Die sofortige Einlieferung in das Krankenhaus war*
*vergebens, die junge Frau starb noch auf der Fahrt dorthin. Die*
*Ermittlungen der Polizei sollen die Motive der Tragödie klären.*

Mit dieser kurzen Mitteilung gab die regionale Tagesschau vor
einigen Jahren an einem Abend im Mai den Tod Teresas bekannt.

Teresa war die ältere von zwei Töchtern. Sie lebte mit ihrer Mutter (Hausfrau), ihrem Vater (Angestellter bei einer Versicherungs-
gesellschaft) und mit der Schwester Livia (Angestellte) zusammen.

Ungefähr neun Jahre zuvor kam sie mit dem «psychiatrischen
Kreislauf» in Berührung, als die Mutter sie in eines der Ambulato-
rien von Ferrara begleitete: Seit diesem Moment – mit wechselnden
Erfahrungen, auf die wir noch näher eingehen werden – bis hin zu
ihrem Sprung ins Leere war Teresa wegen einer schweren psychiatrischen Störung, die als Schizophrenie diagnostiziert wurde, in Behandlung.

In der Familie der Mutter, verarmte Adlige aus dem Norden, do-
minierten immer die Frauen. Die Großmutter war ledige Mutter,
einige Jahre nach der Geburt von Teresas Mutter heiratete sie und
brachte fünf weitere Mädchen zur Welt, von denen zwei wiederum
als Ledige Kinder bekamen.

In der Familie des Vaters, der aus dem Süden und aus bescheiden-
sten sozialen Verhältnissen stammte, herrschte ein anderes Klima:
Die Frauen standen im Schatten der starken und autoritären Per-
sönlichkeiten des Urgroßvaters und des Großvaters, die beide Ar-
beiter waren. Der Vater von Teresa schien der einzige schwache
Mann gewesen zu sein, der zuerst der Autorität seines Vaters und
später der seiner Frau unterstand.

Trotz der unterschiedlichen sozialen Herkunft wurde die Heirat
der Eltern Teresas von beiden Familien gerne gesehen. Die junge
und schöne Frau aus dem Norden wurde dem zehn Jahre älteren
Mann versprochen, der aus dem Süden weggezogen war und es mit
Ausdauer und Zähigkeit zu mäßigem Wohlstand gebracht hatte.
Ein Jahr nach der Hochzeit kam Teresa zur Welt. Die Familienatmosphäre war aber schon bald gespannt. Die Eltern stritten sich
häufig, auch wegen Kleinigkeiten.

Seit ihrer frühen Kindheit erfindet Teresa gerne Geschichten, sie ist die Heldin zahlreicher Abenteuer. Diese kindlichen Phantasien begleiten sie bis ins Erwachsenenalter: Mit Vorliebe schreibt sie alle Arten von Märchen und Erzählungen. Teresa begegnet dem Leben, als ob sie einer phantastischen Welt angehörte, die verfolgende und quälende Züge annimmt, wenn sie ihre imaginären Umrisse verliert und in der Realität aufgeht.

Sie ist vier Jahre alt, als ihre Schwester Livia geboren wird. Aus unerklärlichen Gründen wird ihr die Schwangerschaft der Mutter bis zum Zeitpunkt der Geburt verschwiegen. Erst da teilt ihr der Vater mit, daß sie von nun an eine Schwester haben wird. In dieser Nacht näßt Teresa im Schlaf ins Bett.

Seit der Geburt Livias konzentriert sich alle Aufmerksamkeit der Mutter auf diese zweite Tochter, die allerdings sehr kränklich ist. Viele Jahre lang schläft Teresa in einem Zimmer mit dem Vater; er ist der einzige, der sich ihrer ein wenig annimmt.

Teresa entwickelt sich trotzdem zu einem lebhaften und extrovertierten Mädchen, das gerne mit anderen Kindern spielt. Sie hat keine Schwierigkeiten, sich in das schulische Leben einzugliedern, bis zu dem Tag in der vierten Grundschulklasse, an dem sie auf dem Schulhof sonderbare Geräusche zu hören glaubt und undeutliche Stimmen, die zu ihr sprechen. Voller Schrecken beschließt sie, dieses Geheimnis für sich zu behalten.

Kurze Zeit später wiederholt sich aber dieser Vorfall. Während der Vater telefoniert, nähert sich ihm Teresa und bittet ihn, leise zu sein, weil «hier Personen sind, die uns ausspionieren und die alles mitanhören».

Seit diesem Tag ist Teresa in den Augen aller kein normales Mädchen mehr. In der Schule wird sie immer ruhiger, introvertierter, schüchterner, und manchmal scheint sie etwas Unsichtbares zu erschrecken. Die Lehrerin ist besorgt über diese plötzliche Veränderung und verständigt die Eltern. Während die Mutter anscheinend nicht gewillt ist, all dem große Bedeutung beizumessen, reagiert der Vater zornig und sagt, daß es «in seiner Familie nie Geisteskranke gegeben hat».

Teresa bleibt allein mit diesen Stimmen, die aber allmählich seltener werden, bis sie ganz verschwinden. In diesem Jahr erreicht sie offensichtlich ohne Schwierigkeiten den Grundschulabschluß. Aber die Besserung währt nicht lange. Einige Monate später beginnt sich das Befinden Teresas zu verschlechtern: Auf die Zurechtweisung eines Lehrers hin fängt sie an zu schreien und versucht, ein Glas Tinte auszutrinken, wobei sie erklärt, daß sie sterben möchte.

Die Eltern machen sich dieses Mal Sorgen um ihre Tochter und sprechen öfter darüber. Teresa hört einmal, als sie an der Tür lauscht, wie sie der Großmutter von ihrer möglichen Krankheit erzählen.

Nach der Menarche erscheint auf Teresas Gesicht eine ausgedehnte Akne, die sichtbar ihre Haut verunstaltet und die Eltern aufmerksam macht. Trotz vieler dermatologischer Untersuchungen und verschiedener Kuren hält die Akne die ganze Adoleszenz über an; Teresa wird dadurch noch scheuer und einsamer.

Als sie vierzehn Jahre alt ist, enthüllt ein neues Ereignis noch deutlicher ihr Leid. Während einer Filmvorführung identifiziert sich Teresa mit der Hauptdarstellerin, einer jungen nach Ruhm strebenden Schauspielerin, die sich an der Schwelle zum Erfolg das Leben nimmt, nachdem sie von ihrer unheilbaren Krankheit erfahren hat. Das Mädchen ist verwirrt. Zum Vater, der sie blaß, verschwitzt und mit aufgerissenen Augen nach Hause kommen sieht, sagt sie nur: «In mir sind zwei Teresas... es gibt zwei Teresas.»

Auch dieses Mal nehmen die Eltern den Vorfall nicht sehr ernst und halten es nicht für notwendig, mit Teresa einen Arzt aufzusuchen. Als das Mädchen aber einige Wochen später ein im Badezimmer stehendes Fläschchen Jodtinktur austrinkt, suchen sie auf Anraten der Ärzte, die Erste Hilfe geleistet haben, mit Teresa einen Psychiater auf, der den Zustand des Mädchens einer physiologischen Adoleszenzkrise zuschreibt und zu einer Kräftigungskur rät.

Teresa überwindet auch diese Krise. Sie besucht das Gymnasium, erzielt gute Noten und zeigt eine genaue und lebhafte Intelligenz. Ihre Beziehungen zu den Schulkameraden und Freunden sind aber sehr oberflächlich. Immer wieder zieht sie es vor, allein zu bleiben und nachzudenken. Sie fühlt sich häßlich und glaubt, Jungen nicht zu gefallen. Als aber um das 18. Lebensjahr die Akne aus ihrem Gesicht verschwindet, beginnt Teresa ihrer Körperpflege mehr Aufmerksamkeit zu schenken. Trotz der oft abwertenden Haltung ihrer

Mutter wird sie bald ein hübsches und verführerisches Mädchen, das Verehrer und Bewunderer umschwärmen.

In der Zwischenzeit verändert sich ihr Verhalten in der Familie dramatisch: Teresa wird rebellisch und droht, immer öfter verhält sie sich aggressiv gegenüber ihrem Vater und ihrer Schwester. Mehrere Male bleibt sie, ohne eine Nachricht zu hinterlassen, für einige Tage von zu Hause weg. Diese neue und unerwartete Veränderung, die von Wutausbrüchen und unbezähmbarer Aggressivität begleitet ist, veranlaßt die Eltern, sich an den psychiatrischen Dienst in Ferrara zu wenden. Zum erstenmal treffen nun die Mitarbeiter dieses Dienstes mit Teresa zusammen. Die Erfahrung der Mitarbeiter teile ich weitgehend, weshalb ich ab jetzt «wir» sagen werde.

Es wird sofort deutlich, daß das Verhalten Teresas zum Hauptproblem der ganzen Familie geworden ist. «Sie respektiert keine Regeln, gehorcht nicht, ist aggressiv, läuft von zu Hause fort, hat keine Arbeit, hat keine Lust zu lernen» (nach der vierten Klasse des Gymnasiums bricht sie die Schule ab). Ihre Anwesenheit in der Familie wird von allen als störend, gefährlich, fast als verderblich erlebt: «Ich möchte nicht, daß meine jüngere Tochter unter all dem leidet…», erklärt die Mutter.

Die Eltern bitten nun den Psychiater, jene in die Schranken weisende und erzieherische Rolle zu übernehmen, die sie nicht mehr ausüben zu können glauben, da sie mittlerweile in einen Strudel von Konfusion und Angst verwickelt sind. Sie sind unfähig, die tiefen Wurzeln des psychischen Unbehagens ihrer Tochter zu begreifen, für das sie ohnehin wenig Verständnis aufbringen.

Teresa spricht übrigens fast nie mit ihren Eltern über ihr wirkliches Unwohlsein: Ihnen gegenüber erscheint sie sehr aggressiv und fordernd, da sie ihnen die Schuld für ihr Scheitern zuschreibt. Sie spricht mit ihnen auch nicht über die Stimmen, die sie hört, und über die Angst einflößenden Inhalte ihrer Phantasien und Gedanken.

Wenn dann plötzlich die Wut nachläßt, kommen die verwirrenden Inhalte in all ihrer zerstörerischen Macht zum Vorschein: Sie fühlt sich von unsichtbaren Feinden bedroht und verfolgt, sie hört

Stimmen, die sie mit infamen Eigenschaftswörtern benennen und die ihre Handlungen leiten. Es scheint, daß Teresa dieser Zustand bewußt ist, denn sie zeigt sich ernsthaft besorgt um ihre Zukunft. Und nun bittet sie inständig darum, daß ihr geholfen wird.

Ziel der ersten psychiatrischen Intervention ist es, die schmerzhaftesten Symptome schrittweise zu vermindern. Dabei soll sich Teresa möglichst wenig im Krankenhaus aufhalten. Um die familiären Spannungen und Mißstimmungen abzubauen, wird deshalb für die junge Frau ein geschützter Ort außerhalb der Familie gesucht. Man bemüht sich auch, den Eltern auf ihrem schweren Weg zu Verständnis und Toleranz für das Unwohlsein ihrer Tochter und den damit zusammenhängenden Äußerungsformen zu helfen.

Nach den Sondierungsgesprächen sieht das vom psychiatrischen Dienst ausgearbeitete therapeutische Programm drei grundlegende Maßnahmen vor:

a) Eine vom Psychiater verordnete und kontrollierte pharmakologische Therapie. Dabei werden die Eltern aufgefordert, mitzuarbeiten, indem sie zu Hause die korrekte Einnahme der Medikamente überprüfen.

b) Eine individuelle psychologische Stützung durch zu Beginn tägliche Treffen; in der Folgezeit sollen sie etwas weniger oft stattfinden, schließlich einmal in der Woche.

c) Wöchentliche Gespräche zwischen dem Psychiater, der Psychologin, den Familienangehörigen und Teresa.

Teresa schreibt sich in eine Privatschule ein, um das Gymnasium abzuschließen. Sie verbringt einige Stunden am Morgen beim psychiatrischen Dienst, wo sie mit Unterstützung eines Sozialarbeiters lernt.

Zum erstenmal findet sie Menschen, die sich ihrer annehmen, zudem wird ihr die Möglichkeit geboten, ihre Energien zweckmäßiger und positiver einzusetzen. Die Eltern scheinen sich durch die Intervention des Dienstes gestützt und beruhigt zu fühlen. Im Laufe der ersten Monate hat es den Anschein, als ob sich die persönliche und familiäre Situation Teresas deutlich gebessert hätte. Sie absolviert das Gymnasium, die Begegnungen mit der Psychologin und die

Gespräche mit dem Psychiater werden allmählich weniger, und die pharmakologische Therapie wird nach und nach eingeschränkt.

Aus dieser Besserung auf der psychischen Ebene und auf der Ebene der Beziehungen folgt auch ein erneutes Interesse von Teresa für das andere Geschlecht. Sie verliebt sich in einen Gleichaltrigen, ihre Liebe wird aber nicht erwidert. Sie lebt dieses für sie gänzlich neue Gefühl auf eine widersprüchliche und leidvolle Weise: Manchmal ist sie hellauf begeistert, und manchmal, wenn ihr bewußt wird, daß ihre Leidenschaft nicht erwidert wird, empfindet sie tiefen Schmerz. Als sie sich endgültig zurückgewiesen fühlt, entschließt sie sich, ihn zu vergessen; sie geht nun spontane und oberflächliche Liebesbeziehungen ein, aus denen sie meist mit dem Gefühl der Leere, des «Ekels und der Wut auf sich selbst und ihre Sexualität» auftaucht.

In dieser heiklen Situation klagt Teresa wieder über eine Verschlechterung ihres psychischen Zustandes. Als sie hört, daß der sie behandelnde Psychiater eine Zeitlang abwesend ist, weil er nach seiner Hochzeit in Urlaub geht, hat sie zu Hause einen Aggressionsanfall, der ihre Eltern erneut erschreckt und besorgt macht. In der nun wieder aufgewühlten familiären Atmosphäre schließt sich Teresa eines Abends im Badezimmer ein und fügt sich mit einer Rasierklinge an beiden Pulsadern zahlreiche Schnitte zu.

In dieser neuen Notlage wird das Verhältnis zum psychiatrischen Dienst sofort wieder enger: Die Gespräche mit Teresa und ihren Eltern werden häufiger, bis man auf ausdrücklichen Wunsch der Familienangehörigen und Teresas entscheidet, einen geschützten Arbeitsplatz für sie zu suchen. Der Sozialarbeiter des Dienstes wird mit dieser Aufgabe betraut. Von diesem Tag an und im ganzen darauffolgenden Jahr werden mehrere Versuche unternommen, Teresa in Arbeitsstellen einzuführen, die von den Mitarbeitern des psychiatrischen Dienstes jeweils sorgfältig ausgewählt wurden. Alle Versuche scheitern aber bereits nach wenigen Wochen, nicht so sehr aufgrund fehlender manueller Fähigkeiten oder aufgrund der Beziehungsschwierigkeiten Teresas, sondern vielmehr weil der Vater, jedesmal wenn eine neue Lösung ins Auge gefaßt wird, seine ganze Skepsis über die tatsächlichen Fähigkeiten seiner Tochter äußert.

Diese ablehnende und polemische Haltung des Vaters taucht auch immer deutlicher in den Gesprächen mit den Familienangehörigen auf, bis das Verhältnis mit den Mitarbeitern des Dienstes schließlich in die Brüche geht. Die Eltern beschuldigen nämlich den Dienst, sich nicht genügend und in angemessener Weise um die Tochter zu kümmern. Der Dienst sei ihrer Meinung nach nicht in der Lage, «geeignete Lösungen für Teresa zu finden und sie leiten zu können...»

Dieses Klima des Mißtrauens spürt auch Teresa. Sie beginnt, nicht mehr regelmäßig zu den Treffen mit dem Dienst zu erscheinen, und entscheidet sich dann schließlich, die Beziehung zu uns abzubrechen. Auf Anraten der Eltern wendet sie sich an einen privaten Therapeuten.

Ungefähr ein Jahr lang hören wir nichts mehr von ihr, bis zu dem Tag, an dem sie als Notfall ins Krankenhaus eingeliefert wird, weil sie eine große Menge Psychopharmaka geschluckt hat. Während des Krankenhausaufenthaltes bittet Teresa darum, das therapeutische Verhältnis mit uns wiederaufnehmen zu können. Auch die Eltern erklären sich damit einverstanden.

Sie erzählt uns, daß sie schon vor einigen Monaten die Therapie bei dem anderen Psychiater abgebrochen habe. In den letzten Monaten habe sie lediglich die vom Hausarzt verschriebenen Psychopharmaka eingenommen, die aber wenig genützt hätten. Den Vorfall erklärt sie mit folgenden Worten: «Ich habe diese Einsamkeit und diese Leere nicht mehr ertragen... und deshalb wollte ich mich auslöschen, aber meine Schwester hat die leeren Tablettenschachteln bemerkt und die Ambulanz gerufen.» Teresa kommt wieder wöchentlich zu Gesprächen mit einem neuen Psychiater (der vorhergehende hat sich in der Zwischenzeit an einen anderen Dienst versetzen lassen) und mit der Psychologin. Auch die Treffen mit der ganzen Familie und ihr werden wiederaufgenommen.

Die Situation scheint sich zu stabilisieren. Teresa geht es besser. Es gelingt ihr auch, eine zeitlich begrenzte Arbeit zu finden und diese allein durchzustehen.

Nach ungefähr zwei Jahren teilt die Psychologin Teresa ihre Entscheidung mit, vorzeitig in Pension zu gehen, und plant in Übereinstimmung mit ihr das Auslaufen des therapeutischen Verhältnisses: In den letzten Monaten sollen die Sitzungen immer weniger werden. Teresa scheint diese wiederholte und für sie wohl schmerzhafte Trennung zu akzeptieren. Als die Gespräche aber endgültig aufhören, verweigert sie die Treffen mit dem Psychiater, bei dem sie immer noch in Behandlung ist, nimmt ihre Medikamente immer unregelmäßiger ein und verhält sich aufs neue aggressiv in der Familie. Auch die Stimmen kommen wieder, sie machen sich in ihrem Kopf in immer beängstigenderer Weise breit, und ihre quälenden Botschaften bedrängen sie nunmehr Tag und Nacht. Die Einlieferung in die psychiatrische Abteilung des Krankenhauses wird unvermeidbar; dies wird mittlerweile auch von der Familie mit Nachdruck gewünscht.

Teresa bleibt fünf Monate im Krankenhaus. Wenige Momente der Besserung wechseln mit Perioden tiefer Regression ab, die sie sogar zum Kotessen treiben. Als es ihr Zustand erlaubt, ihre Entlassung und die Aufnahme in die Familie zu planen, widersetzen sich die Eltern diesem Ansinnen, weil sie sich unwohl dabei fühlen, ihre Tochter nach einem so langen Krankenhausaufenthalt wieder in die Familie aufzunehmen. Die Erwartungen der Eltern sind verständlicherweise widersprüchlich: Auf der einen Seite verlangen sie vom Dienst eine Garantie, daß Teresa zu Hause nicht erneut Rückfälle hat; auf der anderen Seite fragen sie sich, ob es nicht besser sei, wenn die Tochter noch im Krankenhaus bliebe und dort «vor sich selbst geschützt ist», bis sie «wieder imstande sein wird, sich wie ein normaler Mensch zu benehmen». Teresa besteht ihrerseits darauf, sofort entlassen zu werden und in die Familie zurückkehren zu können.

Die Mitarbeiter des psychiatrischen Dienstes, die Teresa in den letzten Jahren kennengelernt oder betreut haben, diskutieren heftig darüber, was am sinnvollsten sei. Schließlich entscheiden sie sich dafür, Teresa aus dem Krankenhaus zu entlassen. Gleichzeitig schlagen sie aber vor, die psychologische Betreuung für sie und die Familie wiederaufzunehmen, dies mit der Absicht, Teresa später in eine therapeutische Gemeinschaft einzugliedern.

Da der Teresa zuletzt behandelnde Therapeut in der Zwischenzeit aus dem Dienst ausgeschieden ist, wird das Projekt einer neuen

Psychiaterin anvertraut. (Das ist nun der dritte Arzt des öffentlichen Dienstes, der sich mit Teresa beschäftigt.)

Die Rückkehr Teresas in die Familie erweist sich sofort als sehr problematisch: Die Toleranzschwelle der Eltern ist weiter gesunken, so daß die Psychiaterin oft in Notsituationen gerufen wird, um gewaltsame Streitereien zu schlichten.

Teresa scheint den Vorschlag gern zu akzeptieren, in eine therapeutische Gemeinschaft aufgenommen zu werden, auch wenn sie sich weiterhin magische Lösungen für ihre nebensächlichen Probleme erträumt: einen reichen Mann heiraten, der sie weit wegführt vom Gefängnis des Elternhauses, eine große Schauspielerin werden…

Dieses Mal scheint Teresa immerhin die ihr verordnete pharmakologische Therapie mit großer Genauigkeit einzuhalten, sie geht auch regelmäßig zu den Gesprächen mit der Psychiaterin. Sie bittet sogar, diese häufiger führen zu dürfen, um die für sie sehr schöne Erfahrung einer intensiven und dauerhaften Beziehung zu der Psychologin, die sie vorher betreut hatte, zu wiederholen.

Einige Monate später ergibt sich für Teresa die konkrete Möglichkeit, in eine therapeutische Gemeinschaft aufgenommen zu werden. Teresa scheint entschlossen, die Vorbereitungen für die Übersiedlung zu treffen, und bittet darum, sich noch vorher die Zähne richten zu lassen.

Bevor sie das Haus verläßt, um den Zahnarzt aufzusuchen, ordnet sie sorgfältig ihre Puppen auf dem Bett, verabschiedet sich herzlich von ihren Eltern, lehnt freundlich und mit der Erklärung, daß sie lieber alleine gehe, den Vorschlag ihrer Schwester ab, sie zu begleiten. Im Wartezimmer setzt sie sich in einen Sessel und beginnt in einer Illustrierten zu blättern, so als ob sie geduldig warten wolle, bis sie aufgerufen wird. Nach einigen Minuten steht sie plötzlich auf, öffnet das Fenster der Veranda, und ohne ein Wort zu sagen, stürzt sie sich ins Leere.

Niemand gelingt es, sie aufzuhalten.

Es fällt nicht leicht, über Teresa zu schreiben, so wie es – auch nach längerer Zeit – nicht leicht war, über sie mit Personen zu sprechen, die mit ihr in Verbindung gestanden, die sie gekannt und die sie geliebt hatten. Wenn wir ihre Geschichte wieder aufgreifen, sie überdenken und niederschreiben, dann möchten wir erreichen, daß das Vorgefallene nicht so schnell aus unserer Erinnerung und aus unserem Denken verdrängt wird. Die Verdrängung eines Suizids ist übrigens verständlich und vielleicht sogar unvermeidlich, wenn es nicht gelingt, diese leidvolle Erfahrung in ein positives und konkretes Vorhaben einzubauen, und zwar in das Nachdenken darüber, was jeder einzelne von uns tun kann, damit dergleichen nicht wieder vorkommt.

Wenn man schematisch vorgehen will, dann gibt es zwei untrennbar miteinander verbundene Verfahrensweisen, auf die sich eine Gruppe von Mitarbeitern im psychiatrischen Dienst einlassen kann, um diesen Vorsatz in die Praxis umzusetzen: Auf der einen Seite stehen die Analyse und die individuelle und/oder kollektive Bearbeitung eines Musterfalls, auf der anderen Seite die Überprüfung des Kontextes und, wenn es möglich ist, die Verallgemeinerung einer exemplarischen Geschichte durch die Erforschung des Suizidphänomens in seiner epidemiologischen Dimension, bezogen auf die Region, in der man arbeitet. Auf die erste Verfahrensweise und ihre Auswirkung auf die Mitarbeiter des psychiatrischen Dienstes und die Familienangehörigen werden wir später zurückkommen. Im folgenden wollen wir uns einigen Aspekten der zweiten zuwenden. Es geht dabei um die Feststellung, ob und in welcher Weise ein Fall als Paradigma gelten kann, mit dem sich ein verbreiteteres Phänomen erklären läßt, das seinerseits den Rahmen der Überlegungen bildet, wie die psychiatrischen Mitarbeiter und die Familienangehörigen ihre Trauer verarbeiten können.

## Rund um Teresa:
## Das Ergebnis der WHO-Untersuchung über
## das Suizidverhalten in der Emilia-Romagna

Wer als medizinisch-psychiatrischer Mitarbeiter oder Wissenschaftler eine charakteristische Geschichte wie die Teresas besser verstehen will, möchte die Art und das Ausmaß des Suizidphänomens in dem Kontext, in dem er arbeitet, kennenlernen. Für die Mitarbeiter des psychiatrischen Dienstes in Ferrara und in Reggio Emilia ergab sich diese Gelegenheit vor einigen Jahren, genauer gesagt 1987, als sie beschlossen, eines der europäischen Forschungszentren über das Suizidverhalten, die von der Weltgesundheitsorganisation vorgeschlagen und koordiniert wurden, zu gründen.

Die Untersuchung wurde unter Berücksichtigung eines der Ziele durchgeführt, das sich die WHO im Rahmen des Programms «Gesundheit für alle für das Jahr 2000» gesetzt hat. Sie verfolgte das Ziel, einen zuverlässigen Schätzwert für die Häufigkeit von Suizidversuchen in vierzehn ausgewählten europäischen Gebieten zu ermitteln, die Kennzeichen dieser spezifischen Gruppe abzustecken und einen Beitrag zur Bestimmung der Risikofaktoren zu leisten, um damit die Fundamente für die Ausarbeitung einer wirkungsvolleren Vorbeugestrategie zu legen.

Obwohl die ersten Forschungsergebnisse nur vorläufig sind, da die Untersuchung noch andauert, stießen sie sowohl bei den Mitarbeitern des psychiatrischen Dienstes als auch bei den miteinbezogenen Vertretern des öffentlichen Dienstes auf beachtliches Interesse. Wie in einigen Publikationen hervorgehoben wurde (1; 2; 3), ist es nun in Italien zum erstenmal möglich, kontinuierlich mittels eines Fragebogens einige Basisdaten über jeden zusammenzutragen, der nach einem Suizidversuch in die Notaufnahme eines allgemeinen Krankenhauses eingeliefert wird. Damit gelang es, einen glaubwürdigen und ständig aktualisierten Schätzwert für die Häufigkeit der Suizidversuche in den untersuchten Städten zu ermitteln.

Tabelle 1 führt – unterteilt nach Geschlecht und Alter – die Anzahl der Personen auf, die im Zeitraum zwischen 1989 und 1992 versucht haben, sich das Leben zu nehmen.

Tabelle 1 *Absolute Werte und Jahresdurchschnittswerte der Suizidversuche, nach Geschlecht und Alter differenziert, die in Ferrara und Reggio Emilia zwischen 1989 und 1992 begangen wurden.*

| Altersstufen | Männer a. W.* | a. R.** | Frauen a. W.* | a. R.** |
|---|---|---|---|---|
| < 14 | 0 | 0 | 6 | 8,2 |
| 15−19 | 12 | 27,4 | 47 | 118,9 |
| 20−24 | 24 | 45,5 | 45 | 94,7 |
| 25−29 | 32 | 60,6 | 51 | 100,7 |
| 30−34 | 27 | 55,4 | 47 | 98,7 |
| 35−39 | 11 | 24,5 | 34 | 75,7 |
| 40−44 | 15 | 29,6 | 49 | 92,5 |
| 45−49 | 14 | 32,6 | 22 | 49,2 |
| 50−54 | 15 | 31,7 | 22 | 43,5 |
| 55−59 | 7 | 15,4 | 21 | 42,0 |
| 60−64 | 5 | 11,5 | 28 | 55,5 |
| 65 + | 37 | 33,1 | 72 | 42,5 |
| n. f.*** | 8 | *** | 7 | *** |
| Gesamtzahl | 207 | 38,4 | 451 | 68,2 |

Legende
* absolute Werte
** altersspezifische Rate pro 100 000 Einwohner
*** nicht feststellbar

Wie bereits gesagt wurde, erfaßt diese Tabelle nicht die Gesamtzahl der Suizidversuche, sondern die Anzahl der Personen, die mindestens einmal versucht haben, sich das Leben zu nehmen. Im Hinblick auf die Gesamtziffer läßt sich feststellen, daß dieser Wert beachtlich höher liegt: In den vier untersuchten Jahren hat jede der 658 Personen, die sich töten wollte, dies im Durchschnitt 1,2mal versucht. Die Gesamtzahl der Versuche liegt also bei 794.

Vergleicht man diese Ergebnisse mit denen anderer europäischer Forschungszentren, die an derselben Untersuchung mitarbeiten, wird ersichtlich, daß dieses Phänomen auch in Italien besorgniserregende Ausmaße angenommen hat: Tatsächlich ist im Gegensatz zu dem, was man viele Jahre lang annahm, die Zahl der Suizidversuche in Italien höher als in vielen anderen europäischen Ländern wie zum Beispiel Holland oder Deutschland.

Das noch vorläufige Bild, das aus der Studie der WHO hervorgeht, macht danach deutlich, daß Teresas Geschichte keine Ausnahme darstellt; im Gegenteil, ihr dramatischer Inhalt muß stellvertretend für ein viel umfangreicheres und bis vor wenige Jahre beinahe unbekanntes Phänomen betrachtet werden. Das erste und vielleicht erschütterndste Ergebnis dieser Untersuchung, das die Erhebungen aller europäischen Forschungszentren bestätigt haben, ist der hohe Anteil von Jugendlichen, vor allem von Mädchen. Wie aus der oben angeführten Tabelle zu ersehen, erreicht die Rate der Suizidversuche unter Mädchen zwischen 15 und 19 Jahren nicht nur den absolut höchsten Wert der gesamten beobachteten Population, sondern erweist sich auch als zweimal höher als die ermittelte durchschnittliche Häufigkeit unter Frauen. In anderen Worten heißt dies, daß bei Mädchen das Suizidrisiko zweimal höher ist als im Durchschnitt des weiblichen Bevölkerungsanteils und viermal höher als in dem des männlichen.

Ein zweites Element in der Geschichte Teresas, das sie mit vielen anderen in die Untersuchung aufgenommenen Fällen gemeinsam hat, besteht in der Art der selbstzerstörerischen Handlung. Wie wir uns erinnern, hatte Teresa wiederholt den Tod gesucht, zuerst trank sie Tinte, dann schnitt sie sich die Adern auf und schluckte schließlich eine beträchtliche Dosis Psychopharmaka. Diese Methoden sind durchaus die üblichsten. In 82 % der Fälle nehmen Frauen feste oder flüssige Substanzen (in der übergroßen Mehrheit sind es Psychopharmaka) zu sich. Der Schnitt in die Pulsadern nimmt die zweite Stelle ein, er wird durchschnittlich in 9 von 100 Fällen festgestellt.

Trotzdem lassen sich nicht alle Aspekte der Geschichte Teresas mit nennenswerter Häufigkeit bei den anderen in unserer Studie untersuchten jungen Frauen nachweisen. Im Vergleich mit den psychopathologischen Symptomen der Personen, die selbstzerstörerische Handlungen ausführten, zeigte sich, daß die Art der Störung, an der Teresa litt (die erste Diagnose lautete auf Schizophrenie), in unseren Fallstudien ziemlich selten auftrat (in 3,6 % aller Fälle). Die internationale Literatur und unsere Untersuchung stimmen darin überein, daß bei den Personen, die versuchten, sich das Leben zu nehmen, am häufigsten (in fast der Hälfte unserer Fälle) affektive Störungen (vor allem neurotische Depression) auftraten.

Trotzdem klärt die Untersuchung der WHO – jenseits einiger auch signifikanter Unterschiede – eine andere fundamentale Frage: Geschichten wie die Teresas dürfen nicht nur als Paradigmen verwendet werden, um das zu erläutern und zu verstehen, was vorgefallen ist und in ähnlicher Weise bei vielen ihrer Altersgenossinnen vorkommen kann, die sich das Leben zu nehmen versuchen, sondern sie zeigen auch auf, daß die Wirksamkeit einer jeden Intervention hauptsächlich von der Optimierung des Netzes des sozialen und psychologischen Betreuungsdienstes abhängt. Trotz der Besonderheiten in Italien wollen wir im folgenden die Vorzüge und die Grenzen dieser Erfahrung betrachten.

## Das Suizidverhalten und die psychiatrischen Dienste in Italien

Wenn man sich mit dem psychiatrischen Dienst in Italien auseinandersetzt, dann ist es notwendig, die spezifische Situation genauer zu umreißen, die – auch bezogen auf den Suizid – den tiefgehenden Unterschied in der Organisation des Schutzes der geistigen Gesundheit zwischen diesem Land und dem Großteil der anderen westlichen Länder deutlich macht.

Die 1978 vom italienischen Parlament beschlossene Reform der Psychiatrie hat nämlich dem regionalen oder kommunalen Dienst für geistige Gesundheit wie auch dem im allgemeinen Krankenhaus neue und großenteils unbekannte Aufgaben übertragen. Dabei handelt es sich eindeutig nicht nur um eine organisatorische Veränderung; ebensowenig kann man sagen, daß die Reform nur quantitativ die Ausstattung des Dienstes verändert hätte und hierbei vor allem jenen Teil, der sich mit den Problemen beschäftigt, die eine schnelle psychiatrische Intervention erfordern.

Der psychiatrische Dienst bzw. die Gesamtheit der Dienste, die sich mit dem Schutz der geistigen Gesundheit auf der Ebene des lokalen Gesundheitsdienstes (USSL) befassen, ist also beauftragt, sich um alle Arten psychiatrischer Problemfälle zu kümmern, auch um solche von größerem Ernst und Ausmaß, für die eine Einweisung in ein Krankenhaus oder eine kontinuierliche Betreuung notwendig oder wünschenswert ist.

Wer in diesen Diensten arbeitet, sich daher ständig in der vordersten Linie und nicht mehr in den entlegenen und sozial ausgegrenzten Orten der alten «Irrenanstalten» einsetzt, kommt mit jeder Art von psychischer Pathologie in Kontakt, oft sogar mit deren ersten Symptomen. Die Einschätzung des Suizidrisikos, das Vorbeugen selbstschädigenden Verhaltens und seine Behandlung bilden also einige der heikelsten Aspekte der neuen psychiatrischen Arbeit des Dienstes in der Region und im Krankenhaus.

Andere Länder hingegen haben sehr unterschiedliche Sozialdienste für Personen mit Suizidversuch geschaffen: In einigen Ländern, wie zum Beispiel in Frankreich, existieren spezifische Dienste des Krankenhauses, in anderen greift man eher auf traditionelle Abteilungen der psychiatrischen Anstalten zurück. Wenn dieses unterschiedliche Organisationsmodell des psychiatrischen Dienstes auf der einen Seite einer Person mit Suizidversuch den Vorteil eines ausgebildeten und stark spezialisierten Teams bieten kann, so besteht auf der anderen Seite die Gefahr einer exzessiven Medikalisierung oder Psychiatrisierung, da vor allem auf eine Behandlung gesetzt wird, die organische und zudem kurze Therapien (Psychopharmaka) anbietet. Hat der Patient diese Therapien durchlaufen und wird aus dem Krankenhaus entlassen, ist er oft wieder auf sich selbst angewiesen.

Vor dem Hintergrund unserer nunmehr über zehnjährigen Erfahrung mit der reformierten Psychiatrie und im Rahmen unserer Erfahrung in der Region Emilia-Romagna können wir die Ziele, die ein psychiatrischer Dienst auf dem Gebiet der Suizidvorbeugung verfolgen muß, zusammenfassen und die Schwachstellen der derzeitigen Organisation unseres Dienstes hervorheben.

## Ziele und organisatorische Grenzen des psychiatrischen Dienstes in Italien im Zusammenhang mit dem Suizid Jugendlicher

Das wichtigste Ziel, das sich ein psychiatrischer Dienst setzen muß, ist zweifellos die primäre Vorbeugung. Darunter verstehen wir eine Veränderung oder tendenzielle Eliminierung aller verursachenden oder mitverursachenden Faktoren jener psychischen Störungen, die einen Menschen dazu bringen können, daß er den Tod sucht. Im besonderen bedeutet dies, daß sich der psychiatrische Dienst mit der Untersuchung und Behandlung der familiären Problematiken beschäftigen muß, die auf die Entwicklung von Jugendlichen negativen Einfluß ausüben können, indem sie Jugendliche an einem angemessenen Aufbau ihres Selbst und ihres Selbstwertgefühls hindern und dadurch die Neigung verstärken, auf Konflikte mit Autoaggression zu reagieren.

In diesem Zusammenhang hat sich für einen am Ort arbeitenden psychiatrischen Dienst die konkrete Möglichkeit, ein positives Verhältnis zu den Schulen aufzubauen, als besonders wichtig erwiesen.

Auf der Ebene der sozialen Fürsorge war die Zusammenarbeit mit den Diensten der Kinderpsychiatrie und mit den Familienberatungsstellen, die sich beide mit den Problemen Jugendlicher beschäftigen, grundlegend und gewinnbringend. Trotzdem erwies sich die Zusammenarbeit mit diesen Diensten, von großer strategischer Bedeutung bei der Vorbeugung des Suizids Jugendlicher, oft als kompliziert und lückenhaft. Wir haben nämlich in den letzten Jahren feststellen müssen, daß die genannten Dienste eine Art Niemandsland sind, ein Ort der Verneinung des Rechts auf Pflege und Unterstützung junger Menschen, die zwar dem Kindesalter entwachsen, aber noch keine Erwachsenen sind. Da es sich bei der Adoleszenz um eine besondere Altersstufe handelt, die für den Aufbau der zukünftigen Persönlichkeit des einzelnen entscheidend und folglich sozialen, zwischenmenschlichen und emotionalen Risiken am meisten ausgesetzt ist, hatte der kurz nach der Gründung der Sanitätseinheiten (USSL) entstandene Leerraum zwischen den direkt helfenden Diensten auf der einen sowie den spezialisierten Beratungsstellen für Erwachsene und den Kinderfürsorgeeinrichtungen auf der anderen Seite extrem negative Auswirkungen, und oft schoben sich die einzelnen Institutionen gegenseitig die Verantwortung zu. Gerade aus diesem Grund geschah es häufig, daß man weder auf vernünftige Weise eingriff noch den richtigen Zeitpunkt nutzte, um Leiden zu lindern und tragischen Folgen vorzubeugen.

Trotzdem hatte nicht alles, was aus der Gesundheitsreform hervorging (wir erinnern daran, daß sie einige Monate nach der Reform der Psychiatrie verabschiedet wurde), negative Auswirkungen auf die Koordination und Wirksamkeit der sozialen Dienste: Als vorrangige Notwendigkeit zeigte sich zum Beispiel die Zusammenarbeit zwischen den psychiatrischen Diensten und der medizinischen Grundversorgung. Die Annäherung der beiden Sektoren wurde stark durch die Reform des Gesundheitswesens und im besonderen durch die der Psychiatrie vorangetrieben. Sie brachte eine angemessene Kenntnis vieler – vor allem psychischer – Störungen bei Jugendlichen mit sich – auch wenn dies nicht unbedingt wirksamere Interventionsmöglichkeiten schafft, denken wir nur an den kulturellen und Ausbildungsrückstand, unter dem die medizinische Grundversorgung noch heute leidet.

Das zweite Ziel, das der reformierte psychiatrische Dienst sich setzen muß, ist die sekundäre Vorbeugung. Sie besteht in der Möglichkeit, Signale einer psychischen Störung rechtzeitig, das heißt, bevor diese einen Suizidversuch auslösen kann, wahrzunehmen, und in der Fähigkeit, ein diagnostisches Bild mit einer aus ihm entwickelten, angemessenen Behandlungsstrategie zu entwerfen. Das bedeutet vor allem, fähig und bereit zu sein, den Botschaften Gehör zu schenken, die die Schule, die Familie und der Jugendliche selbst dem Dienst übermitteln, sie nach und nach entschlüsseln zu können und in der Lage zu sein, adäquate Antworten zu geben. Ein Dienst, der in der beschriebenen Weise wirksam sein will, muß in eine Organisation eingebunden sein, die keine Leerstellen und keine der oben aufgezeigten Widersprüche aufweist.

Trotzdem reichen auch eine gute Organisation und eine gute Koordination der Dienste allein nicht aus, um wirksame Vorbeugemaßnahmen gewährleisten zu können: Es ist darüber hinaus von fundamentaler Bedeutung, daß der psychiatrische Mitarbeiter in der Lage ist, genaue Diagnosen der psychischen Störung zu erstellen, und daß er zwischen den Zeilen dieser diagnostischen Beschreibung die Zeichen für eine Suizidgefährdung auf der Basis klinischer und/oder psychometrischer Bewertungen ablesen kann (siehe für diesen Zusammenhang das nächste Kapitel). Die Forderung nach einer eingehenderen Ausbildung der psychiatrischen Mitarbeiter ist also eines der dringlichsten Ziele in der aktuellen Umgestaltungsphase in Italien.

Wenn ein therapeutisches Projekt für einen suizidgefährdeten Jugendlichen wirkungsvoll sein soll, müssen verschiedene Fachleute (Psychiater, Psychologen, Sozialarbeiter, Erzieher) gleichzeitig intervenieren und differenzierte Mittel anwenden, die von der individuellen Behandlung (pharmakologisch, psychotherapeutisch, im Krankenhaus) bis zur Arbeit mit der Familie, von notwendigen Rehabilitationsmaßnahmen zur Eingliederung in örtliche Gemeinschaften bis zur sozialen Reintegration in die Welt des Studiums oder der Arbeit reichen sollten. Die Verbindung dieser Aspekte stellt die tragende Achse einer integrierten Intervention dar, die heutzutage aufgrund der Neuorganisation der durch die Reform geschaffenen psychiatrischen Dienste möglich ist. Zu oft aber muß die Realität eines psychiatrischen Dienstes nicht nur mit dem Mangel an finanziellen und strukturellen Mitteln fertig werden, sondern sie unterliegt auch (wie es im Fall von Teresa geschah) dem rapiden Wechsel der Mitarbeiter, der feste und dauerhafte Beziehungen zu den Klienten behindert oder verhindert. Die schmerzhafte Suche nach einer eigenen Identität wird nämlich bei diesen Patienten oft begleitet von einer alten und verborgenen Furcht, abgelehnt zu werden, so daß Jugendliche den Wechsel der für sie bedeutsamen Personen während des Entwicklungsprozesses und der Therapie mit tiefen Angstgefühlen erleben.

Es gibt noch einen letzten Aspekt, den wir andeuten wollen und für den die Reform der Psychiatrie bisher keine umfassende Lösung gefunden hat: die Notwendigkeit therapeutischer Rehabilitationsstrukturen (therapeutische Gemeinschaften, Wohngemeinschaften, Tagesstätten), die sich für suizidgefährdete Jugendliche als äußerst wichtig erweisen können. Die unzureichende Planung und Verwirklichung dieser Strukturen nötigt gerade dann, wenn man es am wenigsten erwarten sollte, zu einem langen bürokratischen Weg, so wie es bei Teresa geschehen ist. Die anstrengende und häufig fruchtlose Suche nach geeigneten Gemeinschaften, die bereit sind, Jugendliche aufzunehmen, kompliziert und erschwert die Vorbereitung des Patienten und seiner Familie auf die oft ferne und problematische Eingliederung.

Wenn dies also die epidemiologische und organisatorische Realität ist, in der wir arbeiten und forschen, dann ist sie zugleich auch Kontext und Hintergrund der Geschichte Teresas. Wenden wir uns also wieder Teresa zu. Nehmen wir den Faden wieder auf und betrachten wir, wie ihr Tod auf die Mitarbeiter, die sich längere Zeit um Teresa gekümmert hatten, gewirkt und welche Reaktionen und Gefühle er ausgelöst hat.

## Nach Teresas Suizid:
## Die schwierige Aufarbeitung
## einer kollektiven Trauer

### Die Reaktionen der psychiatrischen Mitarbeiter

Als die Mitarbeiter des Dienstes die Nachricht erhalten, die bald schon Gewißheit wird, daß die junge Frau, die sich das Leben genommen hat, tatsächlich Teresa ist, sind sie verständlicherweise tief bewegt.

Auf die anfängliche Verwunderung, Verwirrung und Ungläubigkeit folgt bei allen Mitarbeitern, insbesondere bei denen, die sich zuletzt mit Teresa beschäftigt haben, eine Phase der reaktiven Geschäftigkeit. Ein jeder versucht, Einzelheiten über den Ablauf des Vorgefallenen zu erfahren: Man will herausfinden, ob Teresa in den Stunden vor dem Suizid einen Kollegen vom Ambulatorium oder vom Krankenhaus gesehen oder gesprochen hat bzw. ob die Familie mit dem Dienst Kontakt aufgenommen hat; man überlegt, wie man den Leiter des Dienstes informieren kann, um ihm einen detaillierten Bericht vorzulegen; man kommt seinen bürokratischen Pflichten nach; man vervollständigt den Krankenbericht mit den letzten, traurigen Angaben.

All die Bemühungen und die Aufregung der Mitarbeiter erwekken den Anschein, als ob sie Sinn und Zweck eines Rituals annehmen sollten, um sich vor der schrecklichen Begegnung mit dem Tod, mit diesem Tod, zu schützen. Das Sammeln von Daten und Informationen und die Erledigung der medizinisch-juristischen Formalitäten sind also Gesten, um einerseits die eigene und die kollektive Beklemmung zu mildern, andererseits dienen sie aber als Beruhigung für die eigene professionelle Rolle und sind somit eine weitere und wichtige Bestätigung der Fähigkeiten des einzelnen.

Nach mehreren Tagen aber beginnt sich unter den Angestellten des Dienstes eine schlecht verborgene Wut breitzumachen, die soweit anschwillt, bis die Spannung und die Gereiztheit greifbar werden und sich in gegenseitigen Anklagen äußern. Niemand ist in der Lage, den ganzen Schmerz und das Gefühl des Gescheitertseins, das der Tod Teresas in allen hervorgerufen hat, offen und unverkennbar auszudrücken… man ist nur imstande, diese Gefühle in sich selbst zu verleugnen, indem man die wahren oder imaginären Verantwortlichkeiten auf andere abwälzt.

Niemand, nicht einmal die Therapeutin, die als letzte Teresa betreut hat, findet sofort den Mut, mit der Familie Kontakt aufzunehmen. Vielleicht fürchtet sie, daß die Anwesenheit der Person, die sich um die Tochter gekümmert hat, die ohnehin schon schmerzende Wunde noch vertieft; sie fühlt sich aber auch – und dies ist nicht zu vermeiden – überlastet durch eine Bürde von Wut und Verantwortlichkeit, da sie nicht in der Lage war, diese Tragödie zu verhindern.

Einige Tage später teilt die Psychologin, die vor ihrer Pensionierung lange Zeit Teresa betreut hat, dem Dienst mit, daß die Eltern sie angerufen hätten, um sich bei ihr für all das zu bedanken, was sie für ihre Tochter getan hätte. Diese Nachricht trägt dazu bei, die Stimmung unter den Mitarbeitern noch stärker aufzuwühlen: Einige reagieren mit Aggressionen auf Teresas Eltern, weil sie den

Gedanken nicht ertragen können, gänzlich vergessen worden zu sein; in anderen regen und verschärfen sich Schuldgefühle und die Empfindung, beruflich gescheitert zu sein: «Was haben nun all unsere Bemühungen gebracht?... Wir haben nichts von ihr begriffen, und wir waren nicht in der Lage, ihr zu helfen...»

Nach einer langen Diskussion beschließt man, einige Stunden der Teamkonferenz dafür zu verwenden, um sich nicht nur gemeinsam mit dem Fall Teresa auseinanderzusetzen, sondern auch mit dem, was zwischen dem Dienst und der Familie geschehen ist. Anfangs fällt es nicht leicht, alle Mitarbeiter von der Notwendigkeit zu überzeugen, über diesen Suizid und ihre Reaktion darauf in einer strukturierten und formalen Weise zu diskutieren. Aber als die ersten Widerstände, die anfängliche Verwirrung und die Scham überwunden sind, wird es allmählich möglich, die Ereignisse gedanklich und emotional zu bearbeiten. So versucht man nicht nur zu verstehen, wann und wo man Fehler begangen haben kann, sondern auch was in Teresa und um sie herum vorgegangen sein könnte.

Die Studien, die über die Aufarbeitung kollektiver Trauer durch ein psychiatrisches Arbeitsteam nach dem Suizid eines Patienten vorliegen, versuchen die Dynamiken und möglichen Entwicklungsabläufe zu klären. Auch wir wollen dies tun, bevor wir uns den Reaktionen der Familienangehörigen auf Teresas Tod zuwenden. Aus diesem Grund erscheint es sinnvoll, das Thema kurz vom theoretischen Standpunkt aus zu beleuchten.

Jeder Psychiater wie auch jeder Mitarbeiter psychologischer Beratungsstellen weiß, daß sein schlimmstes berufliches Risiko (das statistisch gesehen nicht so unwahrscheinlich ist) der Suizid eines seiner Patienten ist, wie bereits 1959 der amerikanische Psychoanalytiker James Weiss (5) festhielt. Trotzdem wurde die theoretisch und methodisch vertiefende Diskussion der individuellen und kollektiven Dynamiken, die dieses Ereignis auslöst, bis jetzt ziemlich sporadisch und begrenzt geführt. Die folgenden Anmerkungen stützen sich auf eine der wenigen Analysen aus dem italienischen Arbeitsumfeld. Sie stammt von dem bekannten Psychotherapeuten Alberto Merini (6) aus Bologna.

Die folgenden Überlegungen zielen nicht so sehr auf die Analyse der Reaktionen, die ein einzelner Therapeut gegenüber dem freiwilligen Tod eines seiner Patienten haben kann, sondern vielmehr auf die Frage, was sich innerhalb eines psychiatrischen Arbeitsteams abspielen kann und welche internen Mechanismen diese Reaktionen erklären und hervorrufen können.

Wie schon gesagt, dienten die unterschiedlichen Verhaltensweisen und Reaktionen der einzelnen Mitarbeiter des psychiatrischen Dienstes nach dem Tod von Teresa unbewußt einem vorrangigen Ziel, und zwar dem, das traurige Geschehen aus dem Bewußtsein zu drängen, es auszulöschen. Wenn also dieser kollektive Verdrängungsmechanismus nicht nur fast vollständig auf die Mitglieder der Untergruppen des Arbeitsteams zutrifft (in unserem Fall waren sie unmittelbar in die Geschichte Teresas verwickelt), sondern auch auf die Gruppe in ihrer Gesamtheit, so stellt sich unweigerlich die Frage, ob und in welcher Weise diese kollektiven Mechanismen im Umgang mit der Schuld einen Zusammenhang mit der internen Organisation der Arbeitsgruppe selbst aufweisen. Natürlich ist die Antwort positiv, und sie ist es um so mehr, wenn man wie Merini bei der Organisationsform des Arbeitsteams drei Typen unterscheidet:

a) *die starre Organisation* (ähnlich dem autoritären Regime von Woodbury [7], der neuroleptischen Organisation von Racamier [8], dem Gefängnisregime von Kernberg [9]);

b) *die chaotische Organisation* (ähnlich dem sozial-anarchischen Regime von Woodbury und der nicht-strukturierten Organisation von Kernberg);

c) *die flexible Organisation* (sie kann dem parlamentarischen Regime von Woodbury entsprechen, der demokratischen Organisation von Racamier, der strukturierten oder freundschaftlichen Organisation von Kernberg).

Alberto Merini behauptet nun, daß nicht alle dieser Organisationstypen es zulassen, die dynamischen Reaktionen, die sich innerhalb einer Arbeitsgruppe vollziehen, in gleicher Weise sichtbar zu machen: Zum Beispiel verhindert die starre Organisationsform das offene Zutagetreten von Gefühlsäußerungen der Gruppe, sie ist sogar so angelegt, daß sie vor diesen schützt. Merini bemerkt, daß in derartigen Organisationen «die Anwendung der Verneinung, der Verdrängung und wahrscheinlich anderer, noch regressiverer Verteidigungsarten, im wesentlichen also die Auslöschung all dessen, was mit dem Suizid des Patienten zusammenhängt, durch die Struktur gefördert wird und infolgedessen ein Aufarbeitungsprozeß der Trauer nicht vorgesehen ist». Wir stimmen mit dem Autor überein, wenn er behauptet, daß dieser Organisationstyp zum Beispiel für eine Krankenhausabteilung charakteristisch sei, denn dadurch, daß er den Prozeß der Objektivierung des Patienten begünstige (insofern er mit einer Diagnose oder mit der Nummer seines Bettes gleichgesetzt wird), schwäche er die Wirkung eines unvorhergesehenen Suizids ab. Der Verlust wird dann als weniger tragisch empfunden, als dieses der Fall wäre, wenn die Organisation sich um den Patienten in seiner Ganzheit gekümmert hätte. (In diesem Sinne können die Versuche der Gruppe verstanden werden, die Aufarbeitung der Trauer durch bürokratische Arbeiten zu ersetzen.)

Auf der anderen Seite besteht kein Zweifel, daß im Gegensatz zur starren die chaotische und die flexible Organisationsform «schnelle und heftige Regressionen hin zur Aktivierung von Verteidigungshandlungen» begünstigen. In diesem organisatorischen Kontext kann sich ein quälendes Schuldgefühl leicht innerhalb des ganzen Arbeitsteams ausbreiten und dieses in eine zunehmende Isolierung treiben, da es annimmt, daß die Schuld von der Umwelt – in unserem Fall die Familie oder die Gesundheitsbehörde – nachdrücklich sanktioniert wird.

Es ist tatsächlich möglich, daß eine der Verhaltensweisen, die unter den Mitarbeitern in Ferrara als Folge des Suizids von Teresa aufgetaucht ist (interne Verhärtung und gleichzeitige Abschließung des Arbeitsteams nach außen), als «ein Anpassungsmechanismus, als ein – wenn auch pathologischer – Versuch verstanden werden kann, den Zusammenhang des Teams zu festigen, das sich unter dem Druck der unglaublichen Gewalt dieses Suizids eher zersplittert hätte». Also ist dies ein instinktives Verhalten, das die Stabilität der Gruppe angesichts der äußeren Aggression, die durch Teresas Handlung ausgelöst wurde, zu bewahren sucht.

Die Analyse dieses Anpassungsmechanismus führt neben typisch regressiven Haltungen einen anderen Aspekt ein, der offensichtlich mit den beschriebenen im Widerstreit steht: *die aggressive Dynamik*. Wir haben nämlich festgestellt, daß das gewaltförmige destruktive Verhalten eines Patienten mit Suizidversuch im Führungsstab (im besonderen beim Therapeuten oder in der Untergruppe, die sich am intensivsten mit seinen Problemen befaßt) sehr oft eine wiederum aggressive und gewaltförmige Antwort *(spiegelbildliche Aggressivität)* auslöst, die eine konfliktärmere Verarbeitung der Trauer behindern kann. Auch in diesem Fall handelt es sich um wiedergutmachende Maßnahmen, die den Zweck verfolgen, das Arbeitsteam vor der Destruktivität, die die Botschaft vom Tod des Suizidanten enthält, zu schützen: Der Kurzschluß *Destruktivität – Aggressivität – Destruktivität* stellt also eine der größten Gefahren dar, die sich in die kollektive Trauer einmischt, insofern als sie die Mitarbeiter der Möglichkeit beraubt, eine realistische Analyse der Geschehnisse vorzunehmen. Es ist deshalb notwendig, daß dieser Kurzschluß von der Gruppe gemeinsam geklärt und behoben wird.

Die durch ein wiederholtes selbstzerstörerisches Verhalten des Patienten bestimmte Dynamik *Destruktivität – Aggressivität – Destruktivität* bewirkt beim Arbeitsteam tiefgehende Abstoßungsreaktionen (das Gefühl des Hasses gegenüber dieser Art von Verhaltenspathologie ist sehr häufig) und erzeugt – wenn der Suizid tatsächlich ausgeführt wurde – ein unbewußtes Gefühl der Befreiung und Erleichterung. Dieser gesuchte und vollzogene Tod befreit die Gruppe aus dem «Schach», in dem sie durch die ständige Drohung des Patienten mit Selbstaggressivität gehalten wurde. Es steht außer Zweifel, daß der psychiatrische Mitarbeiter den Suizid oder Suizidversuch gerade wegen seiner Unvorhersehbarkeit so stark fürchtet, auch weil er sich nur schwer in den Erkenntnis- und Klassifikationskanon der psychiatrischen Kultur einfügen läßt. In anderen Worten, der Suizid jagt dem psychiatrischen Team Angst ein, weil er für die Beteiligten ein unverständlicher Akt ist, der ihrer Kommunikationsform fremd ist.

Ein tiefes *depressives Schuldbewußtsein* peinigt das Arbeitsteam ab dem Moment der Nachricht vom vollzogenen Suizid; es führt in der Bearbeitung des Falls zu einer Suche nach wiedergutmachenden Aspekten und läßt die Mitarbeiter unvermeidlich eine Haltung annehmen, die sie von jeder Schuld freispricht.

Jede inquisitorische und Schuldgefühle auslösende Neigung scheint uns jedoch fehl am Platz, da wir nur allzugut wissen, wie ungeheuer schwer es ist, sich in der eben beschriebenen Situation zurechtzufinden und individuell wie kollektiv nützliche Verhaltensweisen anzunehmen. Vielleicht sind am Schluß dieses Abschnittes trotzdem zwei Hinweise angebracht, die einem Arbeitsteam helfen können, weniger destruktiv mit einem solchen tragischen Moment im Berufsleben vieler psychiatrischer Mitarbeiter umzugehen.

1. Der erste Hinweis bezieht sich auf die *Dimension Zeit*. Das Arbeitsteam muß sich genügend Zeit zugestehen (einige Wochen bis einige Monate), um die Wut-, Angst- und Schmerzgefühle aufzuarbeiten, die der Suizid ausgelöst hat. Die Zeit kann nämlich das Zurückfließen der Aggressionen (kontra-aggressiv) der Mitarbeiter begünstigen: Wie das depressive Schuldgefühl so kann sich auch die Aggressivität innerhalb einer Gruppe durch Kontamination verbreiten. Dieser Kontamination muß eine Zeit der Verarbeitung eingeräumt werden, in der sich verhindern läßt, einer generellen Verurteilung oder einem Freispruch anheimzufallen.

2. Der zweite Punkt ist der Begriff des *Ortes*. Die Trauer, die Aggressivität, der Schmerz, die Ohnmacht und die Unfähigkeit benötigen einen Ort, um wirksam bearbeitet und richtig verstanden zu werden. Dieser Ort ist das Arbeitsteam. Nur die Versammlung der Gruppe (wenn sie gut geführt ist) kann nämlich das Vorgefallene klären, sie kann aber auch die therapeutische Arbeit im positiven Sinn wiederaufnehmen bzw. die Fehler und Schwachpunkte des für diesen Patienten ausgearbeiteten therapeutischen Projektes analysieren, die Arbeit des Teams selbst neu organisieren und die Gefühle der Schuld, der Niederlage und der Wut überwinden. All das kann zur neuerlichen Motivation der Mitarbeiter beitragen, die ansonsten Gefahr laufen, von der Aussicht gelähmt zu werden, noch einmal in eine ähnliche Situation zu geraten.

Selbstverständlich können Verneinung und Verdrängung des traurigen Geschehens durch die Gruppe den Schmerz und das Schuldgefühl – zumindest teilweise – mildern, es ist aber ebenso klar, daß dieses Verhalten dem Arbeitsteam nicht erlaubt, die im ausgearbeiteten therapeutischen Programm enthaltenen Fehler oder jene, die im Laufe der Durchführung dieses Programms gemacht wurden, sorgfältig zu analysieren. Einen Ort für die Reflexion zu suchen und sich Zeit zu nehmen kann also die Voraussetzung sein für eine wachsende Fähigkeit des einzelnen und der Gruppe, negative Vorfälle zu bewältigen. Zudem wird dadurch die Konfrontation mit der Außenwelt erleichtert, in erster Linie mit der Familie des Opfers, vor allem, wenn ein Jugendlicher Suizid begangen hat.

## Die Reaktionen der Familienangehörigen

Der Suizid, besonders der eines Jugendlichen, bedeutet für die Familie in noch stärkerem Maße als für diejenigen, die den Suizidanten betreut haben, eine äußerst bittere emotionale Erfahrung. Er ist vernichtender als jede andere Todesursache, und das nicht nur aufgrund der so mysteriösen wie unverständlichen Natur des selbstzerstörerischen Aktes, sondern auch weil der *Suizid ein zeitloses Ereignis* ist, das der Trauer und dem Schuldgefühl kein Ende setzt. Für die Überlebenden ist er ein endlos verlängerter Tod und insofern Vorbote anderer physischer und moralischer Tode. So wirkungsvoll die unbewußten Verteidigungsmechanismen auch sein können, die Familienangehörigen leben ab dem Tag des Suizids eines geliebten Menschen trotzdem mit dem Tod im Herzen.

Analog dem, was wir bei den psychiatrischen Mitarbeitern festgestellt haben, äußern sich die Reaktionen der Familienangehörigen auf affektiver und kognitiver Ebene früher noch als auf der sozialen und der des Verhaltens. Die Gefühle sind auch in diesem Fall widersprüchlich: Sie reichen von einer tiefen Trauer, die in das Gefühl der Vernichtung münden kann, bis zu einer Wut, die zu einem hypermanischen Verhalten führen kann, das durch verworrene Trauerrituale oder durch Übergeschäftigkeit gekennzeichnet ist.

Die häufige und auffallende Neigung, das Vorgefallene zu verneinen, kann sowohl durch Schamgefühl als auch durch tiefe Schulderfahrungen, die eine ebenso endlose wie unnütze Wiederkehr der Selbstvorwürfe mit sich bringen, verursacht sein.

Der Prozeß der Verneinung und Rationalisierung umfaßt drei prinzipielle Aspekte: die *Unempfindlichkeit (Stupor)*, die *Anklage der Außenwelt* und die *Wut*. Der erste Aspekt bezieht sich auf die gänzliche Unfähigkeit der Familienangehörigen, die nicht begreifen, was in ihrer Beziehung zur/m Tochter/Sohn, die/der sich das Leben genommen hat, negativ verlaufen sein könnte: Dies reicht von der Mißachtung zarter und verletzlicher Seiten in der Persönlichkeit des Suizidanten über dessen totale Zurückweisung bis zum Verlust der Erinnerung an vorhergehende selbstschädigende Verhaltensweisen.

Der zweite Punkt ergänzt spiegelbildlich den ersten und meint die Anklage der Fachärzte (Ärzte, Psychiater oder andere), die den Jugendlichen behandelt haben, der Verantwortlichen für die Organisation der betreuenden Institutionen, der Lehrer und Freunde.

Der dritte Aspekt, die Aggressivität, weist Ähnlichkeiten mit den Reaktionen des Teams auf. Man darf nämlich nicht vergessen, daß Suizide manchmal nach dem typischen Muster einer Erpressung ablaufen, und zwar sowohl einem Familienmitglied als auch dem Behandelnden gegenüber, der in diesem Fall als Familienersatz fungiert; die Reaktion auf den Suizid wird dann geprägt sein durch ein hohes Maß an Aggressivität, die als Mittel zum Schutz und zum Freispruch eingesetzt werden kann.

Aus der Beschreibung der Reaktionen des Teams und der Familienangehörigen wird erkennbar, daß der Dialog zwischen dem Dienst und der Familie sehr schwierig werden kann. Das Team sieht sich einer doppelten Angst ausgesetzt: der vor den Familienangehörigen und der vor den Mitarbeitern selbst. Einige Autoren empfehlen, daß der Psychiater oder eine andere zur behandelnden Gruppe gehörende Person unverzüglich mit der Familie Kontakt aufnehmen und sich bereit erklären soll, ihr zuzuhören und auf ihre Fragen zu antworten, indem man ihr versichert, daß «alles, was möglich war, getan worden ist». (10) Wir haben tatsächlich die Erfahrung gemacht, daß die emotionale Entspannung und die Aufarbeitung der Trauer sowohl in der Familie als auch im behandelnden Team leichter wurden, wenn mit der Familie Kontakt aufgenommen und mit ihr über das Geschehene wie über die Person, die nicht mehr lebt, gesprochen werden konnte.

Hier muß daran erinnert werden, daß die Beziehung zwischen der Familie eines suizidgefährdeten Jugendlichen und dem psychiatrischen Dienst, der ihn behandelt, meist schwieriger ist als die zur Familie eines psychiatrischen Patienten, der nie offen Suizidverhalten gezeigt hat.

Tatsächlich verdichten sich in Familien von suizidgefährdeten Jugendlichen psychische und soziale Problematiken in höherem Maße als bei anderen psychiatrischen Patienten. Zum Beispiel kommen diese Jugendlichen häufig aus Familien, in denen sich schon Suizide ereignet haben, oder aus einem sogenannten *broken home*, das heißt einer zerstückelten Familie: In ihnen fehlt einer der Elternteile, allerdings nicht durch Tod, sondern aufgrund einer Trennung, dem anderen kommt hingegen wenig Bedeutung zu, oder er ist im Gegenteil zu beherrschend und überbeschützend. Ebensowenig dürfen wir vergessen, daß allein schon der Kontakt mit einer Geisteskrankheit angstauslösend ist: Sich bewußt zu werden, daß das eigene Kind eine Zeit derart tiefer Verstörung durchlebt, daß es die Hilfe eines Psychiaters in Anspruch nehmen muß, bedeutet, eine schmerzhafte Realität zu akzeptieren, die manchmal als zutiefst beschämend erfahren wird. Wenn dann zu diesen Schwierigkeiten des Jugendlichen noch selbstzerstörerisches Verhalten hinzukommt, wird die Angst zum Schrecken.

In anderen Fällen können die Schwierigkeiten der Familie in der Beziehung zum Team auf eine Verweigerungshaltung zurückgehen, die an das Gefühl, als Eltern versagt zu haben, gebunden ist («...wir waren keine guten Eltern, was haben wir falsch gemacht?») bzw. an die Befürchtung, daß sich die Störung des Kindes unabwendbar in eine Art unheilbare und ansteckende Verrücktheit verwandeln könnte («Sie werden wohl nicht sagen wollen, daß mein Kind den Verstand verliert?» ... «Was wird mit ihm erst als Erwachsener geschehen, wenn es schon jetzt so stark leidet?» ... «Wird es nicht auch für die anderen Kinder gefährlich sein?»). Diese Furcht kann zu Formen der Diskriminierung und der Ausstoßung des kranken

Familienmitgliedes führen, das dann zum Sündenbock für alle Probleme in der Familie wird. Die Gefährlichkeit dieser Dynamiken ist offensichtlich; sie können, sofern sie nicht unverzüglich unterbrochen werden, die Todesphantasien konkretisieren und den Zeitraum bis zur Handlung verkürzen.

Oft wird die Beziehung zwischen dem psychiatrischen Dienst und der Familie beeinträchtigt durch die Haltung der Eltern, mit der sie Hilfe für den in Schwierigkeiten steckenden Jugendlichen verlangen: Manchmal kann zwar eine gewisse Bereitschaft zur Mitarbeit gegeben sein, aber meist handelt es sich um eine passive Delegierung. Viele dieser Familien glauben ihre Aufgabe erfüllt zu haben, wenn sie den Jugendlichen der Behandlung des Dienstes anvertraut haben. Sie fühlen, daß sie ihre Ressourcen aufgebraucht haben, daß sie nicht mehr fähig sind, Verständnis aufzubringen und mit der Adoleszenzkrise, mit dem Auftauchen oder der Verschärfung einer psychischen Störung umzugehen. Deshalb übergeben sie dem Therapeutenteam nicht nur die Aufgaben der Behandlung und der Betreuung, sondern auch die erzieherischen und die emotionalen.

Sehr oft verlangen gerade diese Familien vom psychiatrischen Dienst, daß er Wunder vollbringt, daß er die Probleme des Jugendlichen rechtzeitig, befriedigend und endgültig löst und ihn dann wieder geheilt zurückgibt. Aus diesen Gründen ist es sehr schwer, sie in das für ihr Kind vorgesehene therapeutische Programm einzubeziehen, auch weil sie beim ersten Auftauchen eines Problems oder wenn sie etwas nicht verstehen, dazu neigen, dem Dienst gegenüber Vorwürfe und Anklagen wegen Unwirksamkeit, Nachlässigkeit und professioneller Unfähigkeit zu erheben.

Zum Glück sind die Fälle nicht selten, in denen die Familienangehörigen die Bereitschaft zur Zusammenarbeit äußern und den aufrichtigen Wunsch verspüren, das Unbehagen ihrer Kinder zu verstehen, ohne Furcht davor, in eine Diskussion hineingezogen zu werden und sich Problemen und Konflikten im Familienumfeld ehrlich zu stellen. In diesen Fällen ist es sicherlich einfacher und nützlicher, mit den Eltern zu arbeiten, um ihnen zu helfen, das Leid zu ertragen, die Angst und die Konflikte zu verstehen, die dieses Leiden verursachten, und um die Art der Kommunikation und der Beziehungen zu verändern. Die Resultate dabei sind manchmal überraschend, auch im Hinblick auf jene Störungen, die den Jugendlichen zu selbstzerstörerischen Handlungen geführt haben.

In anderen Fällen aber wird dieser Dialog unmöglich; die Gründe dafür hängen aber weniger mit den Dynamiken in der Familie zusammen als vielmehr mit denen im psychiatrischen Dienst: Der Therapeut und die Mitarbeiter treffen sich abwechselnd mit dem Patienten und mit der Familie und verbünden sich einmal mit der einen und einmal mit der anderen Seite, dabei verlieren sie aber aus den Augen, was ihre fundamentale Rolle bleiben müßte: die der Gesprächspartner und der Verantwortlichen für eine überlegte und ganzheitliche therapeutische Intervention. Wie wir gesehen haben, können die Motive, die derartige Schwierigkeiten erzeugen, sowohl innerhalb der Familie vorliegen, vor allem wenn sie eine starre und hierarchische Organisation aufweist, die sich gegen Änderungen wehrt und Eingriffe von Externen dadurch verhindert, daß sie jeglichen Versuch, die Beziehungsdynamiken zu verändern – auch im positiven Sinn –, besonders kompliziert macht, als auch in der voreingenommenen und vorurteilsbeladenen Haltung der Mitarbeiter gegenüber der Familie. Eine solche Haltung weckt übermäßig starke Schuldgefühle bei der Familie, die sich dann allein für die Probleme des Jugendlichen verantwortlich fühlt. In diesem letzten Fall können die Angestellten des psychiatrischen Dienstes Gefahr laufen, nur alternative Situationen zum Familienkontext herzustellen. Die Familie wird dabei gänzlich unverändert belassen; ihr wird nicht die Hilfe geleistet, die sie zu einem besseren Verständnis führen könnte, das jedoch für jede Art von Veränderung unbedingt notwendig ist.

### Denken wir wieder an Teresa

Kehren wir also zu Teresa zurück. Die angsterfüllten Fragen, die sich jeder Therapeut nach dem Suizid eines seiner Patienten stellt – «Hätte man ihn verhindern können?» «Wo habe ich Fehler gemacht?» –, haben an unser Gewissen appelliert und unser Verantwortungsbewußtsein wieder wachgerufen. Wenn man die lange Geschichte der Beziehung zwischen Teresa und dem psychiatrischen

Dienst überprüft, kommt man nicht umhin festzustellen, wie wichtig die *Dimension Zeit* war, vor allem in ihren kleinsten Einheiten: die Zeit der Personen, die sich um Teresa kümmerten, die Zeit der Abwesenheiten und die Folgen für Teresa, für die Familie, für die psychiatrischen Mitarbeiter, für die Beziehungen bzw. für die fehlenden Beziehungen zwischen all diesen Beteiligten.

Die *Dimension Zeit* bezieht auch den Druck der äußeren Ereignisse mit ein, der die Intervention so stark beeinflußt hat, daß in den delikatesten und schwierigsten Situationen die notwendige Klarheit verlorenging, um mit der erforderlichen Wirksamkeit eingreifen zu können. Der Druck zu handeln, insbesondere der, der von der Familie ausging, drängte das behandelnde Team dazu, rasch Lösungen zu finden, um das jeweils auftauchende Problem zu bewältigen, anstatt sich die Zeit zu nehmen, über die komplexe Situation nachzudenken.

Der gemeinsam zurückgelegte Weg war demnach lückenhaft: Die Interventionen wechselten oft und waren nicht immer vollständig aufeinander abgestimmt. Nicht zufällig fielen die aufgestellten Hypothesen und die gegenüber Teresa und ihrer Familie angewandten Strategien mit den Momenten zusammen, in denen es möglich war, kontinuierlich mit ihr zu arbeiten und einen integrierenden und aktiven Dialog mit der Familie aufrechtzuerhalten.

Das war aber nicht immer möglich. Ein Faktor vor allem prägte im negativen Sinn das Verhältnis zwischen dem Team und Teresa: *der Wechsel* der Personen, die sie betreuten. Die erneute Beschäftigung mit ihrer Geschichte ergab eindeutig, wie negativ sich dieser Wechsel auf den Therapieprozeß ausgewirkt hat. Teresa, die so zart und unsicher war, benötigte Unterstützung von außen, um ihre Persönlichkeit zu stärken und den Schmerz zu ertragen, daß sie von der Familie abgelehnt wurde. Diese Ablehnung wurde oft zu deutlich geäußert, als daß sie Teresa nicht hätte verstehen können. Sie brauchte also – und auf ihre Art bat sie auch dauernd darum – einen Therapeuten, der ihr durch seine kontinuierliche Anwesenheit allmählich und stufenweise zugestand, ihre Gefühle und ihre Ängste vor Verlassenheit und Tod zu erleben. Allein gelang es ihr nicht mehr, sich vom Hirngespinst des Todes zu lösen, das mittlerweile zu ihrem Leben gehörte. Es war ein Kampf, den Teresa mit der Hilfe eines Vertrauten, der ganz anders als ihre Eltern war, führen wollte. Folglich müßte man sich fragen: Handelte es sich um ein Mißgeschick, um schuldhafte Unaufmerksamkeit oder um eine unvermeidbare Konsequenz der vergehenden Zeit?

Der *Wechsel* der Mitarbeiter führt uns auch zu Überlegungen zum Verhältnis zwischen öffentlichem Dienst und frei praktizierenden Fachleuten. Aus Teresas Geschichte geht deutlich hervor, daß es sich hier um eine schwierige und sporadische Zusammenarbeit handelte (in sehr vielen Fällen existiert sie in Italien gar nicht), die den Schaden noch vergrößerte, der bereits durch den Wechsel der Mitarbeiter des öffentlichen Dienstes angerichtet worden war.

Wenn auch der wiederholte Wechsel des Therapeuten prägend für die Geschichte Teresas war, so kann er den Suizid doch nicht allein erklären. Dies gilt um so mehr, als der Tod gerade in einem Moment eintrat, in dem es den Anschein hatte, als ob sich die Dinge zum Besseren wenden würden, und zwar als sich konkret die Möglichkeit abzeichnete, in eine Wohnstruktur, in eine alternative Familie, die sie selbst nachdrücklich wollte, eingegliedert zu werden. Was hat sie also plötzlich zu diesem Sprung ins Leere getrieben? Warum gerade zu diesem Zeitpunkt? Auf diese Fragen sind zahlreiche Antworten möglich.

Befolgte Teresa halluzinatorische Befehle? Ließ sie sich, so wie es oft bei schizophrenen Patienten geschieht, von Stimmen leiten, die sie zum Sterben verführten? Wollte Teresa mit ihrer Tat die große Distanz aufheben, die sie nunmehr von realen Dingen und den allzuoft so fernen und feindlichen Menschen trennte? Wollte Teresa diejenigen für immer bestrafen, die sie ihrer Ansicht nach nicht angehört und nicht geliebt hatten? Wollte Teresa in einem Moment der mitleidlosen Klarheit dem tiefen Schmerz ein Ende bereiten, den die Einsamkeit, das Unverständnis und die Unfähigkeit, mit ihr zu kommunizieren, schon vor allzu langer Zeit in ihr ausgelöst hatten?

Jede dieser Fragen hat ihren Sinn, aber sie wird auch für immer ohne definitive Antwort bleiben. Wir glauben, daß all diese Beweggründe für das Ende der Geschichte Teresas von Bedeutung waren.

Nach einem schweren Rückfall während des Krankenhausauf-enthaltes war Teresa in ihre Familie zurückgekehrt. Sie wußte, daß es sich dabei nur um eine Übergangslösung handelte, dann sollte sie anderswo untergebracht werden, wo sie neue Menschen kennenler-nen würde, die sie respektieren und von denen sie respektiert wer-den würde. Vielleicht war Teresa außerstande, die Aussicht auf eine neuerliche Veränderung zu ertragen; vielleicht war sie in diesem Moment noch zerbrechlicher als in anderen und erlebte diesen neuen Lebensentwurf als ein Scheitern und nicht als einen mög-lichen Fortschritt.

Es gibt aber noch eine andere Überlegung, auf die wir den Leser aufmerksam machen wollen. Die Krankheit (in diesem Fall die psy-chische Krankheit Teresas) kann von demjenigen, der daran leidet, als Zuflucht erlebt werden, als sicherer Ort vor den Gefahren des sozialen Lebens, die oft als bedrohlich und schrecklich wahrgenom-men werden. Die Erfahrung der Krankheit kann also mit ihren be-gleitenden Folgen ein diffuser Schutz sein, der den Patienten der Notwendigkeit enthebt, ein Bündnis zur Verteidigung eines verrate-nen Rechtes zu schließen, nämlich des Rechtes, mit seiner Verletz-lichkeit zu leben und seine Andersartigkeit zu akzeptieren. Unter diesem Gesichtspunkt liefert der Therapeut mit seiner Behandlung und der Zeit, die er diesem Menschen gerade dann widmet, wenn er sich verlassen fühlt, eine symbolische Entschädigung. Der Ab-schied von all dem – die Genesung, die Entlassung, die Rückkehr in die Familie, die soziale und berufliche (schulische) Wiederein-gliederung und die Fortsetzung der Behandlung in einem neuen Setting – stellt hingegen einen sehr heiklen Moment im Leben des Leidenden dar: Er ist ein schroffer Aufruf zur Autonomie, eine Be-gegnung mit der äußeren Realität, die sich als grausam erweisen kann, da sie nicht mehr durch die Krankheit gemildert und durch ihren Schutz gedämpft wird. All diese Variablen können wir mit «extra-klinisch» bezeichnen, da sie sich nicht direkt auf die dia-gnostische Entschlüsselung der Störung beziehen, denen aber in diesem spezifischen und prägenden Lebenszusammenhang Bedeu-tung zukommt.

Auch die Rückkehr in die Wirklichkeit kann also auf die extreme

Entscheidung Teresas eingewirkt und ihre zeitweilige Besserung paradoxerweise gefährdet haben.

Wir wollen uns abschließend der Frage zuwenden, was die Geschichte Teresas mit denen ihrer Altersgenossinnen gemeinsam hat.

## Das Suizidverhalten von Frauen: Verneinung einer Evidenz?

Obwohl die Ergebnisse der auf internationaler Ebene durchgeführten Untersuchungen eindeutig sind und darin übereinstimmen, daß die Zugehörigkeit zum weiblichen Geschlecht ein erhöhtes Suizidrisiko mit sich bringt (was aber nicht unbedingt eine größere Wahrscheinlichkeit des Todes durch Suizid impliziert), wurde dieser offensichtliche Sachverhalt sehr selten genauer untersucht und von Experten und Forschern mit der erforderlichen Aufmerksamkeit interpretiert.

Trotzdem – und unter diesem Gesichtspunkt ist Teresas Geschichte ein Musterfall – ist dieses Phänomen nicht so sehr wegen seiner statistisch-epidemiologischen Bedeutung interessant, sondern es ist vielmehr paradigmatisch für ein sehr weit verbreitetes psychisches Unbehagen, das in unserer Gesellschaft die Frauen betrifft, vor allem die jüngeren, und dies in einem extrem höheren Ausmaß, als es bei den Männern zu finden ist. Tatsächlich weisen verschiedene Indikatoren für das psychische Wohlbefinden seit vielen Jahren auf einen ausgeprägten Unterschied zwischen den Geschlechtern hin, der durchgehend zuungunsten der Frauen ausfällt. Dies gilt zum Beispiel für die Häufigkeit einiger allgemeiner Formen von Streß und für einige spezifische psychische Störungen (wie die Depression, die bei Frauen doppelt so häufig auftritt, oder die manisch-depressive Psychose), für den Verbrauch von Psychopharmaka und, wie wir gesehen haben, auch für das Suizidverhalten. (Ich wiederhole noch einmal, daß wir in diesem Fall nur von Suizidversuchen sprechen, denn bei den vollendeten Suiziden ist die Häufigkeit beim männlichen Geschlecht höher.) Natürlich treffen diese Daten nicht gleichmäßig auf die gesamte weibliche Bevölkerung zu, sie lenken jedoch den Blick auf einige Gruppen, die stärker gefährdet sind: weibliche Jugendliche, unverheiratete Frauen, Frauen mit unterhaltsberechtigten Kindern, Frauen, die den sozial benachteiligten Schichten angehören und arbeitslose Frauen.

Wenn wir also auf der Basis dieser Daten feststellen können, daß die weibliche Bevölkerung zumindest in unserer Gesellschaft stärker einem psychopathischen Risiko ausgesetzt ist, dann ist die Hypothese zulässig, daß es bestimmte Faktoren geben muß, die dieses Phänomen erklären können. Es würde den Rahmen dieses Buches sprengen, wollten wir uns in die Diskussion über Erklärungsansätze für dieses Problem als Ganzes einlassen, das an sich sehr interessant, aber ebenso schwer zu lösen ist. Deshalb werden wir uns auf einige Überlegungen beschränken.

Vor allem muß betont werden, daß die Variable Geschlecht nicht nur die numerische Häufigkeit der Suizidversuche betrifft, sondern auch die soziodemographischen Charakteristika der Personen, die angewandte Methode, den damit verbundenen jeweiligen Typus der psychischen Störung und die als auslösende Faktoren betrachteten Lebensumstände. Der Suizidversuch ist also bei Frauen nicht nur *quantitativ* häufiger, sondern auch *qualitativ* anders als der bei Männern. Wie kann dieser Unterschied erklärt werden?

Der englische Soziologe Raymond Jack (11) setzte sich vor kurzem mit einigen erklärenden Hypothesen kritisch auseinander. Sehen wir uns die wichtigsten an.

a) *Das psychopathologische Paradigma.* Hierbei handelt es sich um die klassische ätiologische Erklärung, die von vielen Psychiatern und Psychologen herangezogen wurde. Nach dieser Lesart ist der Suizid Funktion einer Geisteskrankheit. Die hohe Anzahl der Suizidversuche bei Frauen geht also auf das gehäufte Auftreten einiger der weit verbreiteten Geisteskrankheiten beim weiblichen Geschlecht zurück. Diese Annahme verstärkt zwar indirekt die These vom (in diesem Fall psychisch) «schwachen Geschlecht», sie gibt jedoch keine überzeugende Antwort auf eine Reihe von statistischen und soziographischen Daten. Zum Beispiel stellt sich die Frage, aufgrund welcher Faktoren ein Mädchen auf 100 (das ist tatsächlich in vielen Ländern die Häufigkeit der Suizidversuche unter Teenagern) potentiell als geisteskrank definiert werden kann? Warum sollen Frauen aus der Arbeiterschaft gefährdeter sein als die aus dem Bürgertum?

Die psychopathologischen Charakteristika müßten vielmehr als Wirkungen (also Symptome) einer vorhergehenden Bedingung verstanden werden und nicht als ätiologische Faktoren. In diesem Sinne geht die psychische Störung eher mit Suizidverhalten zusammen, als daß sie seine Ursache bildet. Dann lassen sich allerdings die von Frauen und Männern ausgeführten Suizidversuche nicht mehr aufgrund psychischer Störungen voneinander unterscheiden, weil mit dem Geschlechtsunterschied weder die vielfältigen Wirkungen der unterschiedlichen Bedingungen erklärt werden können, noch ihre eventuelle Verbindung mit selbstzerstörerischem Verhalten. Das Risiko der klassischen ätiologischen Erklärung scheint in der Anwendung von Archetypen – in diesem Fall des Geschlechts – als Bezugsbilder zu liegen, wobei in der (zugelassenen) Differenz die (ignorierten) Differenzen vollständig verschwinden.

*b) Die introspektive Fähigkeit.* Eine andere Interpretation für das epidemiologische Ergebnis, das eine höhere Frequenz der Geisteskrankheiten und des Suizidverhaltens bei Frauen anzeigt, schreibt dem weiblichen Geschlecht eine häufigere Neigung zur Introspektion zu, eine größere Fähigkeit, in sich hineinzuschauen. Diese stärkere Aufmerksamkeit gegenüber sich selbst (die sich zum Beispiel in der genaueren Kenntnis des eigenen Körpers zeigt, der als biopsychische Ganzheit verstanden wird) würde eine herabgesetzte Aufmerksamkeitsschwelle gegenüber der Art des psychischen Unbehagens und dessen Ursachen mit sich führen. Diese Hypothese wird durch Daten untermauert, wonach Frauen viel häufiger die unterschiedlichen Formen psychotherapeutischer Hilfe in Anspruch nehmen (vom klassischen psychodynamischen Ansatz bis zu alternativen esoterischen Interventionen). Eine erhöhte Aufmerksamkeit für das eigene psychische Gleichgewicht könnte eine Neigung zur Verinnerlichung von Konflikten bewirken und die Suche nach einer Lösung für diese durch die Mobilisierung innerer Kräfte unterstützen. Wenn diese inneren Kräfte nicht die Oberhand gewinnen, neigt die Betroffene, wenn es ihr nicht gelingt, sich nach außen zu wenden, dazu, sich zu ergeben, wobei die autoaggressiven Momente verstärkt werden.

*c) Die Sozialisation der Geschlechtsrolle.* Wenn man die Hypothese aufstellt, daß der Suizidversuch die eigene Unfähigkeit ausdrücken will, auf Streß mit akzeptierten Verhaltensformen zu reagieren, dann könnte der Suizid als paradoxe Verfahrensweise gedeutet werden, und zwar als die einzige oder die letzte, über die jemand verfügt, um mit einer Streß erzeugenden Begebenheit/Situation fertig zu werden *(coping mechanism)*. Frauen und Männer besitzen je eigene und unterschiedliche Auffassungen von physischem Widerstand, von ökonomischer und sozialer Macht, von den Ebenen der Autonomie und der Selbstachtung. Auch die Art der Streßfaktoren, die Frauen häufiger treffen, scheint eine andere zu sein als bei Männern. Daher kann man auch unterschiedliche Reaktionsweisen erwarten. Nach den amerikanischen Psychologinnen Kay Clifton und Dorothy Lee (12) stellt die Neigung zur Selbstzerstörung bei Frauen die Konsequenz aus einer anderen Entwicklung der Sozialisation ihrer Geschlechtsrollen dar; diese bringt sie im Unterschied zu Männern dazu, ihre positiven Gefühle in angenehmen Situationen nach außen zu richten (oder sie den anderen mitzuteilen und mit ihnen zu teilen), ihre negativen Reaktionen auf unangenehme Situationen aber nach innen zu wenden, sich ihrer zu schämen und sie zu beklagen. Diese Neigung, die, wie bereits gesagt, durch eine andere Sozialisation der Geschlechtsrollen bestimmt ist, würde Frauen, insbesondere wenn sie gezwungen sind, in einer ökonomisch und sozial benachteiligten Umwelt zu leben, eher zu selbstschädigenden als zu aggressivem Verhalten gegenüber anderen führen.

Diese Hypothese kann jedoch nicht erklären, ob es eine geschlechtsspezifische Tendenz gibt, negative Gefühle (und nicht positive Reaktionen) nach außen zu wenden, oder ob es sich nicht vielmehr um den Ausdruck der ermüdenden Schwierigkeit handelt, die Geschlechtsrolle zu verlassen, eine Richtung für Gefühle und allgemeines Gehör zu finden.

Könnte also im Hinblick auf das selbstschädigende Verhalten nicht die Anerkennung der *Differenz* der Geschlechter als der erste – wesentliche, wenn auch begrenzte – Schritt zur Anerkennung von *Differenzen* verstanden werden? Und wenn dem so wäre, erscheint es dann vom wissenschaftlichen Standpunkt aus als legitim, den Parameter der Differenz zu verabsolutieren und sich nicht um das Verständnis der Differenzen zu bemühen, durch die sich ein so komplexes Phänomen wie jenes, das das Suizidverhalten bestimmt, erklären läßt?

Auch hier überwiegen also bei weitem die offenen Fragen gegenüber den möglichen, erhellenden Antworten.

# 4 Die verhängnisvolle Verführung

*Der Einfluß der Massenmedien*
*auf das Suizidverhalten*

> *...überall rennen die Leute herum, sie verfolgen sich wie Fliegen;*
> *ich glaube wirklich, daß ich mir eine Kaliber .45 kaufen werde,*
> *dann werde ich allen eine schöne Überraschung bereiten. Ja, ich*
> *glaube wirklich, daß ich mich umbringen werde, ich will der Grund*
> *sein für einen kleinen Suizid und ein paar Tage lang herumstreifen,*
> *um zu sehen, welch wunderschöner Skandal es ist, wenn ich sterbe.*
> *Ja, ich glaube wirklich, daß ich mich umbringen werde, dann wer-*
> *den sie für mich eine schöne Schlagzeile machen, ich würde gerne*
> *sehen, was die Zeitungen über die Lage depressiver Jugendlicher*
> *schreiben werden...*
>
> Ich glaube, daß ich mich umbringen werde,
> Song von Elton John und Bernie Taupin

Viele von uns werden sich an die Suizide erinnern, die in einem grau-envollen Rhythmus auf den Freitod von drei jungen Leuten aus dem kleinen Dorf Prad in Südtirol folgten. Es war, wenn ich mich richtig erinnere, an einem Freitag Ende August 1990. Die drei waren um die 20 Jahre alt, hatten immer in diesem Dorf gelebt und waren schon seit langer Zeit befreundet: dieselben Schulen, dieselbe Bar, das gleiche Leben alle Tage. Sie hatten Arbeit und genug Geld, um sich ein wenig zu vergnügen; alles lief also ganz normal, so wie das Leben Tausender ihrer Altersgenossen. Eines Abends jedoch be-schlossen sie, bis zum Äußersten dessen zu gehen, was bis dahin wahrscheinlich nur ein Scherz unter Freunden war, eine Angeberei nach einigen Gläsern Bier aus Freude am Verblüffen oder um einen langweiligen Abend zu beleben. In jener Nacht war es aber anders.

Die drei verlassen die übliche Gesellschaft, nehmen das Auto und fahren einige Kilometer aus dem Dorf hinaus. Sie halten an und führen ein Ritual aus, das danach aussieht, als ob es schon oft besprochen worden sei: Sie stecken das eine Ende eines Plastik-schlauchs in den Auspuff des Motors und das andere durch ein klei-nes Fenster ins Auto; dann lassen sie den Motor an und trinken alle Bierflaschen leer, die sie mitgenommen haben. Schließlich warten sie auf den Tod, während ihre Lieblingsmusik läuft. Am nächsten Morgen werden sie gefunden, sie sitzen vornübergebeugt im Auto, als ob sie nach einer durchzechten Nacht dort eingeschlafen wären.

Die Medien machen aus dem dreifachen Suizid eine Sensation, vielleicht aufgrund der Dramatik dieser Tode, aber sicher auch weil sie im August froh über jede interessante Meldung sind. Die ersten Seiten der Tageszeitungen, der Rundfunk und die Nachrichtenma-gazine im Fernsehen berichten in allen Einzelheiten die Lebensge-schichten der drei Suizidanten. Damit gelingt es den Medien, die Aufmerksamkeit der Öffentlichkeit, die sich sonst lieber ihren som-merlichen Vergnügungen widmet, wieder auf sich zu ziehen. Aber irgend etwas von diesem erschütternden Abend hat wohl ein Zei-chen gesetzt: Nach jenem Tag scheint die lange Reihe ähnlich tragi-scher Meldungen nicht abbrechen zu wollen. Im Abstand von weni-gen Stunden beschließen andere Männer und Frauen, zum Großteil sind es junge Menschen, sich auf die in den Tageszeitungen und im Fernsehen beschriebene Weise das Leben zu nehmen.

Die Liste der Suizide verlängert sich von Tag zu Tag, von Woche zu Woche; es scheint, als ob sie nicht enden wolle. Journalisten, Verantwortliche in den Fernsehsendern und den Zeitungen begin-nen sich über das Wesen des so ungewöhnlichen und beunruhigen-den Phänomens Gedanken zu machen: Lassen sich diese Suizide nicht vielleicht, zumindest teilweise, auf das Aufsehen zurückfüh-ren, das die Medien selbst durch die Berichte über den Suizid der drei jungen Männer aus Prad und aller anderen, die diesen folgten, gefördert haben? Kann also eine so schreckliche Entscheidung wie die, sich das Leben zu nehmen, von den Massenmedien beeinflußt werden?

Auf diese Fragen werden unterschiedliche Antworten gegeben. Einige Medien beschließen, nicht mehr über die Kette der Suizide zu informieren, andere ziehen es vor, weiterhin darüber zu berichten, indem sie zum Beispiel die Meinung von Experten einholen, wieder andere schließlich entscheiden sich für eine Beschränkung auf kurze Meldungen ohne Details.

Einige Monate nach der tragischen Nacht von Prad verschwindet das Phänomen allmählich, und mit ihm verschwinden das öffentliche Aufsehen, die Zweifel der Journalisten und die Kommentare der Fachleute. Heute wissen wir, daß ein Großteil dieser Polemik nicht unangebracht war. Statistische Daten belegen, daß ein Teil der damaligen Bestürzung über das Verhalten der Massenmedien in diesem Zusammenhang sehr wohl gerechtfertigt war. Denn tatsächlich geht aus ihnen hervor, daß die Zunahme der Suizide zwischen 1990 und 1991 fast ganz auf Todesfälle durch das Einleiten von Abgasen in den Innenraum des Autos zurückführbar ist (diese spezifische Zunahme überstieg 150 %) und daß ein Großteil dieser Suizide von Personen unter 30 Jahren begangen wurde.

Ob die Annahme einer Beziehung zwischen der Verbreitung selbstzerstörerischen Verhaltens bei jungen Menschen und den Inhalten bzw. der Art der Meldungen berechtigt ist, ist eine der interessantesten Fragen, die sich die internationale Suizidforschung gestellt hat.

## Der Imitationsbegriff nach Durkheim

Schon als die Massenkommunikationsmittel noch nicht so stark verbreitet waren wie heute, meinten viele, daß bei jungen und leicht beeindruckbaren Menschen die Gefahr bestehe, durch das in Mitleidenschaft gezogen, manipuliert und schließlich zur Nachahmung verleitet zu werden, was in einem Roman, in einer Erzählung oder in einer Zeitungsmeldung beschrieben wird. Diese Überzeugung nahm die Merkmale einer kollektiven Panik an, als in Europa nach der Veröffentlichung von Johann Wolfgang Goethes Roman *Die Leiden des jungen Werthers* die Meinung um sich griff, daß viele junge Menschen nach der Lektüre verrückterweise die Verzweiflungstat des Protagonisten nachgeahmt hätten. In vielen Städten Europas wurde das Buch deshalb sogar verboten.

Wenn auch offensichtlich ist, daß die Möglichkeiten zur Nachahmung der durch die Massenkommunikationsmittel verbreiteten Botschaften äußerst stark angestiegen sind, seit diese in unser tägliches Leben eindrangen, so ist der Begriff der *Imitation* dennoch schon seit mehr als einem Jahrhundert bekannt. Bereits Durkheim (1) setzte sich mit ihm auseinander und zeigte – wie ich anderswo ausgeführt habe (2) – drei ihn begünstigende Bedingungen auf:

1. Das Phänomen der *Nivellierung*, das innerhalb einer sozialen Gruppe entsteht, deren Mitglieder eine Handlung aus ein und demselben Grund ausführen, wenn jedes von ihnen in der gleichen Weise wie die anderen denkt. Die Imitation impliziert also eine Eigenschaft, die alle Bewußtseinslagen in verschiedenen Personen gleichzeitig besitzen und die die eine so handeln läßt wie die anderen, so daß die Unterschiede zwischen den einzelnen verschwinden und ihre Verbindung eine neue Konfiguration ergibt, die aus dem Ausgleich der Individualitäten folgt. Diese Verbindung ist auf gegenseitige Imitation zurückzuführen.

2. Die Neigung des einzelnen, mit der Gesellschaft, der er angehört, übereinzustimmen, weshalb er die Denk- und Verhaltensmodelle der dominierenden Kultur annimmt.

3. Die Tendenz, eine Handlung, die sich in unserer Anwesenheit ereignet oder von der wir erfahren, allein deswegen zu wiederholen, weil sie vor unseren Augen geschehen ist oder weil wir von ihr reden gehört haben. In diesem Fall imitieren wir sie nicht, weil wir sie für nützlich halten oder um uns in Einklang mit ihr zu bringen, sondern einfach, um sie zu wiederholen.

Können wir also behaupten, daß ein individuelles Verhalten wie das selbstschädigende auch aus einer *Ansteckung durch Imitation* entstehen kann, das heißt allein durch die mechanische Wiederholung einer Handlung, von der man durch die Massenmedien erfahren hat? Laut Durkheim trifft die Möglichkeit, daß dies geschehen kann, nur auf eine beschränkte Anzahl von Fällen zu. Er merkt an, daß die Imitation nicht als Ursache eines Suizidverhaltens interpretiert werden kann. Sie macht nämlich nur einen Zustand sichtbar, der die wirklich auslösende Ursache der Handlung ist und der mit aller Wahrscheinlichkeit auch einen anderen Modus gefunden hätte, sich auszuwirken. Die Prädisposition muß also tatsächlich sehr stark sein, wenn so wenig genügt, um sie in eine Handlung überzuführen. Für Durkheim stellt demnach die Imitation eines Suizidverhaltens nur einen beschleunigenden Faktor bei einer Person dar, die schon beschlossen hat, diese Handlung auszuführen. In anderen Worten: Der Imitationsprozeß beeinflußt lediglich den Modus der Ausführung und den Zeitpunkt, in dem die Entscheidung getroffen wird, zur Handlung überzugehen.

Jedoch hat Durkheim nicht die stille globale Revolution miterlebt, die durch die Verbreitung der Medien ausgelöst wurde, ebensowenig konnte er sich die Macht vorstellen, die die Massenkommunikationsmittel schon wenige Jahre nach seinem Tod errungen hatten. Viele seiner Vorahnungen sind äußerst erhellend, einige Schlußfolgerungen des großen französischen Soziologen haben sich jedoch als wenig nützlich erwiesen.

## Die Explosion der Medien und ihr Konsum durch Jugendliche

Was Durkheim nicht ahnen konnte, war nicht so sehr die quantitative Verbreitung bedruckten Papiers, sondern vielmehr die einschneidende Veränderung, die die Medien in der Organisation unseres täglichen Lebens bewirkt haben. Die Verbreitung von Druckerzeugnissen vollzog sich allerdings in einer Geschwindigkeit, die vor einem Jahrhundert gänzlich unvorstellbar war und die erst in den letzten dreißig Jahren, zumindest in den westlichen Ländern, schrittweise zurückgegangen ist; trotzdem bilden sie immer noch das bevorzugte Kommunikationsmittel für ungefähr 50 % der Öffentlichkeit. (3)

Wenn wir bedenken, daß in den Vereinigten Staaten (ebenso in einem großen Teil Europas) in den letzten dreißig Jahren der Rückgang (schätzungsweise zwischen 3 % und 25 %) des kulturellen Massenkonsums (Theater, Konzerte mit klassischer und moderner Musik) mit der Verkürzung der Freizeit einhergeht (im letzten Jahrzehnt verminderten sich die freien Stunden in der Woche im Durchschnitt von 18 auf 17), mit dem steigenden Verbrauch von Zerstreuungsprodukten und von häuslicher Unterhaltung (vor allem Kabelfernsehen, Videoaufzeichnungen und seit kurzem Videoclips), kann man die Reichweite der sozialen Veränderungen (neben den kulturellen) gut verstehen, die die Durchsetzung der Massenkommunikationsmittel mit sich gebracht hat. (3; 4) Wenn dies für die gesamte Bevölkerung gilt, stellt sich die Frage: Welche Veränderung hat die Invasion der Medien im täglichen Leben von Kindern und Jugendlichen ausgelöst? Es ist bekannt, daß sie, zusammen mit den älteren Menschen, am meisten die Medien nutzen, vor allem das Fernsehen und die Zeitschriften. Man schätzt nämlich, daß junge Menschen in den Vereinigten Staaten (5) im Durchschnitt täglich vier bis fünf Stunden vor dem Fernsehgerät verbringen, in Italien zwei bis drei Stunden. (6; 7; 8)

Wurde also im vergangenen Jahrhundert die Hypothese, die Medien könnten das Verhalten Jugendlicher beeinflussen, mit aller Vorsicht formuliert, so stellt sich heute dieses Problem in ganz anderer Form. Die Hypothese wurde für die Erklärung einiger Phänomene herangezogen, die in jüngster Zeit die Welt der Jugendlichen erschütterten, zum Beispiel das erschreckende Anwachsen von Gewaltakten wie Morden, bewaffneten Raubüberfällen und Vergewaltigungen. Tatsächlich verdoppelte sich die Kriminalitätsrate bei Jugendlichen in den Vereinigten Staaten und in Großbritannien zwischen den fünfziger und den siebziger Jahren (9), während 1988 in Italien im Durchschnitt mehr als 10 Minderjährige pro Tag wegen begangener Delikte angezeigt wurden. (10) Gerber (11) und Slaby (12) schrieben dieses Anwachsen der bestürzenden Zunahme von Gewaltszenen in den für Jugendliche bestimmten Medien zu: Nach den Berechnungen dieser Forscher erscheint in den USA alle zwei Minuten eine Gewaltszene in den nachmittäglichen Fernsehprogrammen. Gerber (11) schätzte, daß ein amerikanisches Kind bis zur Vollendung seines 14. Lebensjahres im Durchschnitt mehr als elftausend Fernsehmorde miterlebt haben wird. Wenn man all dem noch hinzufügt, was viele Zeitschriften für Kinder und Jugendliche darstellen, erhebt sich der Verdacht, daß zumindest ein bestimmter Teil der wachsenden, gegen andere gerichteten Gewalttätigkeit (es genügt, an das Phänomen der Gewaltausbrüche jugendlicher Fußballfans zu denken oder an Jugendbanden in vielen europäischen und nordamerikanischen Großstädten), aber auch jener gegen einen selbst gerichteten einen gewissen Zusammenhang mit den von Massenmedien verbreiteten Inhalten haben könnte.

Diese Hypothese stand in den letzten dreißig Jahren im Mittelpunkt eines ebenso interessanten wie erbitterten wissenschaftlichen Disputs. David Phillips, Soziologieprofessor an der Universität von San Diego in Kalifornien, ist wahrscheinlich der bekannteste und überzeugteste Verfechter der These, daß die Medien auf das Suizidverhalten, vor allem das Jugendlicher, Wirkung ausüben. Er bezeichnete dieses Phänomen Goethe zu Ehren mit «Werther-Effekt». Ich werde nun versuchen, den Standpunkt Phillips' zu analysieren, aber auch die Beweise, die er zur Bestätigung der methodologischen Gültigkeit seiner Hypothesen vorbringt.

## Der Werther-Effekt: David Phillips' Hypothesen über den imitativen Suizid

Die Argumentation von Phillips (13; 14; 15) geht von einer allgemeinen Überlegung aus: Der Suizid ist ein durch chronische und akute Faktoren bestimmtes Phänomen. Im ersten Fall bildet er das kulminierende Moment eines Prozesses, der in einem Menschen 20 oder 30 Jahre andauern kann; dieser Prozeß wird oft plötzlich abgebrochen, und der Betroffene beschließt, zur Handlung überzugehen. In diesem zweiten, akuten Stadium wird die Entscheidung in einem kurzen Zeitraum getroffen: in Stunden oder Tagen, selten in Wochen.

Methodologisch gesehen kann man diese zwei Ordnungen von Faktoren untersuchen, indem man die beiden folgenden Variablen mit dem Ort oder der kurzen Zeitspanne in Beziehung setzt: die abhängige, die Häufigkeit des Suizids, und die unabhängige, das Phänomen, von dem man annimmt, daß es mit dem Suizid in Verbindung steht.

Im ersten Fall ist es möglich, die Wechselbeziehung zwischen der Häufigkeit des Suizids in einer bestimmten Population (einer Stadt, einer Region oder einer ganzen Nation) und einiger endemisch vorliegender Risikofaktoren in dieser Population (zum Beispiel Alkoholismus, soziale Vereinsamung, Scheidung oder Massenarbeitslosigkeit) zu untersuchen. So wird man mittels statistischer Berechnungen abschätzen können, ob und in welcher Weise bei diesen Phänomenen im untersuchten Zeitraum eine signifikante korrelative Entwicklung vorliegt. Selbstverständlich läßt sich kein kausales Verhältnis zwischen diesen beiden Phänomenen ermitteln; dies gilt ab dem Moment, in dem viele andere Variablen in das Spiel eintreten können, weil der festgesetzte Zeitraum der Beobachtung ausgedehnt ist. Diese Studien sind demnach nur insofern nützlich, als sie belegen, daß die untersuchten Ereignisse, die sich für lange Zeit als korrelativ erwiesen haben, einige erklärende Hypothesen liefern können: Diese werden jedoch später durch Ad-hoc-Untersuchungen bestätigt werden müssen.

Im zweiten Fall hingegen folgen die zwei zu erforschenden Phänomene – in unserem Beispiel sind es die Häufigkeit von Suiziden und das Vorhandensein von Suizidgeschichten, über die die Tageszeitungen und das Fernsehen berichten – in einem Zeitraum von wenigen Stunden oder wenigen Tagen aufeinander. Dieses Mal muß die Korrelation durch einen Anstieg der Suizidraten in den Stunden und Tagen unmittelbar nach dem Vorliegen der Nachricht bestätigt werden sowie durch eine Rückkehr zu den normalen Werten in der unmittelbar darauffolgenden Zeit. Wenn nun der betrachtete Zeitabschnitt kurz ist, bleibt die Möglichkeit gering, daß äußere Variablen, die den zwei erforschten fremd sind, dazwischentreten können. Dies führt zu einer noch reineren Wechselbeziehung im Hinblick auf den Eingriff anderer, verwirrender Faktoren und zu noch überzeugenderen Resultaten. Außerdem ist hier die Unterscheidung zwischen der abhängigen Variablen (die Häufigkeit von Suiziden) und jener unabhängigen (die Veröffentlichung der Nachrichten über Suizide) klarer und unbestreitbarer. So wird die Annahme möglich, daß die Veröffentlichungen über den Suizid zum Beispiel von Marilyn Monroe einen Häufigkeitsanstieg von Suiziden provoziert hat und nicht umgekehrt. Wenn eine Korrelation hingegen über einen langen Zeitraum untersucht wird, kann man keine so klare Unterscheidung treffen, da die beiden Variablen immer vertauscht werden können: Der Anstieg der Alkoholismusrate kann jenen der Suizide hervorrufen, aber auch umgekehrt.

Vor dem Hintergrund dieser methodologischen Überlegungen behauptet David Phillips, daß die Studien, die sich auf die Analysen von Imitationsprozessen beziehen, viel weniger der Kritik ausgesetzt seien, als jene, die Korrelationen über längere Zeiträume analysieren. Nach Phillips liegt hierin auch der Grund, warum die Untersuchungen über Imitationsprozesse, die die Wirkung der Medien mit dem Phänomen des Suizids, vor allem bei Jugendlichen, in Zusammenhang bringen, einen hohen wissenschaftlichen Wert unter denjenigen ätiologischen Studien besitzen, die die Ursachen dieses Phänomens zu ergründen versuchen.

Im folgenden betrachten wir also die wichtigsten Forschungen auf diesem Gebiet und ihre Ergebnisse.

## Suizidverhalten in den Massenmedien: Analyse grundlegender empirischer Untersuchungen

Die wissenschaftliche Beschäftigung mit den Auswirkungen der Medien auf das Suizidverhalten setzt in den fünfziger Jahren ein, also zu Beginn der massenhaften Verbreitung des Fernsehens, und ist seitdem intensiviert worden. Sie stellt eines der interessantesten und produktivsten Felder im gesamten Bereich empirischer Untersuchungen des Suizids dar. Aufgrund der umfangreichen Literatur halte ich es für sinnvoll – und folge darin dem Beispiel der bekannten deutschen Forscher Heinz Hafner und Armin Schmidtke (17; 18) –, bei meiner Analyse der wissenschaftlichen Ergebnisse nach der Typologie der untersuchten Medien zu verfahren.

## Untersuchungen über die Auswirkung von Meldungen in den Tageszeitungen und in den Fernsehnachrichten

Der Psychiater Jerome Motto aus Kalifornien untersuchte als einer der ersten die Auswirkung von Suizidmeldungen in den Tageszeitungen. (19) Als aufgrund eines Journalistenstreiks in einigen Städten der USA keine Tageszeitungen erschienen, stellte der Autor die Hypothese auf, daß der unterbrochene Fluß der Nachrichten auch die Quelle versiegen lasse, der sich die Muster für eventuelles Suizidverhalten entnehmen ließen. Die Ergebnisse dieser Untersuchung, ebenso wie die ähnlicher von Blumenthal und Bergner (20), waren nicht in der Lage, diese Hypothese ganz zu bestätigen. Einige Jahre später jedoch gelang Motto (21), Phillips (22), Baraclough und dessen Mitarbeitern (23) der Nachweis, daß dann, wenn die Zeitungen (in diesem Fall die amerikanischen und englischen) einen Suizid groß herausstellen, vor allem den einer bekannten Persönlichkeit, die Suizidraten in den darauffolgenden Tagen bedeutend ansteigen und daß sich dieser Anstieg direkt proportional verhält zu der Bedeutung und dem Gewicht, das der Meldung zuteil wird. Entsprechende Ergebnisse wurden in der Folgezeit auch für Meldungen in den Fernsehnachrichten festgestellt. In diesem Fall hielt die Wirkung durchschnittlich zehn Tage an. (24)

Vor nicht allzu langer Zeit untersuchten Phillips und Carstens (25) die Auswirkungen von Fernsehmeldungen über Suizide Jugendlicher in den USA auf die Entwicklung des Suizidverhaltens bei ihren Altersgenossen in den Jahren von 1973 bis 1979. Die Resultate ergaben einen Anstieg der Suizide bei Jugendlichen, der beachtlich höher lag als die normalen Fluktuationen. Das Ausmaß des Zuwachses erwies sich als proportional zur Anzahl der amerikanischen Fernsehnetze, die über derartige Vorfälle berichtet hatten.

Nicht alle Forscher, die die Untersuchungen von Phillips und Kollegen wiederholten, waren mit den Schlußfolgerungen der amerikanischen Soziologen einverstanden. Zum Beispiel stimmten die Ergebnisse von Horton und Stack (26) nicht mit dem von Phillips beobachteten und beschriebenen Suizidanstieg überein, als sie die

Auswirkungen von Fernsehmeldungen über Suizide Jugendlicher in den Vereinigten Staaten zwischen 1974 und 1980 untersuchten. Dennoch räumten selbst die überzeugtesten Widersacher der Theorie von Phillips ein, daß die Hypothese des Suizids durch Nachahmung ein wissenschaftliches Fundament besitzt, zumindest dann, wenn sich die vom Fernsehen und den Tageszeitungen verbreiteten Nachrichten auf eine der Masse der Fernsehzuschauer oder Leser bekannte Persönlichkeit beziehen. Trotzdem scheint der Nachahmungseffekt nicht für alle Nachrichten dieser Art in den Massenmedien zuzutreffen. Ein Beispiel dafür ist der Massensuizid der Angehörigen einer Sekte in Jonestown (Guyana) im Jahre 1978. Obwohl die Medien mit riesigem Aufwand und über einen langen Zeitraum darüber berichteten, bewirkte diese Tragödie keinen Anstieg der Suizidrate. (27; 28) Offensichtlich beeinflussen den Nachahmungseffekt nicht nur die Bedeutung, die der Nachricht zugeschrieben wird, sondern auch eine Reihe anderer qualitativer Elemente, nicht zuletzt der kulturelle Kontext, in dem sich der Fall ereignet hat. Diese Überlegungen werde ich weiter unten fortführen.

*Untersuchungen über die Auswirkungen von Fiktion*

Obwohl das Thema des Suizids in Romanen, Komödien, Theaterproduktionen, Filmen, Fernsehspielen oder Fernsehserien (also in allen Bereichen, die als «Fiktion» klassifizierbar sind) alles andere als selten ist, ergab die Untersuchung der Auswirkungen nur eine geringe Anzahl empirischer Resultate im Vergleich zur Untersuchung der Auswirkungen journalistischer Berichterstattung.

Aber auch hier stimmten die Ergebnisse nicht überein. Jackson und Potkey (29) führten Anfang der siebziger Jahre eine Studie durch, in der sie die Auswirkung des Stückes *Quiet Cries* bewerteten, das eine Zeitlang in einigen amerikanischen High-Schools aufgeführt wurde. In ihrem Zentrum steht der Tod eines Jugendlichen durch Suizid. Die Autoren stellten jedoch unter den Schülern dieser Schulen keine Veränderung fest, weder im Hinblick auf depressive Symptomatiken noch auf Suizidvorstellungen.

Viel bekannter ist die in den Vereinigten Staaten und in Deutschland durchgeführte Untersuchung über die Folgen der sechsteiligen

Fernsehserie *Tod eines Schülers*. Jede Fortsetzung beginnt mit der Wiederholung des Suizids eines 19jährigen, der sich vor einen Zug wirft. Diese Serie wurde zuerst in den Vereinigten Staaten gesendet, 1982 war sie auch in Deutschland zu sehen. In beiden Ländern versuchte ein Forscherteam die Wirkung dieser Fernsehserie auf die Suizidhäufigkeit bei Jugendlichen zu messen. (30; 31) Während die Autoren der amerikanischen Untersuchung behaupteten, einen Zuwachs an Suiziden in den Tagen unmittelbar nach der Ausstrahlung der Teile festgestellt zu haben, ohne dies aber statistisch belegen zu können, gelang Hafner und Schmidtke auch der statistische Nachweis, daß in Deutschland die einzelnen Folgen der Serie von einem signifikanten Anstieg der Suizide unter den Altersgenossen des Hauptdarstellers begleitet wurden. In der Altersgruppe zwischen 18 und 27 Jahren konnte tatsächlich ein Zuwachs von 175 % bei den Männern und von 167 % bei den Frauen nachgewiesen werden.

Auch bei einigen Seifenopern wurden die Nachwirkungen ihres Inhalts untersucht. Phillips betonte hierbei noch einmal den Anstieg der Suizide bei Jugendlichen mit weißer Hautfarbe in den Vereinigten Staaten (also mit Kennzeichen, die der imitierten Person entsprachen), und zwar in der Woche, die auf die Ausstrahlung der Sendung folgte. (32) Eine ähnliche Methode wurde von Ellis und Walsh gewählt (33), um die Wirkungen der Ausstrahlung von *Eastenders* (die Einwohner der bekanntermaßen sozial degradierten Viertel im Osten Londons) zu messen. Diese englische Seifenoper, die von der BBC gesendet wurde, erzählt die Geschichte eines Mädchens, das sich mit einer Überdosis Heroin tötet. In den Tagen unmittelbar nach der Sendung war die Zahl der Jugendlichen, die infolge einer Überdosis Heroin in die Erste-Hilfe-Stationen von 63 allgemeinen Krankenhäusern in England gebracht werden mußten, signifikant angestiegen: 14,6 % am Tag nach der Ausstrahlung der Sendung, 31 % in den drei darauffolgenden Tagen. (34)

Eine letzte Bestätigung dieser Ergebnisse erbrachten zwei Untersuchungen aus neuerer Zeit. Die erste wurde von Madelyn Gould und David Shaffer (35) durchgeführt. Sie analysierten einerseits die Suizidversuche Jugendlicher im Alter von 14 bis 19 Jahren, die zwischen Oktober 1984 und Februar 1985, als vier Fernsehfilme ausgestrahlt wurden, die alle eine Suizidgeschichte Jugendlicher behandelten, in sechs allgemeine Krankenhäuser in New York eingeliefert wurden, und andererseits Suizide, die vor und nach diesen Sendungen festgestellt werden konnten. In diesem Fall war sowohl die Zuwachsrate der Suizidversuche als auch die der Suizide sehr hoch: Sie reichte je nach Fernsehfilm von 54 % bis 400 %.

Die zweite und neuere Untersuchung führten Arturo Biblarz und seine Kollegen (36) durch. Die Wissenschaftler aus Kalifornien analysierten vor und nach der Vorführung von drei Filmen die Reaktionen (Suizidvorstellungen, emotionale Erregung) einer Gruppe von Universitätsstudenten, die bis dahin keinen Suizidversuch unternommen hatten: Der erste, *Surviving*, ist ein für das Fernsehen produzierter Film, in dem die zwei jugendlichen Hauptdarsteller, die massive familiäre Probleme haben, sich das Leben nehmen; der zweite, *Death Wish*, enthält keine Suizide, dafür aber Gewaltszenen (Morde, Vergewaltigungen); der dritte, ein musikalischer Unterhaltungsfilm, wurde als Kontrolle eingesetzt. Die Untersuchung ergab als Folge der Vorführung des ersten Films einen signifikanten Zuwachs der Suizidvorstellungen für die Dauer von ungefähr zwei Wochen. Ein ähnlicher Wert wurde auch für Aggressivität und gereiztes Verhalten nach dem zweiten Film ermittelt. Beide Ergebnisse wiesen statistisch signifikante Unterschiede zum dritten Film auf.

## Das Suizidverhalten als medial vermittelter Nachahmungsprozeß: Methodologische und interpretative Grenzen

Manche der erwähnten Untersuchungen mußten sich mit nicht unwesentlichen methodologischen Problemen auseinandersetzen und lösten einige Zweifel über die Gültigkeit der ermittelten Ergebnisse aus. Es kann daher von Nutzen sein, die wichtigsten kritischen Einwände und die Antworten der Wissenschaftler zu zitieren. Ich glaube nämlich, daß das Verständnis der grundlegenden Einwände die Reflexion über die Erklärung des Phänomens der Nachahmungsprozesse erleichtern kann.

Eine erste methodologische Grenze ist durch den Einfluß von äußeren Faktoren gegeben, die die erhaltenen Resultate verfälschen können; einer der am häufigsten angeführten Faktoren ist dabei der Zeitraum. Betrachten wir zum Beispiel die Studien, die die Auswirkungen der Massenmedien in einer langen Zeitspanne (Monate oder Jahre) zu bewerten versuchen. Hier können die ansteigenden Suizidraten nicht so sehr vom Nachahmungsverhalten, sondern eher von typischen jahreszeitlichen Schwankungen im Suizidgeschehen abhängen. Aus der Literatur ist bekannt, daß es Zeiträume gibt, in denen die Werte im allgemeinen höher liegen (zum Beispiel um den Monat Mai herum), und andere, in denen sie eindeutig niedriger sind. (37; 38) Es ist also wichtig, daß die Ergebnisse immer mit den in gleichen kalendarischen Zeiträumen erhobenen verglichen werden, genauso wie sie analogen Daten gegenübergestellt werden müssen, die in der gleichen Jahreszeit sowohl *vor* als auch *nach* dem von den Medien berichteten Suizidfall ermittelt wurden: Sollte zum Beispiel die Suizidrate infolge einer Nachricht in den ersten Novembertagen meßbar angestiegen sein, muß nachgewiesen werden, daß sie über der vom November des vergangenen oder des darauffolgenden Jahres liegt.

Ein zweiter kritischer Einwand bezieht sich auf die Frage nach der individuellen Reaktion auf den Suizid, einen Tod, der jeden schmerzlich berührt: Man darf mit Sicherheit annehmen, daß es nicht so sehr die Nachricht vom Suizid eines Menschen ist, in diesem Fall einer öffentlich bekannten Persönlichkeit, die den Anstieg der Suizidrate bewirkt, sondern vielmehr das tiefe Gefühl der Trostlosigkeit, das jemanden beim Vernehmen der Todesnachricht befallen kann. Dieser Punkt kann aber geklärt werden, indem die Wirkung der Nachricht vom Tod einer berühmten Persönlichkeit, die nicht durch Suizid ums Leben gekommen ist, untersucht wird. Wenn nämlich die oben geäußerte Vermutung stimmt, müßte man auch in diesem Fall einen Anstieg der Suizidrate unmittelbar nach der Verbreitung der Nachricht feststellen können.

Ein letzter Einwand gegen die erwähnten Untersuchungen bezieht sich auf das Vorhandensein von A-priori-Bedingungen, die den ermittelten Zuwachs unabhängig von der Nachricht in den

Massenmedien verursacht haben können. Eines der Beispiele, das am häufigsten angeführt wird, betrifft die Entwicklung der Arbeitslosenrate. Es ist allgemein bekannt, daß eine Zeit großer ökonomischer Instabilität die Suizidrate negativ beeinflußt. In diesem Zusammenhang muß man sich aber vor Augen halten, daß eine durch die Massenmedien bedingte Zunahme erst nach der Verbreitung der Nachricht einsetzt, daß sie sich nur für einen kurzen Zeitraum zeigt und daß sie proportional zur Bedeutung ist, die dem Fall beigemessen wird. Dies sind jedoch offensichtlich Merkmale, die ziemlich wenig mit einem sich langsam und beständig entwickelnden Phänomen zu tun haben, wie es typisch ist für die Auswirkung ökonomischer Veränderungen auf die Gesundheit, die auch noch viele Jahre nach der Krise meßbar sind. (39) Auf jeden Fall ist die Überprüfung immer von Nutzen, ob im untersuchten Zeitraum nicht Faktoren – abgesehen vom Einfluß der Massenmedien – mitwirken, die die Suizidhäufigkeit in einer bestimmten Bevölkerungsgruppe erhöhen können.

Der letzte und häufigste Einwand gründet in der schon erwähnten Hypothese von Durkheim, nach der die Ansteckung durch Imitation ausschließlich als vorbereitender Faktor fungieren kann, der lediglich in der Lage ist, die Zeit zwischen der schon gefällten Entscheidung und der Ausführung zu verkürzen. In anderen Worten heißt dies, daß sich durch Nachahmung nur Personen umbringen würden, die bereits beschlossen hätten, dies zu tun. Wenn dem so wäre, wirft Phillips ein, müßte unmittelbar auf den Anstieg der Suizidrate eine ebenso rasche Abnahme folgen (aufgrund einer Art zeitweiligen Versiegens der Suizidpotentiale, und zwar ab dem Moment, in dem ein Teil derjenigen, die ohnehin schon entschieden haben zu handeln, die Zeit sozusagen verkürzten). Dies konnte aber nicht durch Daten belegt werden: Dem registrierten Anstieg nach der Nachricht in den Massenmedien folgte keine entsprechende Abnahme. Im Gegenteil, die Entwicklung der Suizidrate normalisierte sich eher auf dem schon vorher erreichten Niveau. Was man der Mehrheit der durchgeführten Untersuchungen und den Meinungen der beteiligten Forscher entnehmen kann, scheint also sowohl den klassischen Hypothesen von Durkheim als auch den meisten der neuesten Einwände zu widersprechen. Derzeit kommt man also nicht umhin, den Massenmedien eine äußerst wichtige Rolle bei der Entwicklung des Suizidphänomens, vor allem bei Jugendlichen, zuzuschreiben. Dennoch habe ich den Eindruck, daß in dieser Behauptung die Gefahr lauert, den Massenkommunikationsmitteln eine Macht zuzuschreiben, die noch erschreckender ist als die, die sie jetzt schon haben; die Resultate der angeführten Untersuchungen dürfen uns aber auch nicht verleiten, Zeitungen, Fernsehen, Kino und alles andere, ob gut oder schlecht, was unser Leben füllt, zu dämonisieren. Um mit diesem komplexen und widersprüchlichen Phänomen besser umgehen zu können, müssen wir noch einmal die experimentellen Bedingungen präzisieren, die uns sagen können, ob und in welchem Ausmaß wir von Wirkungen der Medien, die zum Suizid anregen, sprechen können. Diese Bedingungen sind folgende:

a) *Die Wirkung der Medien muß meßbar sein.* Das bedeutet, daß sie nicht auf Meinungen beruhen darf, sondern strengen statistischen Kriterien gehorchen muß.

b) Die Wirkung der Medien muß *in einem geographisch eingegrenzten Raum meßbar sein.* Gegenüber den Untersuchungen auf nationaler Ebene sind die in kleineren Einheiten (Städte, Regionen) durchgeführten Studien überzeugender. Wenn die Population weniger zahlreich ist, läßt sich die Informationsquelle (zum Beispiel Tageszeitungen oder lokale Fernsehsendungen) wirksamer kontrollieren und nachweisen.

c) *Der Zuwachs der Suizidrate muß eingeschränkt sein.* Auch wenn sehr relevante Zunahmen nachgewiesen wurden, übersteigt die Zuwachsrate im Durchschnitt nicht 8–10 %. Es muß betont werden, daß diese Prozentangabe nur für die vollzogenen Suizide gilt, während der Zuwachs für die Suizidversuche viel höher liegen kann, wie Gould und Shaffer (35) gezeigt haben. Dieser Anstieg muß in jedem Fall mit den für den gleichen Zeitraum des vergangenen Jahres ermittelten Werten verglichen werden. Um zweifelsfrei von Beeinflussung zu sprechen, darf die Latenzzeit, innerhalb der der Zuwachs an Suiziden gemessen wird, nicht ausgedehnt werden; jedenfalls überschreitet sie fast nie zwei Wochen.

d) Die ermittelte Zuwachsrate der Suizide muß mit der *Bedeutung, die die Medien dem Ereignis zuerkennen, korrelieren* (vor allem wenn es sich um den Suizid einer bekannten Persönlichkeit handelt). Man muß zum Beispiel wissen, ob die Meldung auf der ersten Seite veröffentlicht wurde, ob das Wort «Selbstmord» oder «Suizid» in der Schlagzeile des Artikels verwendet wurde, ob ein Bild der Persönlichkeit, die sich das Leben nahm, publiziert wurde usw.

e) Schließlich betrifft die wohl prägnanteste Bedingung den *Ähnlichkeitsgrad von den Personen in der Population*, für die eine Zuwachsrate an Suiziden gemessen wurde, mit den *von den Massenmedien beschriebenen Merkmalen des Suizidanten*. In anderen Worten: Je undeutlicher die Zugehörigkeit des Suizidanten zu einer bestimmten Population ist, desto schwerer ist es zu behaupten, daß ein Phänomen der Nachahmung vorliegt.

Nehmen wir das Beispiel der Fernsehserie *Tod eines Schülers*: Hier ist der Hauptdarsteller ein 19jähriger Weißer, der sich vor einen Zug wirft. Wenn wir also den Anstieg der Suizidrate unter allen Personen, die die Fernsehserie gesehen haben (oder von denen angenommen wird, sie hätten die Serie gesehen), feststellen wollen, würden wir uns auf eine Gesamtzahl beziehen, bei der wir zugeben müßten, daß in ihr zum Beispiel auch eine Person mitgezählt wurde, die dunkelhäutig und alt war und sich unmittelbar nach einer dieser Sendungen mit einem Revolver erschossen hat. Diese Auffassung kann ich aber nur schwer teilen. Wird hingegen die gestiegene Zahl der Suizide lediglich für die Population errechnet, die ähnliche Merkmale wie das Modell aufweist, und ähnelt die Ausführung des Suizids der von den Medien beschriebenen, dann nimmt die Hypothese vom Nachahmungsverhalten Gehalt und Glaubwürdigkeit an. Im Fall der Fernsehserie *Tod eines Schülers* konnte man tatsächlich diese Hypothese bestätigen, denn die Suizide stiegen bei jungen, weißen Männern an, die sich zudem auf die gleiche Art wie der Hauptdarsteller des Filmes das Leben nahmen.

Trotz der empirischen Nachweise, die in vielen zitierten Studien geführt wurden, und der methodologischen Grenzen, innerhalb deren diese Nachweise dennoch interpretiert werden müssen, bleiben meiner Meinung nach einige Fragen offen, die übrigens schon mehrere Male von Ronald Maris (40; 41), einem der bekanntesten amerikanischen Suizidexperten, gestellt wurden. Er behauptet nämlich, daß es nicht genüge, eine nach einer Mediennachricht erfolgte Zunahme von Suiziden zu belegen, sondern daß das Problem darin liege, die Gründe für diese Zunahme zu verstehen. Die wichtigsten Fragen bleiben also die folgenden: Wer ahmt den durch die Medien bekanntgemachten Tod nach und warum, wer hingegen macht das nicht und warum nicht? Welche sind die Merkmale, worin sich diese Personen unterscheiden? Der Großteil der von mir zitierten Untersuchungen beantwortet diese Fragen nicht ausreichend; nicht deshalb, so glaube ich, weil sie bedeutungslos sind, sondern vielmehr, weil die behandelte Materie so komplex ist. Mag es auch wahr sein, daß qualitative Studien fehlen, die genauer auf die mikrosoziale Ebene eingehen, so tut dies jedoch der Tatsache keinen Abbruch, daß die bis jetzt erzielten Resultate, vor allem was die Jugendlichen angeht, trotzdem dazu beigetragen haben, der Hypothese vom Suizid durch Imitation wissenschaftliche Grundlagen zu verleihen.

Diese meine Überzeugung ist vor kurzem durch eine Untersuchung bestätigt worden, die Gernot Sonneck und seine Mitarbeiter (42) in Wien durchführten. Zu Beginn der achtziger Jahre war eine besorgniserregende Zunahme von Suiziden in der U-Bahn zu verzeichnen (ein übrigens in vielen westlichen Großstädten sehr verbreitetes Phänomen); Tageszeitungen und lokale Fernsehsendungen berichteten schnell und ausführlich darüber. Sonneck und seine Mitarbeiter nahmen an, daß dieser tragische Anstieg in irgendeiner Weise mit dem von den Medien ausgelösten Aufsehen zusammenhängen könnte. Deshalb beschlossen sie einzugreifen; sie schlugen den Journalisten der Stadt eine Reihe von Treffen vor, um sie mit ihrer Hypothese bekannt zu machen und um die Möglichkeit zu prüfen, ob sich eine alternative Strategie anwenden ließe, die diesem Phänomen entgegenwirken würde. Es wurde also ein für alle Informationsmedien verbindlicher Kodex von Verhaltensweisen vereinbart, der binnen kurzem eine äußerst bedeutsame Wirkung zeitigte: Die Anzahl der Personen, die sich vor die U-Bahn warfen, verringerte sich auf jenen Durchschnittswert, der in der Zeit vor den vermehrten Suiziden registriert wurde. Interessanterweise übten die von den Journalisten getroffenen Vorkehrungen zumindest für einen bestimmten Zeitraum auch eine deutlich hemmende Wirkung auf das Phänomen des Suizids als Ganzes aus.

Die Bedeutung dieser Untersuchung und dieses Eingriffs liegt darin, daß es gelang, die Existenz einer Beziehung zwischen der Art der Information durch die Medien und ihrem Einfluß auf das Suizidverhalten *ex adiuvantibus* zu beweisen. Das wirft meiner Meinung nach eine fundamentale Frage auf: Wenn wir die Existenz und die Häufigkeit dieses Zusammenhanges hypothetisch voraussetzen, können wir dann annehmen, daß es mindestens zum Teil möglich ist, der der Nachahmung entspringenden Zunahme der Suizide vorzubeugen, indem man die Medien dazu anhält, die Art ihrer Berichterstattung zu ändern? In was kann jedoch diese Vorbeugung bestehen? Auf welche Weise muß auf die Medien eingewirkt werden, um den Nachahmungseffekt soweit wie möglich zu vermindern?

## Ist es möglich, über Suizide zu berichten, ohne sie dadurch auszulösen?

Kehren wir zu den drei Jugendlichen aus Prad zurück, die ich weiter oben erwähnt habe. Es besteht kein Zweifel, daß vor dem Hintergrund dessen, was in diesem Kapitel angesprochen wurde, etwas in der Art und Weise, wie die italienische Berichterstattung dieses Ereignis behandelte, nicht funktionierte: Vielleicht waren es Oberflächlichkeit und Leichtsinn, aber vielleicht war es auch die Unkenntnis über die Reichweite von Desinformation. Die Tatsache, daß die durch Autoabgase ausgeführten Suizide Jugendlicher zunahmen, läßt keinen Raum für Unklarheiten. Das Problem ist jedoch ein anderes: Was hätten Zeitungen und Fernsehen machen können/müssen? Die Wiener Forscher demonstrierten eindrucksvoll, daß man zwei Notwendigkeiten, die dem Anschein nach im Widerspruch stehen, miteinander verbinden muß und kann: das Recht auf Berichterstattung (oder die Freiheit, jedwedes Thema aufzunehmen, auch wenn es noch so heikel ist) und den Anspruch, die Nutznießer der Kommunikationsmittel, vor allem wenn es sich um junge Menschen handelt, nicht negativ zu beeinflussen.

Übrigens haben sich viele Redaktionen in Fernsehanstalten (neben den erwähnten österreichischen auch einige amerikanische und holländische) und Redaktionen von Tageszeitungen (vor kurzem wurde eine entsprechende Übereinkunft im Verband der Herausgeber der wichtigsten Tageszeitungen in den USA erzielt) zu überdenken bemüht, wie dieses Thema üblicherweise behandelt wird, und auf den Rat von Experten hin vereinbart, sich an einige fundamentale Regeln zu halten; auch eine von der Weltgesundheitsorganisation eigens dafür gegründete Kommission hielt diese für angemessen und sehr wirksam. Ihre wichtigsten Punkte sind:

a) den Suizidfall *nicht «romantisieren»*: Jeder Verweis auf Fakten und Umstände, die den Suizid zu einer positiven und akzeptablen Handlung werden lassen, muß vermieden werden. Zum Beispiel sollen zu deutliche und zu detaillierte Hinweise auf den Zusammenhang zwischen dem Suizid und dem Ende einer Liebesgeschichte vermieden werden: Dadurch würde eine Situation ausgemalt, mit der sich viele Jugendliche identifizieren können und die den Suizid als einen verständlichen und gerechtfertigten Ausweg erscheinen läßt;

b) Meldungen über Suizide *nicht auf der ersten Seite publizieren* (oder unter die ersten Berichte in den Fernsehnachrichten aufnehmen);

c) *keine Fotografie des Opfers veröffentlichen*, denn das vereinfacht die Identifikation des Lesers (oder des Zuschauers) mit dem Suizidanten;

d) *die Wörter «Suizid», «Freitod» usw. im Titel der Meldung vermeiden;*

e) das Thema darf in den unmittelbar auf die Meldung folgenden Tagen nicht noch einmal behandelt werden, denn dies würde zu einer unnützen Aufwertung der Todesnachricht führen;

f) *keine Berichte über Details der Ausführung des Suizids*. Diese Informationen können nämlich Methoden der Ausführung suggerieren, die vorher nur latent in der Absicht des Betroffenen lagen. Das ist vor allem dann von großer Bedeutung, wenn das verwendete

Mittel unüblich (regt die Neugierde an) oder schmerzlos (wie zum Beispiel die in den Innenraum des Autos geleiteten Abgase) ist.

Viele Forscher haben die Erfahrung gemacht, daß diese einfachen Regeln, wenn sie durchgängig eingehalten werden, dazu beitragen können, die Nachahmungseffekte des Suizidverhaltens zu verringern, ohne dabei dem Bürger die notwendige Berichterstattung über Tatsachen und die Nachrichten, auf die jeder ein Recht hat, vorzuenthalten.

Unter dieser Voraussetzung ergibt sich eine letzte Frage: Gilt dieselbe Argumentation auch für die Fiktion? In diesem Fall wird sicher nicht das Recht auf Information in Frage gestellt, sondern vielmehr die kulturelle Freiheit. Wenn die Mitarbeiter in den Massenmedien über die Macht der Manipulation und der Anregung zur Nachahmung von Verhaltensmodellen Bescheid wüßten, könnte man vielleicht auch auf diesem Gebiet die Qualität der medialen Botschaften verbessern, ohne dadurch die Inhalte zu beschneiden.

Obwohl jeder Versuch, zu informieren und überzeugend dagegenzureden, lobenswert ist, glaube ich trotzdem, daß niemand, nicht einmal der beste aller Experten, das Recht hat, etwas durchzusetzen, das als eine Art Patentrezept erscheinen kann und als solches in der Lage ist, jedwedes Risiko aus dem Leben eines jungen Menschen zu entfernen, auch wenn es in der Absicht geschieht, ihn umfassend zu schützen (was ohnehin sehr unwahrscheinlich ist). Überdies ist nach Ronald Maris ein Leben ganz ohne Risiken der Gegensatz des Wachsens.

# **5** Die Vorahnung des Absurden

*Zur Einschätzung des Suizidrisikos*

> *Was soll das alles? Ich schaue um mich, und alles, was ich sehen kann, sind eine Schule und eine Welt, die beide auch ohne mich weitermachen können. Ich bin zufällig auf die Welt gekommen. Mein Tod, dessen bin ich mir sicher, wird sich nicht verspäten. Jeden Tag habe ich versucht, den Sinn von all dem zu verstehen, aber da ist kein Sinn. Auch wenn die Kriege schon geführt worden sind, mein Kampf muß noch kommen. Wenn ich die Augen schließe, verschwindet der Schmerz, wenn ich sie öffne, taucht er wieder auf. Ich habe versucht, nicht zu schreien, es hätte jedoch nichts genützt, ich bin verloren in diesem Gedränge. Ihr könnt nicht so tun, als ob ihr nicht sehen würdet, daß ich nicht lebe. Aber ich werde überleben, solange mein Leben an mir kleben bleiben wird.*

> Hinterlassene Notiz von Teri,
> die sich mit 15 Jahren das Leben nahm.
> Zitiert in A. L. Berman und D. A. Jobes:
> Adolescent Suicide: Assessment and Intervention, 1991

## *Der Krebs im Sand*

Ich fühle mich verpflichtet, jedem, der mit einem Menschen in Verbindung steht, der sich das Leben nehmen will, Hilfe und Hoffnung zu geben. Dieser Vorsatz wird dem Leser theoretisch, wenn nicht sogar naiv erscheinen, denn viele Menschen glauben tatsächlich, daß der Suizid ein völlig unvorhersehbares Ereignis sei. Und doch sind Suizididee und Suizidabsicht – vor allem bei Jugendlichen, wofür die Geschichte von Teresa ein Beispiel liefert – nicht ausschließlich in das Bewußtsein dessen verbannt, der darüber nachdenkt, ebensowenig sind sie getrennt von seinem alltäglichen Handeln oder sind in seiner Persönlichkeit verborgen, wie Krebse im Sand, die so plötzlich aus ihrem Versteck hervorschießen können, daß sie jeden unvorbereitet antreffen. Die Tatsache, daß wir oft nicht in der Lage sind, die Motive zu verstehen, die einen Menschen dazu führen, seinem Leben ein Ende zu setzen, bedeutet nicht, daß es diese Motive nicht gibt, sondern nur, daß wir nicht fähig sind, sie zu entdecken und rechtzeitig zu begreifen.

Ich will sicher nicht noch einmal jene simplen Erklärungen vortragen, die von der hochmütigen Allmacht bis zum trostlosen Fatalismus reichen und die der Untersuchung selbstzerstörerischer Verhaltensweisen so sehr geschadet haben, noch will ich die Existenz des vernünftig überlegten Suizids verneinen, für den ich ohnehin mit Überzeugung eintrete. Aber einem Menschen das Recht zuerkennen, sich in voller Freiheit und bei vollem Bewußtsein für den Tod zu entscheiden, impliziert nicht unbedingt, daß man nicht eingreifen muß, auch enthebt diese Haltung weder den einzelnen noch die Gesellschaft vollständig der Verantwortung. Wenn folglich jeder in diesem Bereich eine Aufgabe übernehmen kann und muß, dann muß er wissen, wie: Dies setzt aber in erster Linie die Fähigkeit voraus, daß er die drohende Gefahr bewerten kann.

Eine zutreffende Einschätzung des Suizidrisikos ist aber unmöglich, bevor nicht einige immer wieder auftauchende Gemeinplätze aus dem Weg geräumt sind, die ein richtiges Verständnis des Phänomens verhindern.

## Vorurteile, Gemeinplätze, Mißverständnisse und Vereinfachungen

Über den Suizid kursieren zahlreiche Vorurteile. Sie entstammen einer instinktiven Verteidigungshaltung, von der sie auch genährt werden. Diese bewirkt, daß die Öffentlichkeit, die oft durch die Massenmedien unbeholfen informiert wird, Distanz zu einem erschütternden Ereignis einnimmt. Vorurteile und Gemeinplätze sind aber auch verkürzte Erklärungen und Vereinfachungen, die vor der durch die Komplexität des Suizids ausgelösten Angst schützen sollen. Wenden wir uns jenen Mißverständnissen zu, die in der öffentlichen Meinung am weitesten verbreitet sind.

● Wer sich umbringen will, läßt seine Absicht nie durchscheinen.

Dieser Satz berührt ein grundlegendes Problem für die Einschätzung des Suizidrisikos. Wenn sich ein Jugendlicher das Leben nimmt, greift der Mann auf der Straße sehr oft zu Phrasen wie «Das hätte auch jeder andere Jugendliche sein können», als ob er betonen wolle, daß die Entscheidung, sich umzubringen, ein Blitzschlag aus heiterem Himmel sei, eine ohne Vorwarnung begangene Tat, die vom Leben dessen, der sie begangen hat, gänzlich losgelöst ist. Das Gegenteil ist der Fall, denn, wie ich schon angemerkt habe und wie ich weiter unten ausführen werde, dem Suizid wie auch dem Suizidversuch gehen im allgemeinen eine Reihe von Signalen voraus, die, wenn sie rechtzeitig erkannt werden, denjenigen vorbeugend warnen können, der eine engere Beziehung zu dem gefährdeten Menschen unterhält.

● Wer sich umbringt, ist geistesgestört.

Wir haben es hier mit einem Gemeinplatz zu tun, der dem eben beschriebenen entgegengesetzt ist. Die Tautologie, die in der Natur des Suizids eine psychisch gestörte Handlung sieht, stellt eine alte Untugend der modernen Psychopathologie dar. Sie beschränkte sich allzuoft auf die Beteuerung, daß die Mehrheit der Personen, die sich das Leben nimmt, an einer psychischen Störung leide, ohne jedoch beweisen zu können, daß diese psychische Störung die wirkliche Ursache der Tat ist. Auch das Abstreiten der Möglichkeit eines vernünftig überlegten Suizids – und dies ist eine weitere der Unkenntnis entspringende Einstellung – verhinderte, daß die Psychiatrie in den letzten Jahren das erstrebte Ziel erreichte, die ansteigende Tendenz der Suizide zu brechen.

● Manchmal kann auch ein unbedeutender Vorfall der Grund für einen Suizid sein.

Oft liest man in den Zeitungen: «Schüler nimmt sich das Leben nach Mißerfolg in der Schule.» Man betont auf diese Weise den impulsiven Aspekt der Handlung (journalistisch «Kurzschlußreaktion») und unterschätzt dabei die Wechselwirkung mit den kognitiven Aspekten, die an charakterliche Merkmale (und nicht an die des

Zustandes) der Persönlichkeit gebunden sind, auf vorbereitende Faktoren für das Suizidrisiko verweisen und lange schon im Leben dieses Menschen vorliegen. Im impulsiven Suizid verbirgt sich aber immer und in jedem Fall ein sehr altes Unbehagen, das manchmal so alt ist, wie das Opfer selbst.

● Man bringt sich erst dann um, wenn die eigene existentielle Situation so bedrückend ist, daß sie keine Alternative mehr zuläßt.

Damit diese Behauptung unbedingte Gültigkeit haben kann, müßten wir einen allgemein anwendbaren Maßstab für den Wert des Lebens und für das Festhalten an ihm besitzen. Auch wenn oft nachgewiesen wurde, daß die Gewißheit, an einer unheilbaren Krankheit zu leiden – wie es seit neuestem auf die Aidskranken zutrifft (1; 2) –, die Suizidgefahr vergrößert, reagieren trotzdem nicht alle Betroffenen in derselben Weise auf ähnliche Lebensumstände. Das, was zählt, sind die unterschiedlichen individuellen Fähigkeiten, mit den Gegebenheiten fertig zu werden. Dann erübrigt es sich vielleicht, daran zu erinnern, daß sich auch Menschen das Leben nehmen, die sich nicht in ähnlich bedrückender Lage befinden und die nicht ohne Alternativen dastehen.

● Wer Angst vor dem Suizid hat, nimmt sich nicht das Leben.

Viele meinen, daß Suizidversuche oft nur deshalb ausgeführt werden, um ein bißchen Aufmerksamkeit auf sich zu lenken, daß die Betreffenden aber letztlich nicht den Mut haben, bis zum Äußersten zu gehen. Spiegelbildlich dazu meinen sie aber auch, daß derjenige, der sich wirklich umbringen will, dies auch tut – und damit Schluß. Diese Meinung widerlegen die epidemiologischen Daten, sie weisen nach, daß über zwei Drittel der Suizidanten ihre Absicht vorher mitteilen. (3)

● Wenn einer sich wirklich umbringen will, tut er dies auch früher oder später.

Das ist die Überzeugung desjenigen, der glaubt, daß die Suizidabsicht ein Prozeß sei, den nichts aufhalten oder beeinflussen könne, etwas, das ohne Unterlaß an der Seele des Unglücklichen nagt.

Wenn es wahr ist, daß der Ausführende eines Suizidversuchs (dies ist das Signal, das für gewöhnlich als das besorgniserregendste gilt) ein erhebliches Risiko eingeht, in den folgenden Monaten und Jahren durch Suizid zu sterben, so ist es andererseits auch wahr, daß das, was diese beiden Ereignisse verbindet, ein mühseliger und schmerzvoller Prozeß ist, der aber nicht unbedingt linear verlaufen muß und auf den man einwirken kann, um den Ausgang zu verändern.

● Die Suizidneigung ist erblich.

Wie ich schon im ersten Kapitel vermerkt habe, sind die bei eineiigen Zwillingen durchgeführten Untersuchungen, die auch dieser Annahme zugrunde liegen, Gegenstand begründeter Kritik sowohl auf theoretischer als auch auf methodologischer Ebene. (4) Oft verwechselt die öffentliche Meinung den Begriff «Familieneigentümlichkeit» mit dem der genetischen Übertragung. Dabei handelt es sich aber um zwei gänzlich verschiedene Begriffe. Das, was eine Handlung wie den Suizid beeinflussen kann – und allein in diesem Sinne kann man von Familieneigentümlichkeit sprechen –, ist ein adaptiertes und das Verhalten prägendes Muster, das kulturell von den Eltern und im allgemeinen von der familiären Umgebung weitergegeben wird. Wir dürfen andererseits nicht vergessen, daß bei einer großen Zahl von Personen, die sich das Leben nehmen, keine Suizidfälle in der Familie vorliegen.

● Man darf mit einer depressiven Person nicht über Suizid sprechen, denn das könnte ihre Neigung, ihn auszuführen, noch verstärken.

Allzuoft wird die Suizididee mit Scham erlebt, was die Gefahr in sich birgt, daß sich die betroffene Person noch mehr isoliert und sich für nicht normal hält. Auf diese Weise nehmen ihre Probleme riesige Ausmaße an und erscheinen irgendwann als unlösbar. Das Gespräch darüber befreit von einem schmerzlichen Gefühl der Kommunikationslosigkeit, gleichzeitig werden das unvermeidliche Mißtrauen und die starre Abwehr überwunden: Über den Suizid sprechen, kann in dieser Situation bedeuten, ein Tabu zu brechen und die betroffene Person anzuhalten, an die eigenen Probleme zu denken, ohne das Alibi, dies seien anormale Erlebnisse.

Vorurteile und Gemeinplätze über den Suizid tauchen häufig in der öffentlichen Meinung auf, aber auch unter den Fachleuten – oder unter denen, die sich aus verschiedenen Gründen beruflich für das Suizidverhalten interessieren – liegen einige Mißverständnisse vor.

● Die Mehrheit der Personen, die einen Suizid versucht hat, wird dies ein weiteres Mal tun.

Dem ist nicht wirklich so: 66 % der Personen, die sich das Leben nahmen, hatten es vorher nie versucht, auch wenn, wie ich schon gesagt habe, ein Großteil von ihnen über längere Zeit Suizidideen hatte. Wenn sich also die in diesem Feld Tätigen nur auf jene Personen beziehen, die in der englischsprachigen Literatur *repeaters* genannt werden, dann ist der Rahmen ihrer Arbeit zu stark eingegrenzt. Die Vorbeugung, hier die sekundäre Prävention, wird in dieser unbequemen Erkenntnis verankert.

● Wenn man eine Besserung des Zustandes einer Person mit Suizidversuch feststellt, so bedeutet dies, daß sich das Suizidrisiko bei ihr verringert hat.

Hier muß man sehr vorsichtig sein. William Fremouw und seine Kollegen (5) machten darauf aufmerksam, daß die Besserung der Symptome einer Depression zwar an einen günstigen klinischen Verlauf denken lassen kann, sie kann aber auch anzeigen, daß der Betroffene sich erleichtert fühlt, weil er die endgültige Entscheidung gefällt hat. Es ist also angebracht, daß Psychologen oder Sozialarbeiter den Patienten befragen und dabei immer wieder auf seine Suizidabsicht zurückkommen, auch wenn die depressive Symptomatik langsam nachläßt.

● Es gibt zwei Typen von Suizidverhalten: der Wille, wirklich zu sterben, und die Absicht, seinen Mitmenschen etwas mitzuteilen.

Bei dieser Aussage handelt es sich um eine typische Vereinfachung, denn Suizidverhalten – in besonderer Weise bei Jugendlichen – ist

nie ohne Ambiguität und folglich nicht nach bequemen Dichotomien klassifizierbar. Es gibt Menschen, deren Suizidabsicht fest verankert ist und die trotzdem klägliche Appelle aussenden, um gerettet zu werden; hingegen können andere, die ein Suizidverhalten
ohne manipulative Aspekte wiederholen, unerwartet eine selbstzerstörerische Tat ohne Ausweg wählen.

● Die Suizididee, der Suizidversuch und der vollendete Suizid stellen ein «Kontinuum» der Ernsthaftigkeit eines psychopathologischen Zustandes dar.
Wie ich im ersten Kapitel aufgezeigt habe, ist der Gedanke an den
Tod eine der üblichsten Erfahrungen unserer Existenz. Trotzdem ist
nicht vorauszusetzen, daß ein Mensch mit Suizidabsichten vorher in
für ihn bedeutsamer Weise an den Tod gedacht hat (dies gilt besonders für Jugendliche), noch kann man behaupten, daß jemand, der
einen Suizidversuch ausführt, eine Suizidabsicht hatte. Ein noch
größerer Unterschied besteht zwischen jemandem, der einen Suizid
versucht, und demjenigen, der sich das Leben nimmt: Wie bereits
erwähnt, werden Suizide viel häufiger von Männern und in fortge-
schrittenem Alter begangen, die Suizidversuche hingegen von
Frauen und in jüngeren Jahren. Noch kritisierbarer scheint die
These, die im Suizid den Endpunkt eines psychopathologischen
Prozesses sieht, der mit der Suizididee einsetzt. Dies widerspricht
sowohl der oben deutlich herausgestellten geringen Häufigkeit des
Übergangs von der Idee zum Versuch und weiter zum Suizid selbst
als auch der Anerkennung des Suizids aus Vernunftgründen.

## Individuelle Charakteristiken und Risikofaktoren, die den Suizid Jugendlicher beeinflussen

Beim Versuch, Mißverständnisse zu klären und Vereinfachungen zu
entkräften, stelle ich jedoch fest, daß ich demselben Fehler verfalle,
wie all jene, die nur sagen können, was man bei der Suizidvorbeugung nicht machen oder denken darf, aber keine konstruktiven

Vorschläge äußern. Wenn wir über die Einschätzung des Suizidrisikos sprechen, ist es jedoch nach meiner Meinung notwendig, diese Logik des Negativen umzukehren und sie positiv auf eine pragmatischere und konkretere Vision auszurichten.

Obwohl die dem Thema Suizid innewohnenden Grenzen der Erkenntnis und des Handelns als unbestreitbar vorausgesetzt werden können, will ich versuchen, auf eine zentrale Frage zu antworten: Ist das Suizidrisiko vorhersagbar? Ich akzeptiere dieses Fragezeichen als Herausforderung, und – obwohl ich damit rechne, daß es mir nicht gelingen wird, die anspruchsvolleren unter meinen Lesern zufriedenzustellen – ich werde versuchen, eine Reihe möglicher Szenarien und ihnen entsprechender konkreter Lösungen zu entwerfen.

Um dieser Herausforderung zu genügen, ziehe ich es vor, von den wichtigsten Faktoren der Suizidgefahr bei Jugendlichen auszugehen, wobei ich die Faktoren ausnehme, die sich auf psychopathologische Charakteristika und Persönlichkeitsmerkmale beziehen, da sie bereits im ersten Kapitel behandelt wurden.

### Beziehungs- und Verhaltenscharakteristika, kognitive Merkmale

Es ist bekannt, daß die *Einsamkeit* eine der häufigsten Bedingungen für die Suizide Jugendlicher bildet. Trotzdem muß betont werden, daß hier unter Einsamkeit eine emotionale wie auch soziale Isolierung verstanden wird. Einige Autoren haben nämlich nachgewiesen, daß im Leben eines Jugendlichen mit Suizidverhalten nicht so sehr das Fehlen freundschaftlicher Beziehungen am schwersten wiegt, sondern vielmehr, daß sie keine wahren Freunde haben, denen sie sich anvertrauen und denen sie vertrauen können. (6; 7) Wenn wir bei unseren Untersuchungen Jugendliche fragen, ob und wie viele Freunde sie haben, antworten sie meistens, daß sie viele hätten; aber wenn wir sie dann nach den Namen derjenigen fragen, mit denen sie regelmäßig telefonieren oder denen sie ein Geheimnis anvertrauen würden, wurden die Antworten sofort ausweichend. Das bedeutet also, daß es bei der Feststellung, ob eventuell ein Risiko vorliegt, nicht so wichtig ist, der allgemeinen Wahrnehmung von sozialer Isolierung nachzuspüren, denn gewöhnlich ist diese bei Jugendlichen recht ungenau und oberflächlich, sondern vielmehr das wirkliche Ausmaß sozialer, affektiver und emotionaler Unterstützung zu untersuchen, die ein Freundschaftsnetz mit sich bringt.

Die Isolierung kann bei Jugendlichen mit Suizidrisiko noch viel dramatischere Ausmaße annehmen: Viele von ihnen (jedenfalls eine größere Anzahl im Vergleich zu den Gleichaltrigen, die kein selbstschädigendes Verhalten zeigten) erlitten das Trauma, in der frühen Kindheit verlassen worden zu sein (8), während die Einsamkeit andere zu Mißbrauch von Alkohol und Drogen trieb. (9)

Viele Autoren stimmen darin überein, daß sich bei diesen Jugendlichen ernste Anpassungsschwierigkeiten und schulische Probleme zeigen. Peck zum Beispiel wies nach, daß mindestens 50 % von ihnen beachtliche Schwierigkeiten mit dem schulischen Lernen hatten. (10)

Ein anderes Verhaltensmerkmal von großem Interesse bei der Untersuchung von Jugendlichen mit hohem Suizidrisiko kann im *häufigen Abhauen und Fliehen von zu Hause* gesehen werden. Die amerikanische Forscherin Stiffman (11) errechnete, daß in der Stadt St. Louis über 30 % der Jugendlichen, die ihr Zuhause verließen, einen Suizidversuch unternommen hatten; insbesondere war der Mißbrauch von Alkohol und Drogen unter diesen Jugendlichen (es handelt sich vor allem um Mädchen) bedeutend häufiger anzutreffen als bei Gleichaltrigen ohne Suizidversuch.

Ich möchte auf einen letzten Aspekt eingehen, der in der Literatur nur selten angeführt wird, aber auch für Jugendliche in Italien von großer Bedeutung ist. Gemeint sind jene Jugendlichen, die sich in religiöse Sekten unterschiedlicher Ausrichtung flüchten, nachdem sie sich vorzeitig und traumatisch von der Familie getrennt haben. Vor kurzem hoben einige kanadische Wissenschaftler den hohen Prozentsatz an Suizidversuchen unter den in diese Art von Gemeinschaft aufgenommenen Jugendlichen hervor. (12) Unsicherheit und psychische Labilität, die Eigenschaften derer, die in charismatischen Figuren – den Gurus und falschen Heiligen, die diese Sekten leiten – einen Familienersatz suchen, addieren sich in diesen Fällen zu den Umwelt- und Familienfaktoren, die von sich aus schon stark für selbstentwertendes und selbstschädigendes Verhalten disponieren.

Neben den Verhaltensmerkmalen nehmen die kognitiven Kennzeichen eine sehr wichtige Rolle in den psychischen Dynamiken ein, die zum Suizid führen können. Viele Autoren haben einige der kognitiven Kennzeichen der jugendlichen Suizidanten hervorgehoben: Ihre Gedanken scheinen oft wie polarisiert, so als ob sie daran gewöhnt seien, in starren Dichotomien zu denken. Diese Haltung erschwert das Lösen von Problemen (13; 14), weil sie laut Berman und Jobes (15) bewirkt, daß die betroffene Person nur eine geringe Spannweite von Alternativen benützt und daher impulsiv denkt.

Schließlich stellten Tishler und seine Mitarbeiter (16) fest, daß Jugendliche mit Suizidneigungen eine ausgesprochene Unfähigkeit zeigen, ihre Umwelt zu kontrollieren. In einigen Fällen kann dies zu einer mangelhaften Ausbildung des rationalen Denkens führen, mit deutlichen Anzeichen für psychotische Interpretationen. Obwohl interessant als Beschreibungen, erlauben uns diese letzten Anmerkungen nicht, zwischen Ursachen und Wirkungen zu unterscheiden: Es ist in der Tat schwer abzuwägen, ob die kognitiven Kennzeichen (mangelnde Kontrolle über die Umwelt) das Suizidverhalten hervorrufen oder ob das Suizidverhalten eine fortschreitende Ablösung von der Realität mit sich bringt.

*Familiäre Kennzeichen*
Die Familie des jugendlichen Suizidanten ist seit vielen Jahren Gegenstand von Untersuchungen. Verschiedene Autoren wiesen nach, daß sie durch einen geringen inneren Zusammenhalt charakterisiert ist, ebenso sind ihre Mitglieder affektiv weniger stark in sie eingebunden als dies bei gleichaltrigen Jugendlichen der Kontrollgruppe der Fall ist. (17; 18) Die beiden bekannten amerikanischen Forscher Pfeffer (19) und Shafii (20) vertreten die durch eine Reihe von Studien bestätigte Auffassung, daß die Familien von jugendlichen Suizidanten in zwei Typen eingeteilt werden können:
a) *die gestreßte Familie*, in der negative Vorfälle (der Verlust von Verwandten oder Freunden, Tod, Trennung oder Scheidung) eine Reihe von Veränderungen in den inneren Beziehungen ausgelöst ha-

ben, die für den Jugendlichen schwerwiegende negative Auswirkungen auf der Ebene der emotionalen Unterstützung bedeuteten;
b) *die problematische Familie*, deren Nichtfunktionieren von einer Anhäufung psychopathologischer Probleme (Anwesenheit von depressiven Personen, Alkohol- und Drogenmißbrauch) herrührt; sehr oft stößt man in diesen Familien auf Gewalttätigkeit gegenüber Schwächeren (einschließlich der sexuellen Belästigung und des Mißbrauchs).

## Streßerzeugende Ereignisse und Sexualität

Die Erforschung streßerzeugender Ereignisse bei jugendlichen Suizidanten bietet – aufgrund ihres geringen Alters – natürlich eingeschränktere Möglichkeiten, einen unter Umständen vorhandenen Zusammenhang mit autodestruktivem Verhalten festzustellen, als dies bei der Untersuchung Erwachsener der Fall ist. Trotzdem förderten die Untersuchungen dieses Aspektes interessante Ergebnisse zutage. Nach einigen Autoren (21; 22; 23) erlebten die Jugendlichen, die sich das Leben zu nehmen versuchten, in den sechs Monaten vor der Tat ein äußerst negatives Ereignis. Aus der von Rubenstein und seinen Kollegen (24) durchgeführten Studie geht hervor, daß das gemessene Streßniveau in einer Stichprobe von College-Studenten mit Suizidverhalten um ein Drittel höher lag als bei der Kontrollgruppe. Wie schon einige Male angemerkt, sind die häufigsten traumatisierenden Erfahrungen *(stressors)* die Trennung bzw. die Scheidung der Eltern oder die neue Liebesbeziehung eines Elternteils; auch eine familiäre Umgebung, in der dies nicht vorkommt, die aber von einem Klima dauernder Spannung geprägt ist, kann ein streßerzeugender Faktor sein und im Jugendlichen das Gefühl der Zurückweisung wachrufen, die er als Mangel an emotionaler Zuwendung erlebt. Diese Gefühle können ihrerseits zu mangelnder Selbstachtung führen, diese kann wiederum Verhaltensweisen der Gegenaggression hervorrufen. Der so entstandene Teufelskreis vermindert die Fähigkeit des Jugendlichen, mit Problemen und negativen Situationen fertig zu werden, und führt ihn dazu, sich schuldig zu fühlen und Gefühle wie Neigungen, die auf persönliche und soziale Befreiung zielen, nach innen zu wenden.

Auch die Sphäre der Sexualität, im besonderen die der *Homose-xualität*, kann für die Jugendlichen einen in diesem Zusammenhang wichtigen und bemerkenswerten Streßfaktor bilden, der mit dem Suizidverhalten verbunden ist; dieser Streßfaktor ist allerdings noch wenig erforscht. Aus einer von Arci-Gay vor einigen Jahren in Italien durchgeführten Untersuchung ging tatsächlich hervor, daß die Mehrheit der Personen, die mit einer Suizididee leben, die Ent-deckung ihrer Homosexualität als traumatisch erlebten oder auf-grund ihrer Neigung sexuell belästigt wurden. (25) Diese Tatsache bestätigt erneut das Ergebnis aus der bekannten Untersuchung von Bell und Weinberg (26) in den Vereinigten Staaten: Während der Prozentsatz der Suizidversuche unter heterosexuellen Männern 3 % betrug, stieg er unter den homosexuellen auf 18 %. Je jünger die Betroffenen sind, desto mehr bestätigen sich diese Prozentsätze. Eine andere amerikanische Studie über Jugendliche im Alter um 20 Jahre weist nach, daß 32 % der untersuchten Personen Suizidversu-che unternommen hatten. Die streßauslösenden Ereignisse, die die Homosexualität mit selbstzerstörerischem Verhalten in Verbin-dung bringen, variieren je nach Geschlecht: Bei den jungen Frauen hängt das Trauma vor allem mit dem Bruch einer Beziehung zusam-men, während es bei den Männern häufiger von der Entdeckung homosexueller Neigungen und dem damit zusammenhängenden Konflikt mit den Eltern ausgelöst wird. Das bewirkt wiederum auch Unterschiede im Alter, in dem sich erste autodestruktive Ver-haltensweisen zeigen (frühzeitiger bei Männern). Eine detailliertere Analyse dieser Personen bringt eine Reihe von interessanten Merk-malen ans Licht: Viele von ihnen litten an Problemen, die mit ihrer Sexualität zusammenhingen, bis hin zu Belästigungen und Miß-brauch; sehr häufig erlebten sie eine zutiefst unglückliche und isolierte Kindheit.

Ein anderer Aspekt, der häufig beim Sexualleben der suizidge-fährdeten Jugendlichen außer acht gelassen wird, betrifft die Ver-wirrung zwischen den *sexuellen Identitäten*. Gewöhnlich glaubt man, daß diese Verwirrung entsteht, wenn man die eigene Homose-xualität zu erleben beginnt, für die es in unserer heterosexuellen Gesellschaft kein wirkliches Verständnis gibt, das über ein normalisierendes Akzeptieren hinausgeht. Aber auch ein anderer Aspekt, und zwar die Transsexualität, muß erforscht werden. Dies ist ein Gebiet, in das erst wenige Untersuchungen eingedrungen sind. Trotzdem belegen die wenigen Daten, die bis jetzt erhoben wurden, daß die Transsexuellen, die noch als Mann leben, sehr viel häufiger Suizidversuche unternehmen als jene Personen, die schon ein Leben als Frauen oder als männliche Homosexuelle führen. (27) Die in englischen und amerikanischen Forschungen vorliegenden Schätzungen der Häufigkeit von Suizidversuchen unter Transsexuellen zeigen, daß sie mehr als doppelt so hoch ist wie die sowohl für weibliche als auch für männliche Homosexuelle errechnete: Sie erreicht tatsächlich 50–60 % bei den untersuchten Personen. (28; 29)

Schon einige Male habe ich erwähnt, daß *sexuelle Gewalt* neben der physischen als einer der wichtigsten Streßfaktoren bei der Untersuchung des Suizidverhaltens unter Jugendlichen erscheint. Viele Untersuchungen wiesen tatsächlich eine hohe Korrelation nach zwischen physischen Gewaltakten während der Kindheit oder in der ersten Adoleszenz und dem in späteren Jahren sich äußernden selbstschädigendes Verhalten. (30; 31) Aus einer dieser Erhebungen ging hervor, daß 60 % einer Stichprobe australischer Jugendlicher mit Suizidversuch physische Gewalt erlitten hatten; in der Kontrollgruppe waren es hingegen nur 4 %. Dennoch ist es für die Bewertung des Suizidrisikos ergiebiger, diese Daten im entgegengesetzten Sinn zu analysieren: Danach haben 86 % der Jugendlichen, die Opfer von physischer Gewalt wurden, in den unmittelbar folgenden Jahren einen Suizid versucht; 14 % der Jugendlichen mit Suizidversuch hatten keine traumatische Erfahrung gemacht. Man kann also behaupten, daß das Suizidrisiko für Personen, die physische Gewalt erlitten haben, sechsmal höher ist, als für jene, die davon nicht betroffen sind. Physische Gewalt ist demnach ein sehr wichtiger Risikofaktor, auch im Vergleich mit anderen belastenden Erfahrungen, die für die Entwicklung eines Jugendlichen äußerst bedeutsam sind, wie zum Beispiel das Verlassenwerden.

Der sexuelle Mißbrauch stand im Mittelpunkt des Interesses vieler Forscher, die sich mit der Untersuchung der Risikofaktoren für den Suizid Jugendlicher beschäftigt haben. Herman und Hirschman verglichen eine Gruppe von Frauen, die ein inzestuöses Verhältnis mit ihren Vätern erlitten hatten, mit einer Gruppe von Frauen, die zwar Opfer sexueller Gewalt geworden waren, aber nicht des Inzests: In der ersten Gruppe zeigten 38 % ein selbstschädigendes Verhalten, in der zweiten 5 %. (32) Andere Autoren sind davon überzeugt, daß gerade der sexuelle Mißbrauch eines der Ereignisse ist, das am häufigsten das Suizidverhalten von Mädchen zwischen 14 und 16 Jahren beeinflußt. (33) Diese Untersuchungen sind aber unter methodologischen Gesichtspunkten sehr heikel, da in den Familien dieser Jugendlichen viele Probleme vorliegen (innere Konflikte, Alkoholismus, physische Gewalt) und die Abgrenzung eines einzigen Risikofaktors auf große Schwierigkeiten stößt.

Die wenigen Untersuchungen über das Phänomen der sexuellen Gewalt haben übereinstimmend gezeigt, wie stark dieses auf das Suizidverhalten Jugendlicher einwirken kann. (34; 35)

Ein anderes Ereignis kehrt in den Geschichten junger Frauen mit Suizidversuch wieder: *die nichtgewollte oder abgelehnte Schwangerschaft*. Auch hier handelt es sich um methodologisch schwierige Erhebungen, da die Definition von «nichtgewollter Schwangerschaft» oder «abgelehnter Schwangerschaft» große Probleme bereitet und unterschiedliche Interpretationen zuläßt. Eine Tatsache zeichnet sich allerdings deutlich ab: Die Mehrheit der jungen Frauen (das von der Studie angegebene Durchschnittsalter übersteigt kaum die 18 Jahre), die sich infolge einer unerwarteten Schwangerschaft – wenn auch innerhalb sehr unterschiedlicher Zeiträume – umzubringen versuchten, stammten aus mittelhohen sozialen Schichten, waren katholisch und nicht verheiratet. (36) Auch die epidemiologischen Daten stimmen darin überein, daß dieser Umstand in der individuellen Dynamik, die eine Jugendliche zum Suizidversuch treibt, von großer Bedeutung ist: Tatsächlich ist Suizidverhalten bei schwangeren Mädchen sechsmal häufiger als bei nichtschwangeren. (37) Im einzelnen heißt dies, daß die ersten Wochen nach dem Ausbleiben der Menstruation und die Zeit nach der Geburt eine erhöhte Suizidgefährdung mit sich bringen.

Schließlich ist die Feststellung interessant, daß das, was im Hinblick auf die Mädchen mit Suizidversuch gesagt wurde, nicht auf die Frauen zutrifft, die sich das Leben nehmen: Bei ihnen scheinen die Schwangerschaft und die Zeit kurz nach der Geburt zwei den Suizid verhindernde Faktoren darzustellen, also genau das Gegenteil dessen, was bei den Mädchen einen Suizidversuch bewirkt.

Die Bedeutung dieser streßerzeugenden Ereignisse wurde im übrigen auch durch die gebräuchlichsten und verständlicherweise unterschiedlichen Suizidmethoden bestätigt: Erhängen oder der Gebrauch einer Feuerwaffe bei jenen, die sich umbringen, Medikamente bei den Jugendlichen, die einen Suizid versuchen.

## Die Vorhersagbarkeit des Suizids: Einige methodologische Probleme

Wir können jetzt, da Gemeinplätze und Mißverständnisse analysiert und die grundlegenden Faktoren des Suizidrisikos bei Jugendlichen erläutert sind, uns einigen Fragen widmen, die ich zu Beginn des Kapitels angeschnitten habe. Ist der Suizid (oder der Suizidversuch) ein vorhersagbares Ereignis? Wenn ja, welche sind die methodologischen Probleme, die man beachten muß? Und schließlich, auf welche Weise können wir handeln?

Die Bewertung der Vorhersagbarkeit des Suizidverhaltens war Gegenstand einer großen Anzahl von Studien und Forschungen. Es gab verschiedene Versuche, sie zu systematisieren und ihre Resultate zusammenzufassen. Ich werde mich hier auf einige der neuesten Untersuchungen beziehen. (38; 39; 40)

Ich muß vorausschicken, daß die Schwierigkeit der Forschungsarbeit in diesem Bereich an eine Reihe von methodologischen Problemen gebunden ist, die die Ergebnisse oft nur partiell gültig und widersprüchlich erscheinen lassen. Damit ein Phänomen vorhersagbar werden kann, muß es statistisch häufig sein; also ist es beim Suizidverhalten notwendig, die Population, bei der die Untersuchung durchgeführt werden soll, um einiges auszuweiten: Wenn wir wissen, daß in einer bestimmten Population die Suizidhäufigkeit 10 auf 100000 Personen im Jahr beträgt, müßten wir einige hunderttausend Personen in die Untersuchung einbeziehen, um eine statistisch ausreichende Grundlage zu erhalten, auf der sich die eventuelle Vorhersagbarkeit des Phänomens feststellen läßt. Dieses Problem wird zum Teil gelöst, indem man bestimmte Bevölkerungsgruppen mit hohem Suizidrisiko betrachtet (zum Beispiel diejenigen, die schon versucht haben, sich das Leben zu nehmen), so daß eine drastische Verminderung des Nenners, mit dem man arbeitet, möglich wird.

Ein zweites methodologisches Problem bezieht sich auf die Dauer der Erhebung (oder der klinischen Beobachtung). Die suizidalen Verhaltensweisen korrelieren oft mit chronischen Faktoren (psychische Störungen, Alkoholismus, sozialer Abstieg usw.): Die Notwendigkeit, sie in die Beobachtung aufzunehmen, zwingt also oft zu langen Untersuchungszeiten (Langzeitstudien), die große finanzielle und personelle Ressourcen voraussetzen. Überdies können sich die chronischen Faktoren mit der Zeit verändern. Einige können sich infolge einer Intervention (zum Beispiel einer Entziehungskur) ändern und somit das Suizidrisiko herabsetzen. Daraus ergibt sich, daß die subjektiven Bedingungen, von denen das Urteil über die Vorhersagbarkeit abhängt, mit der Zeit variieren und damit den spezifischen Risikograd vergrößern oder verkleinern können.

Ein drittes methodologisches Problem liegt in der Frage, inwieweit unsere Untersuchungen überhaupt Vorhersagen erlauben. Angenommen, wir wollen die Personen herausfinden, die mit hoher Wahrscheinlichkeit im Lauf der nächsten zwölf Monate durch Suizid sterben werden. Zu diesem Zweck wenden wir uns einer Gruppe zu, deren Mitglieder Suizidversuche ausgeführt haben und von der wir wissen, daß die Letalitätsrate (oder die Anzahl der Personen, die durch Suizid sterben werden) 1 zu 100 beträgt. Das setzt voraus, daß wir 1000 Risikopersonen betrachten müssen, um 10 Suizide vorhersagen zu können. Auch wenn es uns gelingen sollte, Suizide mit einer Wahrscheinlichkeit von 80 % vorherzusagen, heißt das, daß wir höchstens acht von 1000 Suiziden vorhersagen können. Das Verhältnis zwischen der Anzahl der Menschen, die als Stichprobe im Auge behalten werden müssen, und der Anzahl der möglichen Suizide, die sich vorhersehen lassen, ist also sehr ungünstig.

Das gilt für den Forscher, noch stärker jedoch für den Kliniker, der vorbeugend handeln muß.

Aus der Analyse dieser methodologischen Probleme geht deutlich hervor, daß die Vorhersagbarkeit von Suizidverhalten bei Gruppen leichter praktizierbar ist als bei einzelnen Personen. Wenn diese Erkenntnis auch die Forschung erleichtern mag, so hilft sie sicher nicht Klinikern und Therapeuten bei ihrer Arbeit.

## Wie sich das Risiko äußert: Modalitäten einer frühzeitigen Intervention

Wir sind uns also der praktischen und methodologischen Grenzen bewußt, die für die Vorhersagbarkeit von Suizidverhalten gelten, und untersuchen nun den Kontext, in dem präventiv und frühzeitig eingegriffen werden kann, sowie die Prioritäten, die es zu berücksichtigen gilt.

Sprechen wir also zunächst von den *Äußerungsformen des Risikos*. Wie schon mehrmals gesagt, teilen nicht alle Jugendlichen ihre Suizididee ausdrücklich mit, auch nicht ihre Suizidabsicht; zudem ist sich ein junger Mensch nicht immer dessen wirklich bewußt, was er tut oder tun möchte. Das Hauptproblem entspringt jedoch der Tatsache, daß unter Umständen ein Hinweis auf die Gefährdung, der zwar oft nicht deutlich und nicht direkt verständlich ist, von den Menschen, an die sich der Jugendliche wendet, nicht mit der nötigen Ernsthaftigkeit bedacht wird. Die Basis für jedes Programm der Risikobewertung und der Intervention liegt folglich bei den *Schlüsselpersonen*, der Optimierung ihrer Fähigkeit zuzuhören und der Sensibilisierung ihrer Beobachtungsgabe im Umgang mit *diesem* bestimmten Menschen. Bei Jugendlichen sind die *Schlüsselpersonen* gewöhnlich Freunde, Eltern oder Lehrer, jedenfalls sind es äußerst selten Menschen, die eine Fachausbildung besitzen, die sie das Suizidrisiko einschätzen und dann die entsprechenden Maßnahmen ergreifen ließe. Wie Brent und seine Kollegen nachgewiesen haben, hatten ungefähr in der Hälfte der untersuchten Fälle die Jugendlichen, die sich das Leben nahmen, ihre Absicht, sich zu töten, nur einem Altersgenossen oder dem Bruder bzw. der Schwester mitgeteilt. (41)

Es ist also äußerst wichtig, daß auch Laien die Möglichkeit geboten wird, die Bedingungen für eine frühzeitige Intervention zu erkennen, um dann denjenigen, der kann und muß, zum Handeln zu veranlassen.

Der Kontext, in dem sich ein Suizidrisiko äußert, kann beträchtlich variieren. Meist wendet sich ein Elternteil oder ein Lehrer erst dann an den Hausarzt oder an einen Psychiater, wenn ein Jugendlicher unmißverständliche Anzeichen von Depression bzw. ungewöhnliche und impulsive Verhaltensweisen zeigt oder wenn er ausdrückliche Hinweise auf den Suizid gibt, was aber – wie ich oben erwähnt habe – nur selten vorkommt. Auf der anderen Seite, so stellten Carlson und Cantwell (42) fest, impliziert das eventuell nachgewiesene Vorliegen einer hohen Korrelation zwischen einem depressiven Zustand und einer Suizididee nicht, daß ein ebenso zwingendes Verhältnis zwischen der Verbindung dieser beiden Faktoren und einem zukünftigen Suizidverhalten besteht. Das bedeutet, daß eine depressive Symptomatik bei einem Jugendlichen – mag sie auch so ausgeprägt sein, daß Rückschlüsse auf eine Suizididee gezogen werden können – allein nicht ausreicht, um ein wirkliches Suizidrisiko nachzuweisen.

Um dieses Risiko wirksam und frühzeitig zu erkennen, muß man sich auf eine Reihe von Bewertungsebenen stützen, von denen jede neben dem spezifischen Risikograd auch durch eine besondere Äußerungsweise dieses Risikos gekennzeichnet ist.

Um dieses Verfahren zu verdeutlichen, werde ich ein ähnliches Schema benützen, wie es Rotheram (43), Blumenthal und Kupfer (44) sowie Berman und Jobes (45) verwendeten.

### Die drohende Gefahr

Das Suizidrisiko muß hauptsächlich im Hinblick auf den Zeitraum bewertet werden, innerhalb dessen der Betroffene die Tat ausführen könnte; man muß also abwägen, ob es sich um eine drohende Gefahr handelt oder nicht. Um ein solches Urteil treffen zu können, ist das Zusammenwirken mindestens eines der häufigsten Risikofaktoren (eine Familiengeschichte mit vorhergehenden Suiziden, der Suizid eines Gleichaltrigen, der Gebrauch von Drogen) mit einigen der einflußreichsten sozialen und klinischen Faktoren notwendig: zwanghaft impulsive Verhaltensweisen *(acting-out)*, soziale und affektive Isolation, depressive Symptomatik, eine «Adoleszenzkrise», die mit irrationalem und unaffektivem Verhalten verbunden ist.

Ich habe bereits darauf hingewiesen, daß die Analyse der Weise in der die Suizidgefährdung mitgeteilt wurde, den Angelpunkt bildet, um den Grad des Risikos bei einem Jugendlichen beurteilen zu können. Obgleich bekannt ist, daß Jugendliche sich sehr viel weniger als Erwachsene in dieser Lebenssituation an die allgemein üblichen Verfahrensweisen halten (sehr selten hinterlassen sie schriftliche Botschaften, Zettel, Tagebuchaufzeichnungen), werden dennoch oft weniger übliche Indizien unterbewertet. Es kann in der Tat vorkommen, daß ein Lehrer einen Aufsatz liest, in dem unverhüllt auf den Tod angespielt wird, oder ein Gedicht, in dem von Müdigkeit, Lebensangst oder vom Jenseits die Rede ist. Auch wenn es sich hierbei um allgemeine Themen handelt und keine persönlichen Bezüge auftauchen, dürfen derartige Mitteilungen trotzdem nicht unterschätzt werden.

Auch nicht-schriftliche Äußerungen – und diese sind bei Jugendlichen sehr viel wahrscheinlicher – sollten beim Gesprächspartner Alarm auslösen: Vielleicht wird einem Freund/einer Freundin ein Traum erzählt, der voller warnender Hinweise steckt, oder ein Lehrer oder ein Elternteil werden aufmerksam auf die plötzliche und beharrliche Neugier gegenüber dem Tod, dem Sterben und gegenüber dem, was nach dem Tod kommt.

In diesen Fällen darf sich der Gesprächspartner (wer immer es auch sein mag: Freund/in, Elternteil, Lehrer oder Lehrerin) *nie* auf die bloße Beobachtung, auf das Registrieren dieser Signale beschränken, sondern er muß den Mut finden, auch ohne dem Gespräch eine dramatische Wendung zu geben, das Gelesene oder Gehörte eingehender zu erforschen. Wichtig ist, dem möglichen Zusammenhang zwischen der allgemeinen Komponente der Äußerung (das Sprechen oder Schreiben vom Tod im allgemeinen ohne jeglichen Bezug zur Person) und jener spezifischen (das mögliche Aufkommen einer Suizididee im Jugendlichen) aufmerksam nachzugehen. Diese Verbindung zu ziehen ist unerläßlich, denn der erste Teil der Mitteilung (der generelle Teil) ist gewöhnlich derjenige, der deutlich zum Ausdruck gebracht wird, während der zweite (der spezifische Teil) nur selten geäußert wird. Liegen aber beide Komponenten in der Mitteilung vor, läßt sich auf eine vorhandene und drohende Gefahr schließen. Ein unmißverständliches Zeichen dafür ist dann gegeben, wenn der Betreffende von der Idee zum Programm oder sogar zur Planung der Handlung übergeht. Sollte bereits ein Ad-hoc-Plan bestehen, dann handelt es sich um eine stark eingeschränkte Komponente der Mitteilung, da sie zutiefst im Bewußtsein versteckt ist und eben deshalb zum Vorzeichen einer Gefahr wird.

Eine Gefährdung zeigt sich jedoch nicht nur in schriftlichen oder mündlichen Äußerungen an, sondern auch im Verhalten, das jedoch immer im Kontext gesehen und zusammen mit anderen Kommunikationsformen beurteilt werden muß. Die Neigung eines Jugendlichen zu Aggressivität und zu impulsivem Handeln muß als potentieller Risikofaktor betrachtet werden, vor allem dann, wenn der Betreffende keine Fähigkeit zur Selbstkontrolle zeigt (wie zum Beispiel typisch für Drogenabhängige). Auch ein rascher und augenscheinlich unbegründeter Stimmungswechsel (von der Extrovertiertheit zur Introvertiertheit, von der Depression zur Erregung) kann und muß zu den Faktoren gezählt werden, aufgrund deren sich eine Suizidgefahr einschätzen läßt.

Eine Verhaltensweise, die oft als Warnsignal für drohenden Suizid gedeutet wird, ist ein vorhergehender Suizidversuch; selbstverständlich verschärft sich die Gefahr im Verhältnis zur Kürze des dazwischenliegenden Zeitraumes, zum Grad der Absichtlichkeit und zur Wahrscheinlichkeit des tödlichen Ausgangs.

Schließlich können noch andere unübliche Verhaltensweisen auftreten, die ebenfalls die Aufmerksamkeit des Gesprächspartners auf sich ziehen müssen: Zum Beispiel kann das Sich-Lösen von einem geliebten Objekt (die Spiele, das Fahrrad, der Malkasten) eine affektive Entfernung des Jugendlichen vom Leben anzeigen, die auf eine Absicht oder sogar auf den Willen, eine Suizidhandlung zu begehen, deuten kann.

## Wahrscheinlichkeit des Todes und Absichtlichkeit der Handlung

Der Suizidforschung fällt es überaus schwer, die Indikatoren für die Wahrscheinlichkeit des Todes (Letalität) als Folge einer Handlung mit Sicherheit zu bestimmen, das heißt, Aussagen zu treffen über die tatsächliche Möglichkeit der Handlung, ihr Ziel zu erreichen. Der Begriff der Letalität wird nur in bezug auf eine Handlung und nicht auf eine Idee oder ein Suizidprojekt gebraucht.

Verschiedene Studien haben diesen spezifischen Aspekt zu klären und Instrumente zu entwickeln versucht, um den Grad der Letalität zu messen und damit sowohl dem Forscher als auch dem Kliniker die Möglichkeit eines objektiven Urteils zu verschaffen. Unter den Autoren, die sich mit diesen Untersuchungen beschäftigt haben, stellten Smith, Conroy und Ehler (46) eine Skala auf, die mittels einer von 0 bis 10 reichenden Punktezahl anzeigen soll, inwieweit eine Suizidhandlung tatsächlich einen tödlichen Ausgang nehmen kann. Wie einige andere in der Literatur vorliegende Skalen – die Suicide Intent Scale (47) oder die Suicide Assessment Scale (48) – stützt sich die von Smith, Conroy und Ehler auf die Analyse der angewandten Methode, die potentielle Letalität der eingenommenen Medikamente und die Handlungsumstände (Nähe bzw. Ferne von Verwandten oder Freunden, Tages- oder Nachtzeit). Nur eine Kombination dieser Elemente kann man in ein Urteil über die Ernsthaftigkeit des Suizidrisikos übertragen.

An diesem Punkt ist es notwendig, zwischen *Letalität* und *Absichtlichkeit* zu unterscheiden: Eine starke und entschiedene Absicht kann eine hohe Letalität des Suizidaktes mit sich bringen, auch wenn manchmal, vor allem im Fall von sehr jungen Menschen, ein tief verwurzelter Entschluß (das heißt die feste Absicht zu sterben) nur aus Unwissen (zum Beispiel über die Giftigkeit einer eingenommen Substanz) zu einer nichttödlichen Handlung führt. Steht man in diesem Fall auch einer niedrigen Letalität der Handlung gegenüber, so erhöht trotzdem die Absichtlichkeit den Risikograd. Im allgemeinen kann man festhalten, daß bei einem Jugendlichen die Absichtlichkeit dann hoch ist, wenn sein Ziel darin besteht, einer als leidvoll oder unsinnig empfundenen Existenz ein Ende zu bereiten.

Die Letalität dagegen ist dann hoch, wenn man einer geliebten verstorbenen Person nachfolgen will oder wenn man wünscht, «ins Jenseits zu gehen, das Paradies zu erreichen». In anderen Worten bedeutet dies, daß die Absichtlichkeit an eine konkrete und nahe Welt gebunden ist, während die Letalität mit der Suche nach einem abstrakten Objekt, mit dem Erreichen einer Wunsch- oder Phantasievorstellung zu tun hat.

## Die Bewertung des Suizidrisikos bei Jugendlichen: Praktische Ratschläge

Bis hierher habe ich zu skizzieren versucht, wie sich die Suizidgefahr einem Gesprächspartner mitteilt, der ohne spezifische Ausbildung auf diesem Gebiet ist. Ich möchte nun einige subjektive und kontextuelle Merkmale zusammenfassen, die nach Richman (49) dem Kliniker bzw. dem Mitarbeiter eines Fürsorgedienstes helfen können, das reale Ausmaß der Todesgefahr durch Suizid bei einem Jugendlichen einzuschätzen:

a) die Erschöpfung der persönlichen Kräfte, der Hoffnung und der Energien des Jugendlichen, der Zusammenbruch seiner üblichen Verteidigungsmaßnahmen;

b) die Erschöpfung der familiären Kräfte;

c) ein unerträglicher Streßzustand;

d) die Einschätzung des Suizids als eine praktisch anwendbare Lösung.

Das Vorliegen eines oder mehrerer dieser Elemente kann für den Kliniker die Kontrollampe sein, die bei Gefahr aufleuchtet; dies reicht jedoch nicht aus, um den Grad der Gefahr bestimmen zu können. In diesem Zusammenhang ist ein empirisches Bewertungskriterium ratsam. Das Kriterium, das hier in Anlehnung an Berman und Jobes (50) vorgeschlagen wird, ist ein Modell auf drei Ebenen, die alle verschiedenen Risikograden entsprechen.

*Ebene A* (mittlere Gefahr). Sie wird als eine Situation beschrieben, in der die Warnflagge gezeigt werden muß. Der Kliniker erkennt im

Leben des Jugendlichen einen der Risikofaktoren, oder er diagnostiziert einen psychisch riskanten Verhaltenszustand. Diese Ebene umfaßt also die Situationen, die der Handlung vorausgehen, ohne daß es eine Äußerung gegeben hätte, die auf die Gefahr verweist.

*Ebene B* (hohe Gefahr). In diesem Fall wächst das Risiko dramatisch an: Der junge Mensch zeigt offen Todeswünsche, manchmal äußert er klar und deutlich den Wunsch, sich umzubringen. Hier kommt der Mitteilung großes Gewicht zu: Es lassen sich präzise Signale zusammenstellen, aus mündlichen wie schriftlichen Äußerungen und Zeichnungen. Der Jugendliche neigt dazu, sich mit dem Tod oder mit einer toten Person zu identifizieren. In diesem Zusammenhang muß daran erinnert werden, daß die Todesidee an sich kein unbedingt ernsthaftes Risiko darstellt. Das Problem spitzt sich erst dann zu, wenn man Zeichen des Übergangs von der Idee zur Handlung erkennen kann.

Überdies können zwei Variablen dem Kliniker bei der Entscheidung helfen, ob es sich tatsächlich um diese Ebene der hohen Gefahr handelt: Die erste bezieht sich auf ein kognitives Merkmal der Person, und zwar auf eine betont dichotome Denkweise, die durch ein starres Weltbild angedeutet wird (um diese Situationen zu verdeutlichen, gebraucht man die Begriffe «psychische Kurzsichtigkeit» oder «Tunnelsicht»). Die zweite Variable ist das gänzliche Fehlen von Flexibilität oder Kompromißfähigkeit im Denken und Handeln.

*Ebene C* (unmittelbar drohende Gefahr). Wenn die eben beschriebenen Situationen, die subjektiven Merkmale und die Umweltbedingungen gegeben sind, dann kann der Jugendliche zur Handlung übergehen, sofern die dafür vorgesehenen Mittel verfügbar bzw. leicht zugänglich sind. Das Mittel seiner Wahl übt auf einen Jugendlichen, der die Kontrolle über seine Antriebe verloren hat, eine sehr starke Anziehung aus. Forschungsergebnisse belegen, daß derjenige, der sich töten will, meist ein zugängliches, verfügbares und kulturell akzeptiertes Mittel wählt. Wenn man die Fälle akuter Psychose ausschließt, bei denen eine Person die Wirklichkeit entstellt wahrnimmt, kann man sagen, daß Jugendliche in allen anderen Fällen dazu neigen, die Methode zu wählen, die mit ihren psychischen Merkmalen in Einklang steht: Ein impulsiver Mensch wird sich von einer Straße mit viel Verkehr angezogen fühlen oder von einer Brücke über eine Eisenbahnlinie, ein narzißtischer wird hingegen eine Methode wählen, die seinen Körper nicht verunstaltet.

Die Zugehörigkeit zu dieser Gefahrenebene kann also zum Teil durch die Zugänglichkeit und Verfügbarkeit des in der Idee und im Suizidplan gewählten Mittels festgestellt werden, besonders dann, wenn die ausgesuchte Methode in jedem Fall tödlich ist.

# **6** Der Turm und der große Drache

*Die Rolle der Schule bei der Suizidvorbeugung*

> *Die Mittelschule soll aber mehr leisten, als daß sie die Jungen nicht*
> *zum Selbstmord treibt; sie soll ihnen Lust zum Leben machen und*
> *ihnen Stütze und Anhalt bieten in einer Lebenszeit, da sie durch die*
> *Bedingungen ihrer Entwicklung genötigt werden, ihren Zusam-*
> *menhang mit dem elterlichen Hause und ihrer Familie zu lockern.*
>
> Sigmund Freud, 1910

Eines der beliebtesten Spiele der Jungen und Mädchen in amerikanischen Schulen heißt «Der Turm und der große Drache». Bei diesem
Spiel wählt sich jemand eine Persönlichkeit aus und identifiziert sich
mit dieser, während die anderen versuchen müssen, ihn zu entlarven
und zu zwingen, seine wirkliche Identität preiszugeben. Um das zu
tun, muß die zugeschriebene Persönlichkeit einen Suizid fingieren.
Umgekehrt muß diese aber immer auch versuchen; die in den anderen versteckte Identität zu entdecken, um dadurch das eigene Geheimnis zu schützen.

Dem Verlierer bleibt am Ende nur der Tod. Manchmal dauert
dieses Spiel Wochen und Monate, und nicht selten endet die ab-
schließende Pantomime in tödlichem Ernst. Im Jahr 1987 wurden
nach McDermott (9) über dreißig Suizide und mehr als sechzig
Morde direkt auf dieses Spiel zurückgeführt; in der Folge setzten
sich viele amerikanische Schulen mit diesem Phänomen auseinander und beschlossen, das Spiel strengstens zu verbieten.

Es wäre sicherlich verkürzt, im Spiel vom Turm und vom großen
Drachen die *Ursache* dieser Tode zu sehen, ebensowenig glaube ich,
daß irgendein Lehrer sich der Illusion hingab, daß man mit diesem
Verbot den Suizid irgendeines Schülers würde verhüten können.

Das Phänomen ist selbstverständlich viel umfassender und komplexer; trotzdem kann das Spiel vom Turm und dem großen Dra-

chen als Metapher dienen, um sich mit der problematischen Rolle der Schule bei der Vorbeugung von selbstschädigendem Verhalten auseinanderzusetzen. Die Aufgabe der Schule läßt sich hierbei sicher nicht auf Beobachten und Verbieten oder bestenfalls auf Eingriffe von außen in das Leben ihrer Schüler beschränken.

Um dieses Thema konkreter zu veranschaulichen, halte ich es für notwendig, Lucas Geschichte zu erzählen. (Sie wurde etwas verändert, damit Lucas wirkliche Identität nicht erkennbar wird.) Ich habe sie mit Hilfe von Zeugenaussagen und Indizien rekonstruiert, aufgrund deren ich unerkannt gebliebene Verhaltensweisen und Gemütszustände Lucas erschließen kann. Meine Sympathie für ihn hat mich dazu bewogen, seinen Standpunkt einzunehmen.

## Lucas Geschichte

Luca ist einziges Kind, er ist schüchtern und introvertiert. Von seiner Kindheit in einem kleinen Dorf in Kalabrien weiß man sehr wenig, außer daß die Beziehung zu seinen Eltern nie glücklich war. Als Luca etwas über sieben Jahre alt ist, übersiedelt die Familie in eine große Stadt im Norden, da der Vater, ein Offizier der Armee, versetzt wird.

Die Eingewöhnung ist weder für Luca noch für seine Eltern leicht: Die Bewohner des Viertels zeigen eine gewisse Feindseligkeit gegenüber dieser zurückgezogen lebenden Familie aus dem Süden, auch viele Spielkameraden lassen sich nicht mit Luca ein. Zu Hause ist die Atmosphäre gespannt. Vielleicht war die Beziehung zwischen den Eltern nie glücklich gewesen, aber sie haben sie nicht gelöst, ein bißchen aus Stolz, um sich selbst und den anderen zu beweisen, daß die Entscheidung, in den Norden zu ziehen, nicht falsch war, und ein bißchen aus Angst, daß ihr Sohn unter einer Trennung leiden könnte. Aber während Luca heranwächst, verlieren diese Gründe ihren Sinn; sie können die Familie nicht mehr zusammenhalten, so daß es zum unvermeidlichen Bruch kommt. Luca bleibt bei der Mutter, hat aber trotzdem ein gutes Verhältnis zum Vater. Er sieht ihn weiterhin während der Wochenenden und in den Ferien.

Nachdem er sich unter starkem Druck des Vaters an einem naturwissenschaftlichen Gymnasium angemeldet hat, verschlechtern sich die Dinge für Luca. In der Schule hat er Schwierigkeiten, vor allem in Mathematik; zu seinen Mitschülern entwickeln sich keine festen Beziehungen. Sein leicht südlicher Akzent ist oft Anlaß für Scherze und Sticheleien, die von den Lehrern nicht immer unterbunden werden. Der Vater wird wegen der schlechten Leistungen des Jungen oft in die Sprechstunde gebeten, aber er nimmt die Hinweise anscheinend nicht ernst, er will auch nicht über die schwierige Familiensituation sprechen. Ein tragisches Zusammentreffen von Schweigen und Unterlassung hindert jeden, der mit Luca in Beziehung steht, immer mehr daran, ihn zu verstehen und ihm zu helfen.

Das Ende des ersten Schuljahres ist hart: Luca muß im September in drei Fächern zur Nachprüfung antreten, in Mathematik hat er eine Sechs. Den Sommer verbringt er in seinem Heimatort in Kalabrien; der Vater hat in die Wege geleitet, daß Luca die Nachprüfungen an einem Gymnasium des Ortes ablegen kann; die Prüfungskommission ist ihm offensichtlich wohlgesonnen. Luca wird im Herbst in die zweite Klasse des Gymnasiums versetzt, aber der Wiedereintritt in die Klassengemeinschaft ist noch viel schmerzlicher als der Abschied: Der Notbehelf mit den erschwindelten Prüfungen hat das Mißtrauen noch weiter vertieft, das ihn von Lehrern und Klassenkameraden trennt. So ist Luca immer mehr allein.

An einem Winternachmittag, als niemand zu Hause ist, schließt sich Luca im Bad ein, nimmt aus dem kleinen Schrank die Schachtel mit den Schlaftabletten seiner Mutter und schluckt eine Handvoll. Das Glück will es, daß die Mutter vorzeitig nach Hause kommt. Mit der Hilfe des Hausverwalters bricht sie die Türe auf, und Luca wird gerade noch rechtzeitig in die Notaufnahme gebracht. Einige Tage später wird er auf Betreiben des Vaters entlassen. Die Psychiaterin, die während des kurzen Klinikaufenthaltes um Rat gefragt wird, empfiehlt den Eltern, mit ihrem Sohn, zumindest für eine Kontrolle, eine Stelle des Dienstes für geistige Gesundheit aufzusuchen. Aber der Rat wird von beiden mit der Begründung, daß dies die Situation nur noch verschlimmern und letztlich Luca verängstigen würde, barsch abgewiesen.

Luca kehrt einige Wochen später in die Schule zurück. Im Entschuldigungsschreiben gibt der Vater «Familiengründe» für das Fehlen an. So hat niemand je erfahren, was tatsächlich geschehen ist.

Nach einer Zeit der Unsicherheit und der Verwirrung beschließt Luca einige Monate später, beim Vater zu leben. Diese Entscheidung hat ihn sicher schon seit längerem beschäftigt, auch weil die Mutter kurz zuvor eine Beziehung mit einem alten Bekannten des Vaters eingegangen ist. Luca war weder imstande, diese Verbindung zu akzeptieren noch sie zu tolerieren.

Am Anfang muntert ihn das neue Leben mit dem Vater auf, aber dann, als die Routine der Arbeit sie zu entzweien beginnt, ist Luca wieder allein. Seine schulischen Leistungen, die sich leicht zu bessern schienen, sinken wieder auf den früheren schlechten Stand ab.

Luca beginnt zu trinken, zuerst nur in Gesellschaft, dann auch allein.

Eines Tages begegnet er auf einem Fest Giulia. Für Luca ist es die erste Leidenschaft, er ist sehr aufgewühlt: Er wirft sich in diese Beziehung mit einer Hingabe, die gänzlich neu ist für ihn, der bisher zu allen nur kühle und zufällige Verhältnisse kannte. Zu Beginn läßt sich alles gut an, aber dann beginnt sich Giulia Sorgen zu machen wegen dieser Liebesbeziehung, die rasch besitzergreifend, erstickend und für ein junges Mädchen sicher zu ernsthaft geworden ist. Langsam siegt in ihr die Angst über die Liebe, und schließlich bittet sie Luca um eine Pause, «um ein bißchen darüber nachzudenken». Luca versteht nicht oder tut alles, um nicht zu verstehen. Giulia ist für ihn alles, was er hat: Sie ist der einzige Mensch, mit dem er sprechen, an den er denken kann und durch den er fühlt, jemand zu sein. Für ihn ist Giulia der einzige Ort des Glücks in einem dürren und trostlosen Leben.

Die Enttäuschung ist furchtbar, unerwartet und grausam. Weder der Vater noch die wenigen Freunde, die er hat, scheinen die tiefe Verzweiflung, in die Luca gestürzt ist, zu verstehen oder auch nur wahrzunehmen. In den folgenden Wochen schwänzt er viele Tage die Schule und schließt sich wieder einer kleinen Gruppe von Jungen an, mit der er schon früher ab und zu in eine Bar ging, um zu trinken.

Er spürt das Bedürfnis nach irgend etwas, das ihn von der erdrükkenden Wirklichkeit ablenkt. Das Haus erscheint ihm leer, nur auf der Straße kann er seine Wut bändigen.

Es kommt der Mai, und Luca hat inzwischen gemerkt, daß ihn nur ein Wunder vor dem Sitzenbleiben retten kann. Bei der letzten und entscheidenden Mathematikarbeit ist er nervös und unruhig; nach einer Stunde hat er noch nichts aufs Blatt gebracht. Er versucht, sich von einem Klassenkameraden, der hinter ihm sitzt, helfen zu lassen. Dieser verweigert aber jegliche Hilfe so auffällig, daß es der Lehrer bemerkt und Luca auffordert, seine Arbeit abzugeben und die Klasse zu verlassen. Dabei entsteht ein heftiger Wortwechsel, der jedoch schnell durch das Eingreifen der Klassenkameraden beendet wird.

Das Lehrerkollegium beschließt auf Vorschlag dieses Lehrers, Luca zu suspendieren und ihm für dieses Schuljahr keinen Abschluß zu geben.

Der Vater stellt sich sofort auf die Seite des Sohnes und versucht, ihn zu trösten, indem er ihm anbietet, er könne die Prüfungen an einer anderen Schule ablegen oder nach Kalabrien zurückkehren, wenn er wolle.

Der Sommer kommt, für Luca der schlimmste. Die Freunde besuchen ihn nicht mehr, auch nicht jene, die ihm bis zuletzt geblieben sind, und Giulia ist nur noch ein ferner Traum.

In den Tagen, in denen ziellos umherstreift, beginnt Luca erneut an den Tod zu denken: Am Anfang erfüllen ihn diese Gedanken mit Angst, aber mit der Zeit werden sie stärker, bis sie ihn beinahe zwanghaft vereinnahmen. Eines Samstagabends, als sein Vater wie gewöhnlich mit Freunden ausgegangen ist, meint Luca, daß der richtige Moment gekommen sei: Er schüttet drei oder vier Dosen Bier in sich hinein, geht ins Bad, wo sein Vater die Medikamente aufbewahrt, trinkt eine kleine Flasche aus und nimmt noch einige Schluck Bier. Er fällt rücklings neben dem Bett zu Boden.

Dort findet ihn der Vater, als er in der Nacht heimkehrt. Er denkt, daß Luca nur betrunken sei und tief schlafe. Aber bald fällt ihm auf, daß sein Sohn mühsam atmet und daß dies nicht nur ein Rausch sein kann. Er ruft einen Freund, der Arzt ist und glücklicherweise in der Nähe wohnt. Luca wird unverzüglich ins Krankenhaus gebracht, wo man ihm den Magen spült. Er verbringt noch einige Tage in der Reanimation; wie durch ein Wunder wird er gerettet.

Einige Monate vergehen, und es ist Herbst. Luca hat sich offensichtlich erholt. Er beschließt, nicht nach Kalabrien zu übersiedeln und meldet sich bei einem anderen Naturwissenschaftlichen Gymnasium an. Er scheint sich auch damit abgefunden zu haben, daß er das Schuljahr wiederholen muß. Die neuen Lehrer sind nicht mehr so feindselig wie die im Jahr zuvor, trotzdem hat der Vater noch einmal eine Mauer des Schweigens um den Vorfall im Sommer aufgebaut: Niemand, auch nicht die Lehrer, werden vom Suizidversuch Lucas in Kenntnis gesetzt.

Gleich nach den Weihnachtstagen stellen viele an Luca erneut eine auffällige Verschlechterung seiner Stimmung fest. Die Ferien waren für ihn auch sonst nie heitere Tage. Wieder die scheinheilige Familienatmosphäre erleben zu müssen, überzeugt ihn, unwiderruflich anders zu sein als all die anderen seines Alters. Aber nicht nur die Ferienzeit, sondern auch ein gänzlich unerwartetes Ereignis bringen ihn durcheinander: Ein Rechtsanwalt, Freund des Vaters, ruft an, um Luca zu benachrichtigen, daß ein Richter ihn für die nächsten Tage vorgeladen habe, um ihn wegen einer alten Anzeige, die der Vater eines Jugendlichen eingereicht hatte, zu vernehmen. Dieser behauptet, daß sein Sohn von Luca im Lauf eines in einer Bar ausgebrochenen Streites mißhandelt worden sei. Luca hatte diesen Vorfall aus seinem Gedächtnis gestrichen, er wußte nicht einmal mehr, daß der Vater dieses Jungen ihn angezeigt hatte.

Zwei Tage lang will er nicht zur Schule gehen und bleibt die ganze Zeit über in seinem Bett. Er überzeugt seinen Vater, daß er müde sei und sich ausruhen wolle. Er schreibt einen Brief an Giulia, in dem unter anderem steht: «...es ist nicht wahr, daß ich letztes Mal krank war, die Wahrheit ist, daß ich das Leben satt habe, daß ich in ihm keinen Sinn mehr sehe. Damals ist es mir nicht gelungen, aber dieses Mal werde ich es besser machen, so daß auch meine Eltern erkennen werden, zu was ich fähig bin.» Der Brief endet mit einer letzten Bitte: «...denke bitte zumindest Du nicht schlecht von mir.» Er wirft den Brief direkt in den Postkasten in Giulias Haus, wohlwissend, daß sie ihn erst am Tag darauf lesen wird, nach der Rückkehr von einem Besuch bei Verwandten außerhalb der Stadt.

Am nächsten Morgen geht er zur Schule, er bleibt aber nur die erste Stunde. Er verbringt sie in vollständigem Schweigen, so als ob er schon irgendwo anders wäre. Als die Pausenglocke läutet, verschwindet er, ohne mit jemandem ein Wort zu wechseln. Seine Bücher und Hefte läßt er auf der Bank liegen, er nimmt sein Moped und fährt nach Hause. Er weiß, daß er zu dieser Zeit niemand in der Wohnung antreffen wird. Er geht in sein Zimmer, legt sich auf das Bett und bleibt dort einige Stunden, ohne sich zu rühren. Am frühen Nachmittag erscheint sein Vater, atemlos: Jemand aus der Schule hat ihn von dem merkwürdigen Verhalten seines Sohnes benachrichtigt. Luca scheint ruhig zu sein, wenn auch nicht in heiterer Stimmung. Er will nicht essen; mit der Entschuldigung, daß er sich nicht wohl fühle, weigert er sich sogar, die Klassenkameraden zu empfangen, die ihn besuchen wollen. Er versichert ihnen aber, daß er am nächsten Tag pünktlich in der Schule sein werde. Dem Vater redet er gut zu, er sagt ihm, daß er sich keine Sorgen zu machen brauche, er sei nur ein wenig müde. Er gibt ihm einen Kuß und geht dann schlafen.

In dieser Nacht steigt Luca leise die Treppe hinunter, betritt den Abstellraum, zieht die Dienstpistole des Vaters aus dem Halfter und nimmt die Schlüssel für das vor dem Haus geparkte Auto. Er steigt ins Auto, sitzt dort eine Weile, raucht und trinkt ein wenig Bier.

Der Vater und die Nachbarn wachen durch den Knall eines Schusses auf. Dann folgt eine entsetzliche Stille, als ob das Leben aller für einen Moment unterbrochen worden sei.

Als der Vater die Treppen hinunterrennt, atemlos, ohne zu schreien, haben alle verstanden.

Ich versuche mir die Reaktion eines Lehrers vorzustellen, der die Geschichte von Luca liest: Er könnte denken, daß dieses tragische Ereignis einen Grenzfall darstelle, gänzlich verschieden und weit entfernt von den normalen Lebensweisen der Jungen und Mädchen, die ihm Tag für Tag gegenübersitzen und die seiner Meinung nicht als Beispiele taugen, um den Gedanken an das Thema des selbstschädigenden Verhaltens Jugendlicher aufkommen zu lassen oder sich intensiver mit ihm auseinanderzusetzen. Dieser Lehrer könnte nicht nur der Überzeugung sein, daß solche Verhaltensweisen zu selten sind, um sich in irgendeiner Weise damit belasten zu müssen, sondern auch daß das Sprechen darüber in der Schule bedeuten würde, unnötig Angst zu erzeugen, die sich sogar schädlich auf sein Verhältnis zu den Schülern auswirken könnte. Obwohl das Phänomen des Suizids Jugendlicher in Italien nicht die gleiche dramatische Dimension wie in anderen europäischen Ländern und in Nordamerika besitzt, kommt ihm dennoch auch vom sozialen Gesichtspunkt her große Bedeutung zu. Auf der Grundlage amtlicher Statistiken habe ich einen Schätzwert errechnet, wonach im Durchschnitt eine von zwei Lehrkräften (dabei beziehe ich mich auf jene der Mittelschulen, Gymnasien und der Universitäten) mit der Tatsache rechnen muß, daß sich während ihrer Berufslaufbahn einer ihrer Schüler oder eine ihrer Schülerinnen das Leben nimmt. Wenn man die fehlgeschlagenen Suizide oder noch andere Formen des selbstschädigenden Verhaltens einbezieht, wächst der Schätzwert beträchtlich an. Wenn wir darüber hinaus an Suizide (oder Suizidversuche) denken, die von Schülern oder Schülerinnen anderer Klassen derselben Schule begangen werden, können wir feststellen, daß eine Lehrkraft nicht so selten in Situationen gerät, in denen sie handeln oder sich mit einem schrecklichen Ereignis, dessen Zeugin sie ist, auseinandersetzen muß: im Gespräch mit den Klassenkameraden des Suizidanten (so wie auch mit den Schülern, die das Opfer nicht direkt kannten), mit den Familienangehörigen und mit anderen Lehrkräften.

Wenn also dieses Phänomen nicht sehr selten oder statistisch unwahrscheinlich ist und ihm zudem gesellschaftliches Interesse zukommt, stellt sich die Frage, warum ihm die Schule nicht die nötige Aufmerksamkeit widmet. Die Gründe dafür gleichen wahrscheinlich denen, weswegen der Suizid in den anderen Bereichen unserer Gesellschaft ein Gefühl der Angst weckt und Verweigerungs- sowie individuelle und kollektive Verdrängungsreaktionen hervorruft. Und vielleicht ist es gerade diese Neigung zur Verdrängung, die viele Lehrkräfte meinen läßt, daß hinter jedem willentlich abgebrochenen Leben oder hinter jedem ernsthaften Versuch, das Leben zu beenden, ein Grenzfall steht, eine ausweglose individuelle Lage, die eingebunden ist in einen zerrütteten sozialen und familiären Kontext und daher ein sonst unverständliches Verhalten verständlich erscheinen läßt.

Beide Gründe führen zu einer gefährlichen Unterbewertung, zur Ohnmacht und zur Resignation.

Ich möchte mich daher in diesem Kapitel an diejenigen wenden, die in der Schule leben und arbeiten, um ihnen einige einfache Wissenselemente anzubieten und einige Möglichkeiten des Eingreifens zu empfehlen, die wirksam Suiziden vorbeugen können.

Die Geschichte Lucas ist in der Tat ein Beispiel dafür, wie die Schule eine Gelegenheit versäumen kann, sowohl eine wichtige Aufgabe bei der Prävention (in diesem Fall der primären Prävention) von Suiziden wahrzunehmen, als auch im Moment der Ausführung (sekundäre Prävention) und in der unmittelbar auf den Tod des Schülers folgenden Zeit einzugreifen. Hierfür ist es allerdings notwendig, sich mit den drei Arten der Intervention auseinanderzusetzen, ihre Inhalte zu klären und ihre Ziele zusammenzufassen.

## Die primäre Prävention: Die Widerstände

Unter primärer Vorbeugung wird all das verstanden, was das Ziel verfolgt, die geistige Gesundheit zu bewahren und zu schützen. Im Fall des Suizids sind es jene Handlungen, mit denen vermieden werden kann, daß ein Mensch sich ernsthaft mit Suizidgedanken oder Suizidplänen zu beschäftigen beginnt. Wenn man von der Rolle der Schule bei der primären Vorbeugung spricht, muß man besonders ihre wesentliche Aufgabe, die der Erziehung, ins Auge fassen. Immer noch ist die Schule oft eine abgeschlossene Welt, in die unübliche und nicht im Lehrplan vorgesehene Themen nur schwer Eingang finden. Das erste Ziel einer präventiven Aktion muß demnach in der Entwicklung von Strategien liegen, mit denen sich diese Isolierung durchbrechen läßt.

Ein erstes Element dieser Isolierung der Schule ist die Angst vieler

Lehrkräfte, über den Suizid zu sprechen, da sie überzeugt sind, ihn dadurch auf irgendeine Weise selbst zu verursachen. In einem eigenen Kapitel habe ich bereits ausführlich die suggestive Wirkung der Massenmedien auf Jugendliche behandelt. Deshalb würde ich mir widersprechen, wenn ich behauptete, daß die Hypothese über das Nachahmungsverhalten keine Bedeutung mehr besäße, wenn sie sich anstatt auf die Medien auf den Einfluß von sprachlich behandelten Themen bezieht, vor allem wenn Lehrer dies tun. Zweifellos besteht das Risiko, daß das Sprechen über den Suizid in den jungen Zuhörern die Vertrautheit mit ihm erhöhen und folglich auch die Hemmschwelle ihm gegenüber senken kann. Darin scheint mir jedoch nicht das Problem zu liegen.

In der Welt, in der heute die Jugendlichen leben und die schon weitgehend von der Macht der Massenmedien durchsetzt ist und geregelt wird, ist das Ziel unsinnig, jeder Nachricht oder Anspielung auf den Suizid vorzubeugen (man denke nur an die Kinoproduktionen und die Tageszeitungen). Wie schon einige Male gesagt, ist die Häufigkeit des Suizidverhaltens unter Jugendlichen so groß, daß eine direkte oder indirekte Berührung mit diesem Phänomen für sie alles andere als selten ist. Die Frage ist demnach nicht, *ob* man darüber sprechen soll, sondern *wie* man über dieses Thema spricht. Die Anregungen, die im Kapitel über den Einfluß der Medien auf das Suizidverhalten gegeben wurden, können zum guten Teil auch in die schulische Welt übertragen werden: die sensationelle Darstellung vermeiden, wenn man sich auf einen Suizid bezieht; nie in nebensächlichen und morbiden Einzelheiten schwelgen; die Lebensgeschichten nicht *romantisieren* (zum Beispiel müssen Hinweise auf heldenhafte Tode und durch Leidenschaften oder unglückliche Liebesgeschichten gerechtfertigte vermieden werden); immer eher die Vertiefung des Themas anstreben als den Vorfall personalisieren.

Ein zweites durch die Schule aufgebautes Hindernis ist die *Verneinungshaltung*. «Bei uns ist so etwas nie passiert... also gilt um so mehr, nicht darüber zu sprechen.» Das ist ein Satz, den man oft in den Schulen hört, wo die Entscheidung gerechtfertigt werden soll, keine Diskussion über ein so offensichtlich heikles Thema zu beginnen. Die beiden amerikanischen Forscher Hendrickson und Cameron (5) wiesen bei einer Untersuchung von 90 Colleges und Universitäten nach, daß die Lehrkräfte dazu neigen, die wirkliche Häufigkeit der Suizide, die in ihrer Schule während ihrer Amtszeit vorfielen, um über 50 % zu unterschätzen. Diese Studie hat auch deutlich gemacht, daß die Lehrkräfte bei der übergroßen Mehrheit der Suizidfälle unter ihren Schülern und Schülerinnen der Meinung waren, diese Tode seien praktisch nicht zu vermeiden gewesen, da sie sich in Situationen ereigneten, in denen nach ihrem Urteil die psychische Störung bereits so übermächtig war, daß der Suizid als ihr äußerst wahrscheinliches Ende erschien. In diesem Fall berufen sich die Lehrkräfte auf eine Erklärung aus der psychiatrischen – wenn nicht sogar der biologischen oder genetischen – Ätiologie des selbstzerstörerischen Verhaltens, die sie als Alibi nehmen, um nicht die Rolle hinterfragen zu müssen, die die Schule in diesem Zusammenhang haben kann oder haben muß. Die Verneinung des Problems verwehrt also der Schule, die notwendigen Voraussetzungen für vorbeugendes Eingreifen zu schaffen.

Ein letzter Punkt, der die Aufgabe der Lehrkräfte in diesem Bereich erschwert, zugleich aber als Begründung für fehlendes Engagement dienen kann, betrifft die enorme Last an didaktischer Arbeit und an Fortbildungen, die von ihnen seit einigen Jahren aufgrund der zahlreichen sozialen Nöte in der Welt der Jugendlichen verlangt werden: Drogen, Aids, Arbeitslosigkeit, riskante Verhaltensweisen (die sogenannten Tode am Samstagabend), um nur einige Beispiele aufzuzählen. Es drängt sich der Eindruck auf, daß die Lehrkräfte immer öfter mit diesen Themen konfrontiert werden, ohne daß sie eine angemessene Ausbildung vorweisen oder Hilfe von einer qualifizierten Beratungsstelle erwarten können. Die größte Gefahr in diesem Kontext, der durch Problemlagen, für die die Schule offenbar keine angemessenen Erklärungen anbieten kann noch anzubieten weiß, immer komplexer und verzwickter wurde, besteht darin, daß sich eine Verweigerungshaltung breitmacht gegenüber all dem (in diesem Fall gegenüber dem selbstgeschädigenden Verhalten), was dem sozialen Auftrag des Berufs und dem der Institution, von der man abhängt, fremd zu sein scheint.

Wie ist es außerdem möglich, daß man von Lehrern immer mehr Kompetenz bei Themen von großer sozialer Bedeutung verlangt, wenn man ihnen keine regelmäßige Weiterbildung und keine solide technische Unterstützung anbietet, die sie angesichts so dramatischer und schwer behandelbarer individueller Fälle ermutigen könnte?

Die Präventivprogramme müssen jedoch glaubwürdig sein, wenn man über die Dringlichkeit einer ständigen Weiterbildung in diesen Themenbereichen sprechen und den Lehrkräften professionelle Hilfe anbieten will. So darf zum Beispiel ein Programm, das selbstverständlich der Schulstufe, auf die es sich bezieht, und dem Kontext, in dem es eingesetzt wird, angepaßt sein muß, nicht nur das Thema des Suizids oder des selbstschädigenden Verhaltens aufgreifen, sondern es muß auch die Elemente behandeln, die jene Situationen entziffern helfen, die Suizidversuchen usw. vorausgehen. Die Ziele müssen klar und einfach sein, ebenso soll der Vorschlag Lehrpläne enthalten, die auf verschiedene, nach dem Risikograd unterschiedene Gruppen von Schülern ausgerichtet sind. Es muß einige Lehrpläne für alle Schüler geben, andere für Jugendliche mit besonderen sozialen Problemen und wieder andere schließlich für diejenigen, in deren Leben schon größere Risiken vorliegen. Zudem ist es notwendig, daß ein Fortbildungsprogramm nicht nur Richtlinien für präventives Handeln umfaßt, sondern auch – wie weiter unten ausgeführt – auf die Organisation von unterschiedlichen Interventionen im Moment des Vorfalls und in der Zeit danach eingeht: die Betreuung der Freunde und Klassenkameraden, der Familienangehörigen und der Lehrkräfte selbst. Schließlich sollte diesem Programm die wichtige Möglichkeit beigegeben werden, seine Wirksamkeit zu überprüfen: Dies kann sowohl den Mitarbeitern, die es vorgeschlagen und verbessert haben, als auch den Verantwortlichen der Schule, die seine Durchführung erlaubt haben, helfen, ihre Entscheidung zu verteidigen.

## Die primäre Prävention:
## Die Ziele

Allem voran muß von einer grundlegenden Feststellung ausgegangen werden: Lehrkräfte und schulische Institutionen allgemein besitzen nur sehr vage Kenntnisse über den Suizid in seinen komplexen Dimensionen (sie wissen zum Beispiel nicht, ob in der Gegend, aus der die Schüler stammen, das Suizidrisiko hoch ist oder nicht und warum dies so ist), ebenso kennen sie nur sehr ungenau die wichtigsten psychosozialen Charakteristiken der Bevölkerungsgruppe Jugendliche als Ganzer (sie wissen nicht, in welchem Ausmaß Phänomene wie Alkoholmißbrauch, Drogenabhängigkeit, Scheidung oder Trennung der Eltern usw. eine Rolle spielen).

Demnach müssen die Ziele einer jeden Vorbeugungsmaßnahme, die im Bereich der Schule ergriffen oder eingeführt werden soll, einfach und eingängig sein:

1. Der Suizid im allgemeinen und der eines Jugendlichen im besonderen *kann und muß folglich* in der Mehrheit der Fälle verhindert werden: Jeder kann etwas dafür tun, nicht nur derjenige, der im Bereich der psychologischen oder sozialen Dienste arbeitet.

2. Die Lehrkraft soll die Rolle des Wächters (*gatekeeper*, wie ihn Charlotte Ross [10], die Verantwortliche eines der schulischen Vorbeugungsprogramme gegen Suizid, genannt hat) einnehmen, sie muß fähig sein, Suizidverhalten in seinen ersten Anzeichen zu erkennen, denn psychisches Unbehagen und Beziehungsprobleme können zu einer ernsthaften Bedrohung für das Leben dessen werden, der unter ihnen leidet.

3. Der Feind, der zu bekämpfen ist, ist das Schweigen: *Man soll* mit den Schülern *über das Problem des Suizids in unserer Gesellschaft* sprechen, über seine sozialen und individuellen Implikationen und über das, was seine Häufigkeit und seine Verbreitung begünstigen kann; es ist notwendig, gemeinsam zu diskutieren, was man machen kann, um den Gefährdeten zu helfen, auch wenn sie nicht ausdrücklich Hilfe erbitten.

Jeder dem Suizid Jugendlicher vorbeugenden Intervention in der Schule liegt also das Problem der allgemeinen und spezifischen Kenntnisse zugrunde, die notwendig sind, um die Warnsignale bei Suizidgefahr erkennen, sowohl die Schüler als auch ihre Eltern angemessen informieren und wirksame Maßnahmen treffen zu können (siehe in diesem Zusammenhang das Kapitel über das Suizidrisiko). Woraus muß nun ein wirksames Präventivprogramm bestehen, wenn man sich einmal diese Vorkenntnisse angeeignet hat?

## Die primäre Prävention: Die Inhalte

Wenn die Notwendigkeit präventiven Eingreifens deutlich gemacht ist, die Widerstände und Einführungsschwierigkeiten an der Schule überwunden und die Ziele des Präventivprogramms geklärt und bis in die Einzelheiten ausgearbeitet sind, kann man zur Beschreibung der wichtigsten Inhalte übergehen.

Nach einigen Forschern wie Leonardson und Wetzel (7; 15) muß das Präventivprogramm gegen den Suizid von einem Hauptelement ausgehen, und zwar vom Grad der Selbstachtung. Dabei ist zu bedenken, daß sich die Selbstachtung nicht mit dem Begriff deckt, den jeder von sich hat, sondern daß sie zusammen mit der Selbstakzeptanz eine Komponente dieses Begriffs bildet. In anderen Worten bedeutet dies, daß der Begriff von sich selbst sowohl eine positive Auffassung von sich selbst (die Selbstachtung) einschließt als auch eine negative (die Selbstakzeptanz oder das Akzeptieren dessen, was man ist, mit all den Fehlern, die wir haben können). Der *Begriff der Selbstachtung* ist im Zusammenhang mit den Präventivprogrammen, die auch junge Menschen miteinbeziehen, wichtig, denn er korreliert mit der individuellen Fähigkeit, den negativen Ereignissen im Leben die Stirn zu bieten; diese Fähigkeit kann mittels eines spezifischen Trainings *(empowerment)* gestärkt werden.

Die beiden amerikanischen Psychologen Long und Stivers (8; 13) waren lange Zeit mit der Ausarbeitung von Erziehungsprogrammen für Schulen beschäftigt, wobei sie die Prävention autodestruktiven Verhaltens besonders berücksichtigten. Sie ermittelten vier grundlegende Komponenten einer positiven Auffassung von sich selbst:

1. die *Kompetenz*: gemeint ist die Fähigkeit eines Menschen, die Verantwortung für sein Leben, seine Arbeit und seine sozialen Beziehungen auf sich zu nehmen;

2. die *Selbstachtung* oder das gute Verhältnis zu sich selbst;

3. die *Kongruenz* im Sinne der Übereinstimmung mit dem eigenen Verhalten, auch wenn es andere nicht gutheißen; in anderen Worten bedeutet dies die Fähigkeit und die Kraft, man selbst zu sein;

4. die *Kontrolle* über sich, über die eigenen Überzeugungen, Ideen und Verhaltensweisen.

Einen Jugendlichen lehren, seinen Begriff von sich selbst zu entwickeln und aufzuwerten, kann ihm also helfen, stärker den eigenen Mitteln und Fähigkeiten zu vertrauen und negative Vorfälle des Lebens leichter zu meistern. Erik Erikson (3) behauptet in seinem klassischen Essay über den Reifeprozeß des Begriffes von sich selbst, daß der Grad der Selbstachtung bei einem Erwachsenen von der Lösung einiger Konfliktsituationen in der Kindheit herrühre: Dann gelinge es, Vertrauen anstatt Mißtrauen dem Leben gegenüber zu entwickeln, die Fähigkeit zur Autonomie anstelle der Neigung zur Abhängigkeit zu stärken und die Lust, Initiativen zu ergreifen anstelle der Tendenz zur Apathie. Je früher ein Kind diese Konflikte positiv löst, desto höher wird sein Grad der Selbstachtung als Erwachsener sein. Viele Forschungen wiesen den engen Zusammenhang nach zwischen der Unfähigkeit, sich frühzeitig einen angemessenen Grad an Selbstachtung zu erwerben, und der Wahrscheinlichkeit, mit Beginn der Adoleszenz eine Reihe von Problemen der sozialen Anpassung und individuelle Schwierigkeiten zu entwickeln: von Schulproblemen über Alkohol- und Drogenmißbrauch bis zum Auftreten einiger psychischer Störungen. Im besonderen ist die Wechselbeziehung zwischen niedriger Selbstachtung und depressiver Symptomatik von großem Interesse im Hinblick auf die Vorbeugung selbstschädigenden Verhaltens.

Wenn ein junger Mensch nicht in der Lage ist, seine Selbstachtung auf einem für ihn akzeptablen Niveau zu halten, wird er alle ihm verfügbaren psychischen Verteidigungsmechanismen (von der Verneinung bis zur Projektion) heranziehen und in die Praxis umsetzen; auf diese Weise kann ein Teufelskreis seinen Anfang nehmen, der ihn zur Selbstzerstörung führt. Der Schritt zur psychischen Störung im eigentlichen Sinn ist kurz: Der melancholische und depressive Zustand sind das häufigste Produkt dieses Teufelskreises. In den vorhergehenden Kapiteln habe ich ausführlich über das Verhältnis zwischen Suizidverhalten und psychischen Störungen gesprochen. Ich möchte an dieser Stelle noch einmal die emotionale und kognitive Nähe zwischen geringem Selbstwertgefühl und der vor allem im Kind und im Jugendlichen sich einnistenden Überzeugung betonen, daß die gesamte Welt der eigenen Existenz einem feindlich gesinnt ist und die eigenen Fähigkeiten nicht ausreichen, um Abhilfe zu schaffen. Eine mangelnde Selbstachtung zwingt den Menschen dazu, jede möglicherweise positive Lösung der eigenen Konflikte und Schwierigkeiten von äußeren Faktoren abhängig zu machen, und setzt ihn somit dem Einfluß der zwischenmenschlichen Beziehungen aus. Dies alles begünstigt unvermeidlich, daß Mißerfolge sich wiederholen, die ihrerseits die Kluft, die den Betroffenen von der Realität trennt, noch vertiefen. Das Kind oder der Jugendliche neigt so zu einer fortschreitenden Isolierung von der Familie, von Freunden und Schulkameraden. In ihm häufen sich Gefühle der Zurückweisung, die die eigene Geringschätzung nur noch verstärken. Zurückweisung und Geringschätzung können so vereint eine fortschreitende emotionale Abschottung bewirken, die oft mit dem Gefühl einhergeht, von den Eltern oder Freunden nicht gewollt oder gewünscht zu sein.

Die Rolle, die die Schule – eine Institution, in der die Probleme, die zu einer mangelhaften Entwicklung der Selbstachtung führen, zwar nicht erzeugt werden, die aber täglich die Selbstachtung bewertet – bei der Stärkung des Selbstwertgefühls einnehmen kann, ist also entscheidend. Welche Ziele kann jedoch ein Programm dafür praktisch verfolgen? Die Erfahrungsberichte aus den USA haben sicherlich den Vorzug, leicht verständlich zu sein, auch wenn sie teilweise den Eindruck vermitteln, eine etwas simple Lösung anzubieten; dennoch lassen sich aus ihnen einige für den Lehrer brauchbare Punkte ableiten, die als Richtlinien gelten können, um das Selbstwertgefühl seiner Schüler zu stärken:

1. Wie Schüler ihre Selbstachtung einschätzen, muß als unerläßliches Hilfsmittel angesehen werden, um eventuelle Schwierigkeiten beim Lernen, bei ihren Leistungen und in ihrem Verhalten verstehen zu können.

2. Man sollte sich stets vergegenwärtigen, daß der Grad der Selbstachtung bei Mädchen im allgemeinen niedriger ist als bei Jungen; dies hängt wahrscheinlich mit der Verinnerlichung des geringen Ansehens zusammen, das die soziale Rolle der Frau bei Eltern und Lehrkräften hat, und mit den aus ihr folgenden geringen Erwartungen, die Mädchen entgegengebracht werden. Die Summe daraus, die wir als *sexistische Geringschätzung* bezeichnen können, ist mit einem großen Verlust an Hoffnungen in die eigenen Fähigkeiten und an allgemeiner Achtung vor sich selbst verbunden.

3. Den Schüler mit Respekt zu behandeln – ohnehin eine grundlegende Pflicht des Lehrers – verstärkt die positiven Werte seiner Persönlichkeit und ermutigt ihn, eine positive Einstellung zu sich selbst zu haben.

4. Das Verhalten eines Schülers nicht mit dem eines anderen zu vergleichen (je mehr das Gefühl von Eifersucht wächst, desto geringer wird die Achtung vor sich selbst sein) bedeutet, die Individualität eines jeden und deren Wert zu respektieren. Es muß betont werden, daß die Suche nach Autonomie den Grundstein für eine gute Meinung von sich selbst legt.

5. Ein Lehrer, der dem Schüler mit Interesse zuhört, mißt dessen Standpunkt Wert bei und ermutigt ihn, seine Meinungen und Gefühle auszudrücken und zu verteidigen, ganz egal, ob sie negativ oder positiv sind, ohne daß er befürchten muß, die Achtung oder Zuneigung von wem auch immer zu verlieren.

6. Ein Lehrer soll seinen Schülern helfen, Situationen zu bewältigen, die von ihnen als sehr schwierig wahrgenommen werden, er soll sie ihre Erfahrungen machen lassen, die ihnen beweisen, daß es möglich ist, auch als unüberwindbar angesehene Hindernisse zu überwinden. Dabei ist ebenfalls wichtig, ihre positiven Erfahrungen aus der Vergangenheit zu festigen, indem man sich auf diese bezieht.

7. Auch wenn man Zweifel hegt, es ist immer besser, Vertrauen zu schenken.

8. Ein Lehrer, der den Schülern zeigt, daß er sich selbst schätzt, wird als positives Modell dienen können.

9. Man soll sich immer vor Augen halten, daß, wie Eskilson (4) und seine Mitarbeiter behaupteten, ein Jugendlicher mit wenig Selbstachtung häufig aus einer Familie stammt, in der von ihm ständig mehr und Besseres verlangt wird; der Lehrer muß in diesem Fall versuchen, diesen oft unerträglichen und unnützen Druck zu durchbrechen.

10. Es ist äußerst wichtig, den Schülern den Unterschied zwischen *geliebt werden* und *sich geliebt fühlen* klarzumachen; oft kennen ihn die Jugendlichen nicht (oder besser: sie kennen häufiger nur den ersten Zustand).

Nach den Mitarbeitern des Zentrums für Suizidprävention an der kanadischen Universität Calgary, Roger Tierney, Richard Ramsay, William Lang und Bryan Tanney (14), müssen die Programme für die primäre Vorbeugung des Suizidverhaltens große Aufmerksamkeit auf die Qualität des Klassenklimas und die *psychische Atmosphäre* in der Schule richten. Das schließt die Fähigkeit eines Lehrers ein, einen Teil des Unterrichts nicht nur auf die aktiven Strategien zur Bewältigung negativer Ereignisse im Leben zu richten *(coping strategies)*, sondern auch auf die Entwicklung der affektiven und emotionalen Beziehungen; diese sind unerläßlich für die Festigung eines Netzes aus Solidarität und gegenseitigem Vertrauen unter den Jugendlichen, das auch die geheimsten Eingeständnisse von Schwierigkeiten und Kummer aufzufangen vermag.

## Die sekundäre Prävention

Wenn also primäre Prävention in der Schule bedeutet, den Grad von Schwäche und Verletzbarkeit der Persönlichkeit eines Schülers aufmerksam zu beobachten, die affektiven und solidarischen Beziehungen zu festigen, die Schüler über die emotionalen und sozialen

Situationen, die zu selbstschädigendem Verhalten führen können, zu informieren, so ist die Rolle, die die Schule bei der *sekundären Vorbeugung* des Suizids einnehmen kann, sicher von nicht geringerer Bedeutung.

Unter sekundärer Prävention versteht man in erster Linie, die Warnsignale selbstschädigenden Verhaltens zu erkennen und einzugreifen, wenn diese eine besorgniserregende Bedeutung annehmen. Dies schließt auch den erfolgreichen Versuch ein, Schäden zu begrenzen, die sich aus einem solchen Verhalten ergeben können, zum Beispiel die Vorbeugung eventueller Rückfälle. Übertragen auf die Schule, bedeutet dies:

a) bei einem Schüler die ersten Anzeichen eines Suizidverhaltens erkennen;

b) eine sofortige Intervention veranlassen;

c) die Beziehungen zu den am Ort verfügbaren Ressourcen ausbauen;

d) die gefährdete Person sowohl individuell als auch im familiären und sozialen Kontext begleiten.


Zu den beruflichen Kenntnissen jeder Lehrkraft müßte auch die Fähigkeit gehören, die ersten Anzeichen von Suizidverhalten zu erkennen; sehr oft habe ich aber den Eindruck, daß dem nicht so ist. Deshalb kann es nützlich sein, das Kapitel über die Vorhersagbarkeit der Suizidgefahr – wenn auch nur kurz – aufzugreifen und die Signale in die drei folgenden Kategorien einzuteilen: die verbalen, die des Verhaltens und die situationsbezogenen.

Die *verbalen Signale* sind Sätze mit unmißverständlichem Inhalt wie zum Beispiel «Ich will sterben», «Ich habe keine Lust mehr zu leben» oder andere dieser Art. Daneben gibt es auch Sätze, deren Inhalt weniger deutlich ist und die deshalb bei einer Lehrkraft nur schwachen Alarm auslösen: «Ich möchte schlafen und nicht mehr aufwachen», «Meiner Familie wird es schlechtgehen, wenn ich nicht mehr sein werde» oder auch «Bald wird der ganze Mist vorbei sein».

Die *Signale des Verhaltens* umfassen eine lange Liste von Situationen, deren jede in den Augen eines Lehrers «normal» erscheinen könnte. Folglich ist es wichtig, sie in einem größeren Zusammenhang zu sehen, um den tatsächlichen Risikograd abschätzen zu können (auch weil diese Verhaltensweisen nicht immer direkt mit der Schule in Verbindung stehen). Nach Judy Smith (12) müssen die folgenden Signale in Erwägung gezogen werden:

1. Traurigkeit und plötzliches Weinen;
2. Nachlassen der Energien;
3. Verlängerung oder plötzliche Verkürzung der Schlafzyklen;
4. Zunahme oder plötzliche Abnahme des Appetits;
5. Zunahme der Lustlosigkeit und der Langeweile, Nachlassen der Aufmerksamkeit;
6. Verminderung der Fähigkeit, sich zu konzentrieren und Entscheidungen zu treffen;
7. plötzliche Veränderung der Stimmungslage (von einem scheuen und spröden Charakter zu einem euphorischen und aufgeregten oder umgekehrt);
8. die Neigung, zornig zu werden und zu streiten und dann lange Zeit zu schweigen;
9. das Aufgeben sozialer Aktivitäten, die Neigung zum Alleinsein;
10. der Verlust von sozialen und sportlichen Interessen;
11. jähe Verschlechterung der schulischen Leistung;
12. sich im Unterricht leicht ablenken lassen;
13. grundloser Verzicht auf Dinge, die dem Schüler vorher gehört haben;
14. Zunahme riskanter Verhaltensweisen (Motorrad- oder Autorennen);
15. Zunahme von Schuldgefühlen, Verminderung der Selbstachtung;
16. Verlust von Hoffnungen;
17. erhöhter Konsum von Alkohol und Drogen;
18. Vernachlässigung der äußeren Erscheinung und der Hygiene;
19. Anspielungen auf den Tod in Aufsätzen, in Gedichten oder in anderen schriftlichen Aufzeichnungen;
20. plötzliches Desinteresse für die Ausarbeitung von Zukunftsplänen;
21. tiefgehende Veränderung im sexuellen Verhalten.

Die *situationsbezogenen Signale* sind sehr nützlich, weil sie die eben beschriebenen verbalen Signale und die des Verhaltens in einen Kontext zu bringen erlauben. Die wesentlichen sind:

1. Der Bruch einer bedeutsamen affektiven Beziehung;
2. erhöhte Schwierigkeiten in der Kommunikation mit den Eltern;
3. schulische Probleme aufgrund der verschlechterten Leistung;
4. Unannehmlichkeiten mit der Justiz;
5. unerwünschte Schwangerschaft;
6. physische Krankheit oder Unfall;
7. psychische Störungen;
8. kürzlicher Wechsel der Wohnung oder des Wohnortes;
9. familiäre Probleme (Trennung oder Scheidung der Eltern);
10. unerwarteter Tod einer geliebten Person.

Was soll ein Lehrer oder eine Lehrerin tun, wenn einige dieser Signale frühzeitig erkannt wurden und die Fähigkeiten vorhanden sind, diese miteinander in Verbindung zu bringen?

Nehmen wir als Beispiel eine Lehrerin (oder auch einen Klassenkameraden), der ein derartiges Verhalten bei einem ihrer Schüler auffällt. Wie ich oben angemerkt habe, besteht das erste Ziel nun darin, die Angst vor einem Gespräch darüber abzubauen, sich also nicht zu fürchten, dieses Problem anzugehen. Selbstverständlich bezieht sich diese Empfehlung nicht nur auf den als gefährdet angesehenen Schüler, sondern auch auf alle Klassenkameraden. In dieser Situation kann es von großer Bedeutung sein, dieses Thema – das nötige Feingefühl vorausgesetzt – in der Klasse zu behandeln, ohne irgendeine Verbindung zu dem spezifischen Fall herzustellen. Dabei sollte versucht werden, ein offenes und klares Gespräch zu führen. Dadurch können sowohl die Lehrerin als auch die Klassenkameraden ihre Haltung diesem Problem gegenüber erkunden und dabei schon skizzieren, was getan und was unterlassen werden muß. Zum Beispiel kann man den Schülern einige Fragen zu diesem Thema vorlegen, auf die sie öffentlich antworten sollen. Die beiden amerikanischen Forscher Ross und Lee (11) schlagen dabei vor:
a) «Was würdest du machen, wenn einer deiner Kameraden oder einer deiner Freunde dir sagen würde, daß er sterben möchte?»

b) «Würdest du zu lachen beginnen?»

c) «Würdest du ihm/ihr sagen, ein Suizidversuch sei nur eine Geste, um die Aufmerksamkeit auf sich zu lenken?»

d) «Wärst du schockiert, und würdest du ihm/ihr sagen, er/sie solle ein ähnliches Thema nicht mehr anschneiden?»

e) «Würdest du so tun, als ob das nichts zu bedeuten hätte und ihm/ihr sagen, er/sie solle nicht mehr darüber nachdenken?»

Nehmen wir nun den Fall an, daß ein Jugendlicher mehr oder weniger direkt eine Suizididee oder eine -absicht äußert: Wie sollen sich hierbei die Lehrkräfte und die Klassenkameraden verhalten? Die letzten vier Punkte auf der folgenden Liste beziehen sich auf Haltungen, die niemals als Reaktionen auf eine Suizididee und noch weniger auf eine geäußerte Absicht gezeigt werden dürfen. Das *Was soll man machen?* impliziert also Verhaltensweisen, die zu vermeiden sind, und andere, die man befolgen sollte. Folgendes darf man *nicht* tun:

1. sich schockiert zeigen, das Schicksal anklagen;
2. die Schuldgefühle, die dieses Geständnis begleiten, vergrößern;
3. absolute Verschwiegenheit versprechen;
4. eigene Meinungen oder Moralurteile äußern, die gegen den Suizid sprechen;
5. das Problem bagatellisieren oder banalisieren (Sätze vermeiden wie «Viele andere sind auch in einer ähnlichen Situation» oder «Mach nicht einen Elefanten aus einer Mücke, gehen wir ins Kino, dann denkst du nicht mehr darüber nach»);
6. die Person allein lassen;
7. es sich stark zu Herzen nehmen.

Wie bereits einige Male angemerkt wurde, muß die Intervention darauf beruhen, daß dem Menschen die Würde, die er glaubt zum Teil verloren zu haben, zurückgegeben wird, indem man ihm wieder Achtung, Interesse und Solidarität entgegenbringt. Was die betroffene Person mitgeteilt hat, ist immer eine ernste Sache, unabhängig davon, mit welchen Worten oder in welchem Zusammenhang sie dieses Geständnis abgelegt hat. Moralpredigten, Bagatellisierungen oder Banalisierungen dienen lediglich dazu, ihr Gefühl der Einsamkeit zu verstärken; sie betonen nur den Grad der Verständnislosigkeit für die Welt, die sie umgibt («Niemand nimmt mich ernst», «Ich bin wirklich anders als die anderen»). Nach Brown (1) lassen sich die *positiven Haltungen*, die man einnehmen sollte, folgendermaßen zusammenfassen:

a) offen und ohne Umschreibung vom Suizid sprechen;

b) Rücksichtnahme zeigen und Interesse für die Situation, in der sich die Person befindet;

c) Ruhe bewahren und ohne Hast den Dialog fortsetzen;

d) versuchen, positiv zu sein, indem man die möglichen Alternativen hervorhebt;

e) die eigenen Grenzen kennen und sie offen ausdrücken, um so zu vermeiden, Unmögliches zu versprechen.

Wenn feststeht, daß die Lehrkraft direkt und offen mit dem Schüler, den sie für suizidgefährdet hält, sprechen soll, dann muß die dafür geeignete Form gefunden werden. Die Lehrkraft sollte wissen, daß sie auf bestimmte Punkte eingehen muß, da diese Material und Anregung bieten, um das tatsächliche Ausmaß der Suizidabsicht und also der Wahrscheinlichkeit, daß dieser Schüler Todesgedanken hegt, besser zu verstehen. In anderen Worten, es ist unerläßlich für die Lehrkraft, sich eine Vorstellung vom Ausmaß der Gefahr zu bilden, in der sich ihr Schüler befindet. Wie ich bereits im vorhergehenden Kapitel aufgezeigt habe, ist das Aufspüren von eventuell vorhandenen genauen Suizidplänen besonders wichtig: Unterscheiden zu können zwischen demjenigen, der allgemein an den Tod denkt, und demjenigen, der sich in allen Einzelheiten ausmalt, wie er sich umbringen könnte, kann tatsächlich ausschlaggebend sein. Die Existenz präziser und gut durchdachter Pläne (Tag, Stunde, gewählte Mittel) und der eventuelle Vorsatz, Briefe oder schriftliche Mitteilungen den Eltern oder Freunden zu hinterlassen, zählen zu den Anhaltspunkten, die eine Lehrkraft (aber auch einen Freund oder einen Klassenkameraden) zu einer aufmerksameren und ausgewogeneren Bewertung der Suizidgefahr, der ein Jugendlicher in seiner bedrängten Lage entgegengeht, veranlassen können.

## Die tertiäre Prävention:
## Die Intervention danach

Nehmen wir an, daß ein Jugendlicher einen Suizidversuch unternommen hat. Es könnte sich dabei um eine ernste Absicht gehandelt haben, und in diesem Fall würde er wahrscheinlich im Krankenhaus medizinisch behandelt werden. Was sollen nun die Lehrer, die Klassen- und Schulkameraden und die Eltern in dieser Situation tun? Wir werden weiter unten darauf zurückkommen. Zuerst gehen wir jedoch auf die sehr viel häufigere Möglichkeit ein, daß es sich nicht um einen auffälligen Versuch handelt, sondern um eine selbstzerstörerische Geste von geringerem Gewicht, die sowohl der Aufmerksamkeit der Eltern als auch der des Hausarztes entgangen sein könnte. Es könnte passieren, daß eine Lehrerin, ein Freund oder ein Banknachbar davon Kenntnis erhält. Wie muß man sich verhalten, wenn diese vertrauliche Mitteilung unter dem Siegel absoluter Verschwiegenheit erfolgt ist? Muß man dieses Abkommen einhalten, oder ist es notwendig, dieses Geheimnis gegenüber demjenigen zu lüften, der wirksam eingreifen kann? In dieser sehr heiklen Situation besteht die Gefahr, daß eines der letzten Vertrauensverhältnisse oder die letzte authentische Beziehung zerbrechen kann. Der Freund könnte sich überlegen, daß er gerade im delikatesten Moment, in dem man von ihm Hilfe und Solidarität verlangt, eine über Jahre andauernde Bindung zerstört; der Lehrer könnte annehmen, daß er durch das Brechen des Schweigens eine positive Helferbeziehung zunichte macht.

Nicht wenige denken so. Auch ich würde dazu neigen, derartige Ängste zu teilen, wenn die Bitte, absolutes Schweigen zu bewahren, von einer erwachsenen Person käme. In diesem Fall würden sich ethische Probleme ergeben (sowohl für meine Rolle als Psychiater als auch für jene des Lehrers würde es sich um eine Frage der ethischen Pflichten handeln), die nur das individuelle Gewissen lösen kann. Aber im Fall eines Minderjährigen sind meines Erachtens solche Ängste und Skrupel wegen der Verletzung einer Schweigepflicht völlig fehl am Platz.

Ich erinnere mich in diesem Zusammenhang daran, daß mir vor

einigen Jahren eine Gruppe amerikanischer Psychologen einen Videofilm über Suizidvorbeugung bei Jugendlichen zeigte (sehr gut gemacht und lehrreich), wobei mich aber ein Satz, mit dem die Lehrerin sich an ihre Schüler wandte und den Suizidversuch eines Klassenkameraden kommentierte, ziemlich bestürzte: «Merkt euch, es ist besser, eine Freundschaft zu brechen, als sich wegen eines verlorenen Lebens schuldig zu fühlen.» Die Bedeutung dieses Satzes und der Ton, in dem er gesprochen wurde, erschienen mir zu hart, fast erpresserisch. Auf beidem lastete eine sehr «direktive» Interpretation von Kommunikation, die in Europa als übertrieben beurteilt würde. Anders ausgedrückt, damals dachte ich, daß das selbstzerstörerische Verhalten eines Jugendlichen der zugespitzte Ausdruck eines existentiellen Zweifels sei, einer verschärften, fast pathologischen Unsicherheit. Ich glaubte, daß eine sinnvolle therapeutische Haltung von einer Art existentiellen Beistands ausgehen müsse: Bevor ich diesen Zweifel bekämpfen konnte, mußte ich ihn in irgendeiner Weise anerkennen.

Allmählich kam ich zur gegensätzlichen Überzeugung. Heute bin ich der Meinung, daß, obwohl die selbstzerstörerische Geste einem tiefen Unverständnis für sich selbst, für die Welt, in der wir leben und für den Sinn des Lebens entspringen kann, an ihr trotzdem die Konnotation eines gewaltsamen Übergangs zur Handlung, eines Mißtrauens gegenüber der Alltäglichkeit und einer Revolte haftet. Das macht eine klare Botschaft notwendig, die so stark ist wie die gewaltsam ausbrechende Absicht. Unter diesen Umständen muß man beweisen, daß die Welt der Erwachsenen die Worte des Jugendlichen sehr ernst nimmt, über seine Ideen nachdenkt und seine Handlungen fürchtet. Dies bedeutet, als Therapeut dieselbe Wellenlänge zu benutzen und mit demjenigen positiv zu kommunizieren, der eine Suiziddrohung ausspricht.

Dennoch erschöpft sich das Problem nicht im einfachen Bruch des Schweigegebots. Es ist notwendig zu wissen, *wer anderes* von diesem Vorhaben (oder von diesem Ereignis, wenn der Suizidversuch schon ausgeführt worden war) erfahren darf. Hier muß von Mal zu Mal, von Fall zu Fall entschieden werden. Man soll wissen, wer in dieser Situation von Nutzen sein könnte (Eltern, Verwandte, zu denen der Jugendliche ein gutes Verhältnis hat, der Hausarzt, ein Psychologe, ein Bekannter, dem er vertraut); man muß auch abwägen, wann und wie man andere Vertreter der Schule davon unterrichtet, aber so, daß eventuelle negative Haltungen verändert werden können.

Kurz und gut, für die Schule in ihrer Gesamtheit zieht die Suizididee oder der Versuch, sie auszuführen, die Pflicht nach sich, nicht nur die Geschichte des einzelnen Schülers oder der Schülerin von Beginn an zu überdenken (und ihre Beziehungen zu den Lehrkräften und den Kameraden), sondern sich auch allgemein den eigentlichen Sinn des Unterrichtens zu vergegenwärtigen, sich zu fragen, was es bedeutet, gemeinsam in der Schule zu sein und dort für längere Zeit zusammenzuleben. Aus einem an sich tragischen Vorfall kann so eine außerordentlich fruchtbare Chance werden, wenn sie in ihrem tiefsten Sinn verstanden und genützt wird.

Zuletzt möchte ich noch auf das wohl dramatischste Thema eingehen, das Lucas Geschichte verdeutlicht hat: Wie verhält sich die Schule, wenn ein Schüler sich das Leben genommen hat. Der Suizid ist von derartiger Wucht, daß seine Wirkungen auf die Gemeinschaft, die den Jugendlichen umgibt, gesondert behandelt werden müssen.

Wenn ein Todesfall vorliegt, spricht man, auch wenn dies ein begrifflicher Widerspruch scheinen mag, von tertiärer Prävention oder mit einem Anglizismus von *Postintervention*. Im allgemeinen bezieht sich die Postintervention auf alle Maßnahmen, die zur Behandlung und zur Rehabilitation eines Kranken gehören. Bei einem Suizid zielen diese Tätigkeiten auf die Überlebenden: die Familienangehörigen und die Verwandten, die Freunde und in unserem Fall die Klassenkameraden und die Lehrkräfte.

Wer in der Schule arbeitet, ist im allgemeinen ganz und gar nicht vorbereitet auf die Auseinandersetzung mit einem so dramatischen Ereignis wie einem Suizid; man könnte sogar sagen, daß die Schule dem Problem des Todes allgemein nicht gewachsen ist (man denke nur an die Schwierigkeiten, die die Schule schon mit einem Tod durch Verkehrsunfall oder durch Drogen hat).

Versuchen wir uns die wesentlichen Probleme vorzustellen, die ein Suizid hervorrufen kann. Vorausgeschickt werden muß, daß die Schule der Ort ist, der mehr als jeder andere von den Überlebenden gewählt wird, um das Gefühl des Schmerzes, des Zornes, der Schuld und der Ohnmacht auszudrücken, aber sie ist auch der Ort, wo mehr als anderswo alles verzerrt werden kann. Von dieser Gegebenheit müssen wir ausgehen. Das vorrangige Ziel, das die Schule sich stellen muß, ist, daß kein weiterer Schüler dem Beispiel folgt, aber damit dies erreicht werden kann, ist es unabdingbar, daß ohne Zurückhaltung über alles gesprochen wird, was geschehen ist.

Es hat keinen Sinn, die Tatsache zu unterschlagen, daß die Schule nicht auf den willentlichen Tod eines ihrer Schüler vorbereitet ist; trotzdem wird gerade von ihr explizit oder implizit verlangt, daß sie etwas unternimmt, etwas, das oft jeden (Direktor, Lehrkräfte, Klassenkameraden) daran erinnert, was er nicht oder nicht zur Genüge getan hat, um dieses Leben zu schützen. Trotz dieser Gefühle der Ohnmacht und der Schuld muß die Schule, wie der amerikanische Psychologe Crabb (2) zu Recht betonte, dem dringenden Bedürfnis der Jugendlichen (der Überlebenden) nach einer direkten, offenen und ehrlichen Kommunikation nachkommen. Kein Ausweg und kein Vorwand darf diese Auseinandersetzung verhindern. Crabb bestätigte, daß «die Jugendlichen nicht nach der Beschwichtigung suchen, daß alles wieder so wird, wie es früher war, sondern nach der Möglichkeit, in aller Freiheit ihre Gefühle des Zorns und der Frustration auszudrücken: Sie wollen sich mit ihrer eigenen Krise auseinandersetzen.»

Für die Schule bedeutet dies also eine Überprüfung ihrer Funktionsfähigkeit. Aber welche sind die Leitlinien, denen die Lehrkräfte unter diesen tragischen Umständen folgen sollen? Lamb und Dunne-Maxim (6) haben einige vorgeschlagen, die mir sehr nützlich erscheinen. Vor allen Dingen sollte kein pathetischer Nachdruck auf die Suizidgeste gelegt und jeder Versuch unterlassen werden, *sie zu romantisieren*. Das Sprechen über den Tod, die Diskussion über die Motive, die ihn ausgelöst haben, sollten einfach und ruhig sein, ohne Abschweifungen in die Beschreibung unnützer Details (wie zum Beispiel Einzelheiten der Methode, die das Opfer gewählt hat, um seinem Leben ein Ende zu bereiten). Diese allgemeinen Empfehlungen ergänzen Lamb und Dunne-Maxim durch weitere und speziellere:

a) Versammlungen oder irgendwelche zu langen Treffen, die den Suizidtot eines Mitschülers zum Thema haben, vermeiden;

b) die Fakten rund um das Geschehen darlegen, ohne pathetische Hervorhebungen;

c) die Diskussion in Kleingruppen begünstigen, bei denen nicht unbedingt eine Lehrkraft anwesend sein muß;

d) alle daran erinnern, daß das Problem nicht darin liegt, den Schuldigen zu entdecken, sondern die Alternativen zum Suizid aufzuzeigen.

In anderen Worten: Das praktische Ziel der Intervention in der Schule ist, den Schmerz zu lindern, was aber keineswegs einer unmotivierten und übereilten Rückkehr zur Normalität gleichkommt. Dies wäre der schlimmste Fehler. Die Schüler sollen das Gefühl haben, daß die Schule ohne Eile mit ihren Tätigkeiten fortfährt, daß sie aber Zeit und Raum läßt, bis die Gefühle aller respektiert sind und jeder die beste Art und Weise gefunden hat, sie auszudrücken. Die rituellen Handlungen (Teilnahme am Begräbnis, Beileidsschreiben oder Blumen) sollten denjenigen ähnlich sein, die die Schule bei anderen, ihre Schüler betreffenden traurigen Anlässen (Todesfälle mit anderen Ursachen) vorsieht; um die Glorifizierung des Todes durch Suizid zu vermeiden, ist es ratsam, eine Trauerfeier nicht während der Schulstunden abzuhalten.

Schließlich müssen Lehrer und Lehrerinnen der Presse und dem Fernsehen gegenüber besonders aufmerksam sein, um jegliche emotionale Verstärkung zu vermeiden und um der Möglichkeit vorzubeugen, daß Fehler, die von der Schule nicht gemacht wurden, dann von den Journalisten begangen werden (in diesem Zusammenhang verweise ich auf das Kapitel, das diesem Thema gewidmet ist).

## Kehren wir zu Luca zurück

Können wir vor dem Hintergrund dieser Überlegungen feststellen, was in der Beziehung zwischen Luca und der Schule schiefgelaufen ist? Wo hat die Schule Fehler begangen? Es versteht sich von selbst, daß in Lucas Geschichte die schulische Erfahrung nur künstlich vom restlichen Leben getrennt werden kann, denn der eine Aspekt ist eng verflochten mit der anderen und umgekehrt. Ich maße mir sicherlich keine endgültige Erklärung dessen an, was Luca zu seinem tragischen Ende geführt hat. Trotzdem gibt dieser Fall Anlaß zu mindestens zwei, wenn auch nur kurzen Betrachtungen.

Die erste bezieht sich auf die chronische Distanz zwischen Luca (seine Gemütszustände, seine Ängste, seine Stimmungen, seine Gefühle, seine Schwierigkeiten) und der Welt der Schule (dazu gehören nicht nur die Lehrkräfte, sondern auch die Klassenkameraden); dieser Bruch stellt eine negative Konstante in seiner Geschichte dar. Auf der einen Seite steht Luca mit seiner Abwehrhaltung, die in ihm die Überzeugung seiner Andersartigkeit (vom Süden zu kommen und Sohn geschiedener Eltern zu sein) verstärkt, auf der anderen Seite erkennen wir die strenge und voreingenommene Antwort der Schule, die seine Werte und Verhaltensweisen ablehnte. Die Unfähigkeit (oder der Unwille), diese Barriere zu überwinden, war ein noch auffälligerer Fehler, um so mehr, als die Schule nie die Ursprünge dieses wachsenden Unwohlseins, dieses auseinanderfallenden Verhaltens untersuchen wollte. Wenn es Teil der Unterrichtsmethode der Lehrer und Lehrerinnen gewesen wäre, hinter der Oberfläche seines Verhaltens Lucas Natur oder seine verschiedenartigen Naturen aufzuspüren, dann wäre er mit anderen Augen, mit anderen Ohren und mit einer anderen Neugier betrachtet, angehört und verstanden und nicht so hastig klassifiziert und beurteilt worden.

Hätte sich einer seiner Lehrer die Frage nach dem Grad der Selbstachtung seiner Schüler gestellt, dann hätte er leicht feststellen können, daß Luca sehr wenig von sich hielt und, schlimmer noch, daß sich diese Selbstachtung mit jeder neuen frustrierenden Erfahrung (schlechte schulische Leistungen, Wiederholen der Klasse, Zurechtweisungen, Erniedrigungen) immer weiter verringerte. Die kritische Würdigung all dieser Umstände wäre nützlich gewesen, auch um der schuldhaften Heimlichtuerei der Eltern (im besonderen des Vaters) entgegenzuwirken und um wenigstens die Vermutung aufkommen zu lassen, daß sich hinter Lucas Verhalten Probleme versteckten, die er allein nie imstande gewesen wäre, positiv zu lösen. Man hätte auch die gestörte Kommunikation vermeiden können, die Luca als einzigen Sündenbock hinstellte für ein Geschehen, das viel größer war als er selbst: Auch die Starrköpfigkeit, mit der der Vater Luca zwang, gemessen an dessen Fähigkeiten, übertrieben hohe schulische Leistungen zu zeigen, bedeutet selbstverständlich, daß er die Identität seines Sohnes nicht akzeptierte; der Vater weigerte sich, auch nur daran zu denken, daß Luca anders sein könnte, als er es von ihm erwartete.

Die zweite Betrachtung bezieht sich auf die Rolle der Familie im Verhältnis zur Schule. Zweifellos können Eltern Schwierigkeiten haben, mit einem Fremden – zumindest wird ein Lehrer unter diesen Umständen so wahrgenommen – über delikate und intime Dinge, wie es einige Familienprobleme sind, zu sprechen, um so mehr, wenn sie sich kulturell nicht akzeptiert und affektiv nicht einbezogen fühlen. Dies tut der Tatsache keinen Abbruch, daß das Verschweigen und das Abstreiten dieser eklatanten Vorfälle durch den Vater, auch wenn es auf einer psychodynamischen Ebene weitgehend verständlich ist, sich tragisch und tödlich für Luca ausgewirkt haben.

Im Zusammenhang mit der Selbstachtung habe ich bereits erwähnt, daß mangelndes Selbstwertgefühl vor sich selbst oft bei Kindern zu finden ist, deren Eltern sehr große Erfolge von ihnen verlangen. Die Lehrer müssen sich dessen bewußt sein und eingreifen, um diese zwanghafte und erstickende Forderung abzuschwächen, indem sie den Eltern die damit verbundene Gefahr erläutern. Luca war über viele Jahre diesem Druck ausgesetzt, ohne daß jemand bereit gewesen wäre, ihn zu mildern; niemand trat dazwischen und verbündete sich mit ihm. Vielleicht hätten die Lehrer erkennen müssen, daß die immer wiederkehrenden unduldsamen und erbarmungslos ausschließenden Handlungen Luca unvermeidlich in einen entsetzlichen Abgrund stürzen ließen.

Hätte das Leben von Luca gerettet werden können? Die Antwort lautet ja, und das sicherlich nicht aus blinder Überzeugung oder hohlem Optimismus. Luca hatte positive Bezugspunkte in seinem aus den Fugen geratenen Leben: Er traf Giulia, er war in der Lage, schwierige Situationen durchzustehen, er war dem Ziel einer ersten wichtigen Etappe nahe (dem Abschluß des Gymnasiums). Sich selbst und den andern hätte er beweisen können, daß er etwas wert ist. Sicher ist in diesen Fällen die Reihe der Wenn und Aber länger als die der Tage eines so kurzen Lebens. Dennoch ist es unsere Aufgabe, auf diese kleine, verborgene und noch heile Welt zu setzen, die wir alle in uns haben und die noch nicht von den negativen Ereignissen des Lebens zerstört wurde. Wenn wir von ihr ausgehen, können wir versuchen, wiederaufzubauen und dem Leben wiederzugeben, was das Schicksal, die individuelle Verletzlichkeit und die feindliche Umwelt uns geraubt haben. Jeder muß seinen Teil dazu beitragen, in erster Linie aber die Familie und die Schule.

# Literaturnachweise

**Einleitung**

1 Jacobs, D., Brown, H. (Hg.): *Suicide: understanding and responding.* Madison 1989

2 Hawton, K.: *Suicide and attempted suicide among children and adolescents.* Beverly Hills 1986

3 Erikson, E. H.: *Kindheit und Gesellschaft.* Stuttgart 1992

**1 Angst zu leben, Angst zu wachsen**

1 Hug-Hellmuth, H.: *Das Kind und seine Vorstellung vom Tode.* In: Imago I, Heft 3, 1912

2 Lourie, R.: *Clinical studies of attempted suicide.* In: Clinical Proceedings of the Children's Hospital, 22, 1966, S. 163–173

3 MacLean, G.: *Clinical Perspectives.* In: G. MacLean (Hg.): *Suicide in children & adolescents.* Toronto 1990

4 Speec, M. W., Brent, S. B.: *Children's understanding of death: a review of three components of the death concept.* In: Child Development, 55, 1984, S. 1671–1686

5 Kane, B.: *Children's concept of death.* In: Journal of Genetic Psychology, 134, 1979, S. 141–153

6 Piaget, J.: *Der Aufbau der Wirklichkeit beim Kinde.* In: Gesammelte Werke, Band 2. Stuttgart 1989

7 McIntyre, M., Angle, C., Struempler, L.: *The concept of death in midwestern children and youth.* In: American Journal of Disease of Children, 123, 1972, S. 527–532

8 Melear, J. D.: *Children's conception of death.* In: Journal of Genetic Psychology, 123, 1973, S. 359–360

9 Shaffer, D., Fisher, P.: *The epidemiology of suicide in children and young adolescents.* In: Journal of the American Academy of Child Psychiatry, 20, 1981, S. 545–565

10 Nagy, M.: *The child's view of death.* In: Journal of Genetic Psychology, 73, 1948, S. 3–27

11  Pfeffer, C. R.: *The suicidal child*. New York 1986
12  Pfeffer, C. R., Conte, H. R., Plunchik, R., Jarret, I.: *Suicidal behaviour in latency-age children*. In: Journal of American Academy of Child Psychiatry, 18, 1979, S. 679–692
13  Pfeffer, C. R., Conte, H. R., Plunchik, R., Jarret, I.: *Suicidal behaviour in latency-age children: an out-patient population*. In: Journal of the American Academy of Child Psychiatry, 19, 1980, S. 703–710
14  Orbach, I., Carlson, G., Feshbach, S., Glaubman, M., Gross, Y.: *Attraction and repulsion by life and death in suicidal and in normal children*. In: Journal of Consulting and Clinical Psychology, 51, 1983, S. 661–670
15  White, H. C.: *Self-poisoning in adolescents*. In: British Journal of Psychiatry, 124, 1974, S. 24–35
16  Hawton, K.: *Suicide and attempted suicide among children and adolescents*. Beverly Hills 1986
17  Hawton, K., Cole, D., O'Grady, J., Osborn, M.: *Motivational aspects of deliberate self-poisoning in adolescents*. In: British Journal of Psychiatry, 141, 1982, S. 286–291
18  Kazdin, A. E., French, N. H., Unis, A. S., Esveldt-Dawson, K., Sherick, R. B.: *Hopelessness, depression and suicidal intent among psychiatrically disturbed inpatient children*. In: Journal of Consulting and Clinical Psychology, 51, 1983, S. 504–510
19  Topol, P., Reznikoff, N.: *Perceived and family relationships, hopelessness and locus of control as factors in adolescent suicide attempts*. In: Suicide and Life-Threatening Behaviour, 12, 1982, S. 141–150
20  White, H. C., *op. cit.* (1974)
21  Hawton, K., Cole, D., O'Grady, J., Osborn, M., *op. cit.* (1982)
22  Shneidman, E. S.: *Overview: a multidimensional approach to suicide*. In: Jacobs, D., Brown, H. N. (Hg.): *Suicide: understanding and responding*. Madison 1989
23  Durkheim, E.: *Der Selbstmord*. Frankfurt a. M. 1983
24  Henry, A. F., Short J. F.: *Homicide and suicide*. Glencoe 1954
25  Douglas, J. D.: *The social meaning of suicide*. Princeton 1967
26  Shneidman, E. S., *op. cit.* (1989)
27  Shneidman, E. S.: *Approaches and communalities of suicide*. In: Diekstra, Maris, Platt, Schmidtke, A., Sonneck (Hg.): *Suicide and its prevention. The role of attitude and imitation*. Leiden 1989
28  Berman, A. L., Jobes, D. A.: *Adolescent suicide assessment and intervention*. American Psychological Association, Washington 1991

29 Maris, R.W.: *Pathways to suicide: a survey of self-destructive behaviours*. Baltimore 1981

30 Petzel, S.V., Riddle, M.: *Adolescent suicide: psychosocial and cognitive aspects*. In: Adolescent Psychiatry, 9, 1981, S. 342–398

31 Hendin, H.: *Youth suicide: a psychosocial perspective*. In: Suicide and Life-Threatening Behaviour, 17, 1987, S. 151–165

32 Lester, D.: *Youth suicide: a cross-cultural perspective*. In: Adolescence, 23, 1988, S. 955–958

33 Lester, D.: *One theory on teen-age suicide*. In: Journal of School Health, 58, 1988, S. 193 f

34 Platt, S.: *A subculture of parasuicide?* In: Diekstra, R. F. W., Maris, R., Platt, S., Schmidtke, A., Sonneck, G. (Hg.): *Suicide and its prevention. The role of attitude and imitation*. Leiden 1989

35 Freud, S.: *Trauer und Melancholie*. In: Studienausgabe, Band III, Psychologie des Unbewußten. Frankfurt a. M. 1975, S. 197–212

36 Freud, S.: *Jenseits des Lustprinzips*. In: Studienausgabe, Band III, Psychologie des Unbewußten. Frankfurt a. M. 1975, S. 217–272

37 Tabachnick, N.: *Theories of self-destruction*. In: American Journal of Psychoanalysis, 32, 1971, S. 53–61

38 Fizzotti, E., Gismondi, A.: *Il suicidio. Vuoto esistenziale e ricerca di senso*. Turin 1991

39 Henseler, H.: *Psychologie des Suizids*. In: Concilium, 21, 1985, S. 179–183

40 Menninger, K.: *Selbstzerstörung. Psychoanalyse des Selbstmords*. Frankfurt a. M. o. J.

41 Zilboorg, G.: *Suicide among civilized and primitive races*. In: American Journal of Psychiatry, 92, 1936, S. 362

42 Zilboorg, G.: *Consideration on suicide with particular reference to that of the young*. In: American Journal of Orthopsychiatry, 7, 1937, S. 15–31

43 Adler, A.: *Suicide*. In: Journal of Individual Psychology, 14, 1958, S. 57–61

44 Green, M. R.: *Suicide: the Sullivanian point of view*. In: Farberow, N. L., Shneidman, E. S. (Hg.): *The cry for help*. New York 1961

45 Wahl, C. W.: *Suicide as a magical act*. In: Shneidman, E. S., Farberow, N. L. (Hg.): *Clues to suicide*. New York 1957

46 Wade, N. L.: *Suicide as a resolution of a separation-individuation among adolescent girls*. In: Adolescence, 22, 1987, S. 169–177

47 Smith, K.: *Suicide assessment: an ego vulnerabilities approach*. In: The

Bulletin of the Menninger Clinic, 49, 1985, S. 489–499, zit. in Berman, A. L., Jobes, D. A., *op. cit.* (1991)

48 Richman, J.: *The family therapy of attempted suicide.* In: Family Process, 18, 1979, S. 131–142

49 Richman, J.: *Suicide and the family: affective disturbances and their implications for understanding, diagnosis, and treatment.* In: Lansky, M. R. (Hg.): *Family therapy and major psychopathology.* New York 1981

50 Richman, J.: *The family therapy of suicidal adolescents: promises and pitfalls.* In: Sudak, H. S., Ford, A. B., Rushford, N. B. (Hg.): *Suicide in the young.* Boston 1984

51 Trautman, P. D., Shaffer, D.: *Treatment of child and adolescent suicide attempters.* In: Sudak, H. S., Ford, A. B., Rushford, N. B. (Hg.): *Suicide in the young.* Boston 1984

52 Weissman, M. M., Paychel, E. S., Klerman, G. L.: *The depressed woman as a mother.* In: Social Psychiatry, 7, 1972, S. 89–108

53 Sabbath, J. C.: *The suicidal adolescent: the expendable child.* In: Journal of the American Academy of Child Psychiatry, 8, 1969, S. 272–289

54 Shapiro, E. R., Freedman, J.: *Family dynamics of adolescent suicide.* In: Adolescent Psychiatry, 14, 1987, S. 271–290

55 Faber, M. L.: *Theory of suicide.* New York 1968

56 Baechler, J.: *Suicides.* New York 1975

57 Shneidman, E.: *Definition of suicide.* New York 1985

58 Roy, A.: *Suicide in twins.* In: Archives of General Psychiatry, 48, 1990, S. 29–31

59 Schulsinger, R., Kety, S., Rosenthal, D., Wender, P.: *A family study on suicide.* In: Schou, M., Stromgren, E. (Hg.): *Origins, prevention and treatment of affective disorders.* New York 1979

60 Wender, P., Kety, S., Rosenthal, D.: *Psychiatric disorders in the biological and adoptive families of adopted individuals with affective disorders.* In: Archives of General Psychiatry, 43, 1986, S. 923–929

61 Kety, S.: *Genetic factors in suicide.* In: Roy, A. (Hg.): *Suicide.* Baltimore 1986

62 Egeland, J., Sussex, J.: *Suicide and family loading with affective disorders.* In: Journal of the American Medical Association, 254, 1985, S. 915–918

63 Tsuang, M. T.: *Genetic factors in suicide.* In: Diseases of the Nervous System, 38, 1977, S. 498–501

64 Tsuang, M. T.: *Risk of suicide in the relatives of schizophrenics, ma-*

*nics, depressives, and controls.* In: Journal of Clinical Psychiatry, 44, 1983, S. 396–400

65 Brown, S. L., Van Praag, H. M.: *The role of serotonin in psychiatric disorders.* New York 1991

66 Arango, V., Underwood, M. D., Mann, J. J.: *Alterations in monoamine receptors in the brain of suicide victims.* In: Journal of Clinical Psycho-pharmacology, 12, 1992, S. 8–12

67 Van Praag, H. M.: *Serotoninergic disfunction and aggression control.* In: Psychological Medicine, 21, 1991, S. 15–19

68 Brown, S. L., Botsis, A. J., Van Praag, H. M.: *Suicide: CSF and neuroen-docrine challenge studies.* In: International Review of Psychiatry, 4, 1992, S. 141–148

69 Arango, V., Mann, J. J.: *Relevance of serotoninergic postmortem stu-dies to suicidal behaviour.* In: International Review of Psychiatry, 4, 1992, S. 131–140

70 Cazzullo, C. L., Invernizzi, G., Vitali, A.: *Le condotte suicidarie.* Turin 1987

71 Arana, G. W., Hyman, S.: *Biological contribution to suicide.* In: Ja-cobs, D., Brown, H. N. (Hg.): *Suicide: understanding and responding.* Madison 1989

## 2 Die Orte der Verzweiflung

1 Florenzano, F., Crepet, P.: *Il suicidio e il tentato suicidio tra gli anziani. Una interpretazione epidemiologica.* In: Alzheimer Logevità Geriatria, 2, 1987, S. 61–66

2 Diekstra, R. F. W., Moritz, B. J. M.: *Suicidal behaviour among adoles-cents: an overview.* In: Diekstra, R. F. W., Hawton, K. (Hg.): *Suicide in adolescence.* Dordrecht 1987

3 Hendin, H.: *Suicide in America.* New York 1982

4 Hawton, K.: *Suicide and attempted suicide among children and adoles-cents.* Beverly Hills 1986

5 National Center for Health Statistics, USA: *Monthly Vital Statistics Report, 1981,* Vol. 33, Nr. 3, 1984

6 Hellon, C. P., Solomon, M. I.: *Suicide and age in Alberta, Canada, 1951–1977: the changing profile.* In: Archives of General Psychiatry, 37, 1980, S. 505–510

7 Murphy, G. E., Wetzel, R. D.: *Suicide risk by birth cohort in the United States, 1949–1974.* In: Archives of General Psychiatry, 37, 1980, S. 519–523

8 Platt, S.: *Suicide trends in 24 European Countries 1972–1984.* WHO Working Paper, WHO Working Group on Preventive Practices in Suicide and Attempted Suicide, York, 22.–26. September 1986

9 Diekstra, R. F. W.: *Suicide and suicide attempts in the European Economic Community: an analysis of trends with special emphasis upon trends among the young.* In: Suicide and Life-Threatening Behaviour, 15, 1985, S. 27–42

10 Smith, J.: *Self-poisoning with drugs: a worsening situation.* In: British Medical Journal, 4, 1972, S. 157–159

11 Kreitman, N.: *Parasuicide.* London 1977

12 Diekstra, R. F. W.: *On the epidemiology of attempted suicide in the EEC.* In: Wilmotte, J., Mendlewicz (Hg.): *New trends in suicide prevention.* Bibliotheca Psychiatrica, 162, Basel 1982

13 Diekstra, R. F. W., Moritz, B. J. M. *op. cit.* (1987)

14 Pfeffer, C. R., Conte, H. R., Plutchik, R., Jerret, I.: *Suicidal behaviour in latency age children: an out-patient population.* In: Journal of the American Academy of Child Psychiatry, 19, 1980, S. 703–710

15 Diekstra, R. F. W., Moritz, B. J. M., *op. cit.* (1987)

16 Kreitman, N., Schreiber, M.: *Parasuicide in young Edinburgh women.* In: Psychological Medicine, 9, 1979, S. 469–479

17 Hawton, K., Goldacre, M.: *Hospital admission for adverse effects of medicinal agents (mainly self-poisoning), among adolescents in the Oxford region.* In: British Journal of Psychiatry, 141, 1981, S. 106–170

18 Crepet, P., Caracciolo, S., Casoli, R., Fabbri, D., Grassi, G., Jonus, A., Tomelli, A.: *Epidemiologia del tentato suicidio. Primi risultati della ricerca multicentrica europea dell'OMS.* In: Rivista Sperimentale di Freniatria, 3, 1991, S. 362–371

19 Husain, S. A., Vandiver, T.: *Suicide in children and adolescents.* Lancaster 1984

20 Dorpat, T. L., Ripley, H. S.: *The relationship between attempted suicide and committed suicide.* In: Comprehensive Psychiatry, 8, 1967, S. 74–79

21 Hawton, K., *op. cit.* (1987)

22 Pfeffer, C. R., Plutchik, R., Mizruchi, M. S.: *Suicidal and assaultive behavior in children: classification, measurement, and interrelation.* In: American Journal of Psychiatry, 140, 1983, S. 154–157

23 Pfeffer, C. R., Zuckerman, S., Plutchik, R., Mizruchi, M. S.: *Suicidal behaviour in normal school children: a comparison with child psy-*

*chiatric inpatients*. In: Journal of the American Academy of Child Psychiatry, 23, 1984, S. 416–423

24 Hawton, K.: *Suicide in adolescents*. In: Roy, A. (Hg.): *Suicide*. London 1986

25 McClure, G. M. G.: *Recent trends in suicide amongst the young*. In: British Journal of Psychiatry, 144, 1984, S. 134–138

26 Holinger, P. C.: *Epidemiologic issues in youth suicide*. In: Pfeffer, C. R. (Hg.): *Suicide among youth: perspectives on risk and prevention*. Washington, D. C., 1989

27 Shaffer, D., Fisher, P.: *The epidemiology of suicide in children and adolescents*. In: Journal of the American Academy of Child Psychiatry, 20, 1981, S. 545–565

28 USA Department of Health, Education and Welfare: *Suicide, Homicide and Alcoholism among American Indians: guidelines for help*. ADM Publication Nr. 74-42, Department of Health, Education and Welfare, Rockville 1973

29 McCarney, E. R.: *Adolescent and young adult suicide in the United States. A reflection of societal unrest?* In: Adolescence, 14, 1979, S. 765–774

30 Petzel, S. V., Cline, D. W.: *Adolescent suicide: epidemiological and biological aspects*. In: Adolescent Psychiatry, 6, 1978, S. 239–266

31 Kreitman, N., *op. cit.* (1979)

32 Kreitman, N., Schreiber, M., *op. cit.* (1979)

33 Platt, S.: *Unemployment and suicidal behaviour; a review of the literature*. In: Social Science and Medicine, 19, 1984, S. 93–115

34 Shapiro, C. M., Parry, M. R.: *Is unemployment a cause of parasuicide?* In: British Medical Journal, 289, 1985, S. 1622

35 Crepet, P., Florenzano, F.: *Unemployment and suicide in Italy*. In: Möller, H.-J., Schmidtke, A., Welz, R. (Hg.): *Current issues of suicidology*. Berlin 1988

36 Banks, M. H., Jackson, P. R.: *Unemployment and risk of minor psychiatric disorder in young people: cross-sectional and longitudinal evidence*. In: Psychological Medicine, 12, 1982, S. 789–798

37 Platt, S.: *Parasuicide and unemployment*. In: British Journal of Psychiatry, 149, 1986, S. 401–405

38 Bergstrand, C. G., Otto, U.: *Suicidal attempts in adolescence and childhood*. In: Acta Pediatrica, 51, 1962, S. 17–26

39 White, H. C.: *Self-poisoning in adolescence*. In: British Journal of Psychiatry, 124, 1974, S. 24–35

40 Hawton, K., O'Grady, J., Osborn, M., Cole, D.: *Adolescents who take overdoses: their characteristics, problems and contacts with helping agencies.* In: British Journal of Psychiatry, 140, 1982, S. 118–123

41 Kerkhof, A. F. J. M., van der Wal, J., Hengeveld, M. W.: *A typology of persons who attempted suicide with predictive value for repetition: a prospective cohort-study.* In: Möller, H.-J., Schmidtke, A., Welz, R. (Hg.): *Current issues of suicidology.* Berlin 1988

42 Adams-Tucker, C.: *Proximate effects of sexual abuse in childhood.* In: American Journal of Psychiatry, 139, 1982, S. 1252–1256

43 Pfeffer, C. R.: *Families of suicidal children.* In: Diekstra, R. F. W., Hawton, K. (Hg.): *Suicide in adolescence.* Dordrecht 1987

44 Roberts, J., Hawton, K.: *Child abuse and attempted suicide.* In: British Journal of Psychiatry, 137, 1980, S. 319–323

45 Caprara, G. V., Maggi, V., Massari Torre, F.: *Contributo allo studio della personalità di soggetti che hanno tentato il suicidio.* In: Caprara, G. V. et al. (Hg.): *Studi di personalità: quattro ricerche con il metodo di R. Holt.* Turin 1981

46 Carpenter, R. G.: *Statistical analysis of suicide and other mortality rates of students.* In: British Journal of Preventive Social Medicine, 13, 1959, S. 163–174

47 Hawton, K., Crowle, J., Simkin, S., Bancroft, J.: *Attempted suicide and suicide among Oxford University students.* In: British Journal of Psychiatry, 132, 1978, S. 506–509

48 Cresswell, P. A., Smith, G. A.: *Student suicide: a study of social integration.* Oxford 1968

49 Eisenberg, L.: *Adolescent suicide: on taking arms against a sea of troubles.* In: Pediatrics, 66, 1989, S. 315–320

50 Petzel, S. V., Cline, D. W., *op. cit.* (1978)

51 Hawton, K., *op. cit.* (1986)

52 Platt, S.: *Suicide and parasuicide among further education students in Edinburgh.* In: British Journal of Psychiatry, 150, 1986, S. 183–188

53 Ross, C. P.: *School and suicide: education for life and health.* In: Diekstra, R. F. W., Hawton, K. (Hg.): *Suicide in adolescence.* Dordrecht 1987

54 Ross, M.: *Suicide among College Students.* In: American Journal of Psychiatry, 126, 1969, S. 221 f

55 American Psychiatric Association: *Diagnostic and statistical manual of mental disorders. DSM III.* Washington, D. C., 1981

56 Shaffer, D., Fisher, P., *op. cit.* (1981)

57 Cosand, B. J., Bourque, L. B., Kraus, J. F.: *Suicide among adolescents in Sacramento County, California 1950–1979.* In: Adolescence, 17, 1982, S. 917–930

58 Otto, U.: *Suicidal acts by children and adolescents.* In: Acta Psychiatrica Scandinavica, Suppl. 233, 1972

59 Diekstra, R. F. W., Moritz, B. J. M.: *Suicidal behaviour among adolescents: an overview.* In: Diekstra, R. F. W., Hawton, K. (Hg.): *Suicide in adolescence.* Dordrecht 1987

60 Dorpat, T. L., Jackson, J. K., Ripley, H. S.: *Broken homes and attempted suicide.* In: Archives of General Psychiatry, 12, 1965, S. 213–216

61 Shaffer, D., Fisher, P., *op. cit.* (1981)

62 Cosand, B. J., Bourque, L. B., Kraus, J. F., *op. cit.* (1982)

63 McAnarney, E. R.: *Adolescent and young adult suicide in the United States. A reflection of societal unrest?* In: Adolescence, 14, 1979, S. 765–774

64 Shaffer, D.: *Suicide in childhood and early adolescence.* In: Journal of Child Psychology and Psychiatry, 15, 1974, S. 275–291

65 Ebenda

66 Cosand, B. J., Bourque, L. B., Kraus, J. F., *op. cit.* (1982)

67 Garfinkel, B. D., Golombek, H., *op. cit.* (1983)

68 Chia, B. H.: *Suicide of the young in Singapore.* In: Annals of Academy Medicine, 8, 1979, S. 262–268

69 Barraclough, B., Bunch, J., Nelson, B., Sainsbury, P.: *A hundred cases of suicide: clinical aspects.* In: British Journal of Psychiatry, 131, 1974, S. 355–373

70 Hawton, K.: *Assessment and aftercare of adolescents who take overdoses.* In: Diekstra, R. F. W., Hawton, K. (Hg.): *Suicide in adolescence.* Dordrecht 1987

71 Miles, C. P.: *Conditions predisposing to suicide: a review.* In: Journal of Nervous Mental Disorders, 164, 1977, S. 231–246

72 Topp, D. O.: *Suicide in prison.* In: British Journal of Psychiatry, 134, 1979, S. 24–27

73 Bewly, T. H., Ben-Arie, O., Pierce, J. I.: *Morbidity and mortality from heroin dependence. Survey of heroin addicts known to Home Office.* In: British Medical Journal, 1, 1968, S. 725 f

74 Noble, P., Hart, T., Nation, R.: *Correlates and outcome of illecit drug use by adolescent girls.* In: British Journal of Psychiatry, 120, 1972, S. 497–504

75 Seager, C. P.: *Suicide in neurosis and personality disorder*. In: Roy, A. (Hg.): *Suicide*. Baltimore 1986

76 Black, D. W., Warrack, G., Winokur, G.: *The Iowa record-linkage study. Suicides and accidental deaths among psychiatric patients*. In: Archives of General Psychiatry, 42, 1985, S. 71–75

77 Martin, R. L., Cloninger, R., Guze, S. B., Clayton, P. J.: *Mortality in a follow-up of 500 psychiatric outpatients. Cause-specific mortality*. In: Archives of General Psychiatry, 42, 1985, S. 58–66

78 Murphy, G. E., Armstrong, J. W., Hermele, S. L., Fischer, J. R., Clendenin, W. W.: *Suicide and alcoholism. Interpersonal loss confirmed as a predictor*. In: Archives of General Psychiatry, 36, 1979, S. 65–69

79 Shaffer, D., *op. cit.* (1974)

80 Igu, M.: *Suicide of Japanese youth*. In: Suicide Life-Threatment Behaviour, 11, 1981, S. 17–30

81 Shaffer, D., *op. cit.* (1974)

82 Hawton, K., *op. cit.* (1986)

83 Crepet, P., Florenzano, F.: *Il rifiuto di vivere. Anatomia del suicidio*. Rom 1989

84 Diekstra, R. F. W., Hawton, K. (Hg.), *op. cit.* (1987)

85 Centers for disease control: *Reported morbidity and mortality in the United States*. Morbility and Mortality Weekly Report, 54, 1986

86 Moscicki, E. K., Boyd, J. H.: *Epidemiologic trends in firearm suicides among adolescents*. In: Pediatrician, 12, 1985, S. 52–62

87 Boyd, J. H., Moscicki, E. K.: *Firearms and youth suicide*. In: American Journal Public Health, 10, 1986, S. 1240–1242

88 Cavalli, Cesareo, de Lillo, Ricolfi, Romagnoli (Hg.): *Giovani oggi. Indagine sulla condizione giovanile in Italia*. Bologna 1984

## 3 Wenn der Faden reißt

1 Crepet, P., Caracciolo, S., Casoli, R., Fabbri, D., Grassi, G., Jonus, A., Tomelli, A.: *Epidemiologia del tentato suicidio. Primi risultati della ricerca multicentrica europea dell'OMS*. In: Rivista Sperimentale di Freniatria, 3, 1991, S. 362–371

2 Crepet, P., Baratti, M., Caracciolo, S., Casoli, R., Fabbri, D., Florenzano, F., Jonus, A., Piccoli, G.: *Suicidal behaviour in Italy. Trends and guidelines for a suicide intervention/prevention policy*. In: Suicide and Life-Threatening Behaviour, 21, 3, 1991, S. 263–278

3 Crepet, P.: *Epidemiologia delle condotte suicidarie in Italia*. In: Epidemiologia e Psichiatria Sociale, 1992, S. 7–9

4 Platt, S., Bille-Brahe, U., Kerkhof, A., Schmidtke, A., Bjerke, T., Crepet, P., De Leo, D., Haring, C., Lonnqvist, J., Michel, K., Philippe, A., Pommereau, X., Querejeta, I., Salander-Renberg, E., Temesvary, B., Wasserman, D., Sampaio Faria, J.: *Parasuicide in Europe: the WHO/ EURO multicentre study on parasuicide. I. Introduction to the study and preliminary analysis for 1989.* In: Acta Psychiatrica Scandinavica, 2, 1992, S. 97–104

5 Weiss, M. A. J.: *The suicidal patient.* In: Resnik, H.: *Suicidal behaviour: diagnosis and management.* Boston 1959

6 Merini, A.: *La risposta dell'équipe al suicidio del paziente.* In: Psicoterapia e Scienze Umane, 1993

7 Woodbury, M.: *L'équipe thérapeutique.* In: L'Information Thérapeutique, 10, 1966, S. 1047–1124

8 Racamier, P. C.: *Lo psicoanalista senza divano.* Mailand 1972

9 Kernberg, O.: *Teoria della relazione oggettuale e clinica psicoanalitica.* Turin 1982

10 Dunne, E. J., McIntosh, J. L., Dunne-Maxim, K. (Hg.): *Suicide and its aftermath. Understanding and counseling the survivors.* New York 1987

11 Jack, R.: *Women and attempted suicide.* Hove, UK, 1992

12 Clifton, A. K., Dorothy Lee, D. E.: *Self-destructive consequences of sex-role socialisation.* In: Suicide and Life-Threatening Behaviour, 6, 1976, S. 1–7

## 4 Die verhängnisvolle Verführung

1 Durkheim, E.: *Der Selbstmord.* Frankfurt a. M. 1983

2 Crepet, P., Florenzano, F.: *Il rifiuto di vivere. Anatomia del suicidio.* Rom 1989

3 Gliesenti, P., Pesenti, R.: *Persuasori e persuasi. I mass media negli USA negli anni '90.* Bari 1990

4 McQuail, D.: *Mass Communication Theory. An introduction.* London 1987

5 Liebert, R. M., Schwartzberg, N. S.: *Effects of mass media.* In: Annual Review of Psychology, 28, 1977, S. 141–173

6 Cavalli, A., De Lillo, A.: *Giovani anni 80. Secondo rapporto IARD sulla condizione giovanile in Italia.* Bologna 1988

7 Di Palo, E., Guala, C.: *I bambini e la TV,* Genua 1987

8 CENSIS: *Per un osservatorio sulla condizione infantile in Italia. Riflessioni, strategie, numeri.* Rom 1991 (nichtpubliziertes Material)

9 Eysenck, H. J., Nias, D. K.: *Violence and the Media.* London 1978

10 CENSIS: *Per un osservatorio sulla condizione infantile in Italia. Riflessioni, strategie, numeri.* Rom 1991 (nichtpubliziertes Material)

11 Gerber, G.: *Violence in television drama: trends and symbolic functions.* In: Comstock, G. A., Rubinstain, E. A. (Hg.): *Television and social behaviour.* Washington, D. C., 1972

12 Slaby, R. G., Quarforth, G. R., McConnachie, G. A.: *Television violence and its sponsors.* In: Journal of Communication, 26, 1976, S. 88–96

13 Phillips, D. P.: *The found experiment: a new technique for assessing the impact of mass media violence on real world aggressive behavior.* In: Public Communication and Behavior, 1, 1986, S. 259–307

14 Phillips, D. P., Carstens, L. L.: *Clustering of teenage suicides after television news stories about suicide.* In: New England Journal of Medicine, 315, 1986, S. 685–689

15 Phillips, D. P.: *Recent advances in suicidology. The study of imitative suicide.* In: Diekstra, R. F. W., Maris, R., Platt, S., Schmidtke, A., Sonneck, G. (Hg.): *Suicide and its prevention.* Leiden 1989

16 Phillips, D. P., Carstensen, L. L., Paight, D. J.: *Effects of mass media on suicide, with new evidence on the role of story content.* In: Pfeffer, C. R. (Hg.): *Suicide among youth: perspectives on risk and prevention.* Washington, D. C., 1989

17 Hafner, H., Schmidtke, A.: *Do televised fictional suicide models produce suicides?* In: Pfeffer, C. R. (Hg.): *Suicide among youth: perspectives on risk and prevention.* Washington, D. C., 1989

18 Schmidtke, A., Hafner, H.: *Public attitudes towards and effects of the mass media on suicidal and deliberate self-harm behavior.* In: Diekstra, R. F. W., Maris, R., Platt, S., Schmidtke, A., Sonneck, G. (Hg.): *Suicide and its prevention.* Leiden 1989

19 Motto, J. A.: *Suicide and suggestibility: The role of the press.* In: American Journal of Psychiatry, 124, 1967, S. 252–256

20 Blumenthal, S., Bergner, L.: *Suicide and newspaper: a replicated study.* In: American Journal of Psychiatry, 130, 1973, S. 468–471

21 Motto, J. A.: *Newspaper influence on suicide.* In: Archives of General Psychiatry, 23, 1970, S. 143–148

22 Phillips, D. P.: *The influence of suggestion on suicide: substantive and theoretical implications of the Werther effect.* In: American Sociological Review, 39, 1974, S. 340–354

23 Baraclough, B., Sheperd, D., Jennings, C.: *Do newspaper reports of*

*coroners' inquests incite people to commit suicide?* In: British Journal of Psychiatry, 131, 1977, S. 528–532

24 Bollen, K. A., Phillips, R. D.: *Imitative suicides: a national study of effects of television news stories.* In: American Sociological Review, 47, 1981, S. 802–809

25 Phillips, D. P., Carstens, L. L.: *Clustering of teenage suicides after television news stories about suicide.* In: New England Journal of Medicine, 315, 1986, S. 685–689

26 Horton, H., Stack, S.: *The effect of television on national suicide rates.* In: Journal of Suicide Psychology, 123, 1984, S. 141 f

27 Stack, S.: *The effect of Jonestown suicides on American suicide rates.* In: Journal of Social Psychology, 119, 1983, S. 145 f

28 Nesci, A. D.: *La notte bianca. Studio etnopsichiatrico del suicidio collettivo.* Rom 1991

29 Jackson, E. D., Potkey, C. R.: *Audience reactions to the suicide play Quiet Cries.* In: Journal of Community Psychology, 2, 1974, S. 16 f

30 Wilson, W., Hunter, R.: *Movie-inspired violence.* In: Psychological Reports, 53, 1983, S. 435–441

31 Schmidtke, A., Hafner, H.: *Imitation effects after fictional television suicides.* In: Möller, H.-J., Schmidtke, A., Welz, R. (Hg.): *Current issues in suicidology.* Berlin 1988

32 Phillips, R. D.: *The impact of fictional television stories on U. S. fatalities: new evidence on the effect of the mass media on violence.* In: American Journal of Sociology, 87, 1982, S. 1340–1359

33 Ellis, S. J., Walsh, S.: *Soap may seriously damage your health.* Lancet, März 1986, S. 686

34 Platt, S.: *The consequences of a televised soap opera drug overdose. Is there a mass media imitation effect?* In: Diekstra, R. F. W., Maris, R., Platt, S., Schmidtke, A., Sonneck, G. (Hg.): *Suicide and its prevention.* Leiden 1989

35 Gould, M. S., Shaffer, D.: *The impact of suicide in television movies.* In: Diekstra, R. F. W., Maris, R., Platt, S., Schmidtke, A., Sonneck, G. (Hg.): *Suicide and its prevention.* Leiden 1989

36 Biblarz, A., Brown, R. M., Biblarz, D. N., Pilgrim, M., Baldree, B. F.: *Media influence on attitudes toward suicide.* In: Suicide and Life-Threatening Behaviour, 21, 1991, S. 374–384

37 Hare, E. H., Walter, S. D.: *Monthly variation of suicide and undeterminated death compared.* In: Journal of Epidemiology and Community Health, 32, 1978, S. 47–52

38 Zimmerman-Tansella, Ch., Micciolo, R., Williams, P., Tansella, M.: *Seasonal variation in suicide in Italy.* In: Cooper, B., Helgason, T. (Hg.): *Epidemiology and prevention of mental disorders.* London 1989

39 Crepet, P.: *Le malattie della disoccupazione. Le condizioni fisiche e psichiche di chi non ha lavoro.* Rom 1990

40 Maris, R.: *Pathways to suicide.* Baltimore 1981

41 Maris, R.: *Introduction to mass media and suicide* In: Diekstra, R. F. W., Maris, R., Platt, S., Schmidtke, A., Sonneck, G. (Hg.): *Suicide and its prevention.* Leiden 1989

42 Sonneck, G., Etzersdorfer, E., Nagel-Kuess, S.: *Subway suicide in Vienna (1980–1990): a contribution to the imitation effect in suicidal behavior.* In: Crepet, P., Ferrari, G., Platt, S., Bellini, M. (Hg.): *Suicidal behaviour in Europe. Recent research trends.* London, in Vorbereitung

## 5 Die Vorahnung des Absurden

1 Marzuk, P., Tierney, H., Tardiff, K., Gross, E., Morgan, E., Hsu, M., Mann, J.: *Increased risk of suicide in persons with AIDS.* In: Journal of the American Medical Association, 259, 1988, S. 1333–1337

2 Beskov, J. E., Bellini, M., Sampaio Faria, J. G., Kerkhof, A. J. F. M. (Hg.): *HIV and AIDS-related suicidal behaviour.* Bologna 1992

3 Murphy, G.: *Suicide and attempted suicide.* In: Michels, R. (Hg.): *Psychiatry.* Philadelphia 1985

4 Ebenda

5 Fremouw, W. J., de Perczel, M., Ellis, T. E.: *Suicide risk. Assessment and response guidelines.* New York 1990

6 Topol, P., Reznikoff, M.: *Perceived peer and family relationships, hopelessness, and locus of control as factors in adolescent suicide attempts.* In: Suicide and Life-Threatening Behaviour, 12, 1982, S. 141–150

7 Khan, A. U.: *Heterogenety of suicidal adolescents.* In: Journal of the American Academy of Child and Adolescent Psychiatry, 26, 1987, S. 92–96

8 Rubenstain, J. L., Heeren, T., Housman, D., Rubin, C., Stechler, G.: *Suicidal behaviour in «normal» adolescents: risk and protective factors.* In: American Journal of Orthopsychiatry, 59, 1990, S. 59–71

9 Berman, A. L., Schwartz, R.: *Suicide attempts among adolescent drug users.* In: American Journal of Diseases of Children, 144, 1990, S. 310–314

10 Peck, M. L.: *Crisis intervention treatment with chronically and acutely*

*suicidal adolescents.* In: Peck, M. L., Farberow, N. L., Litman, R. E. (Hg.): *Youth suicide.* New York 1985

11 Stiffman, A. R.: *Suicide attempts in runaway youth.* In: Suicide and Life-Threatening Behaviour, 17, 1989, S. 107–118

12 Bourget, D., Gagnon, A., Bradford, J. M.: *Satanism in a psychiatric adolescent population.* In: Canadian Journal of Psychiatry, 33, 1988, S. 197–202

13 Neuringer, C.: *Current developments in the study of suicidal thinking.* In: Shneidman, E. S. (Hg.): *Suicidology: contemporary developments.* New York 1976

14 Beck, A. T., Rush, A., Shaw, B., Emery, G.: *Cognitive therapy of depression.* New York 1979

15 Berman, A. L., Jobes, D. A.: *Adolescent suicide: assessment and intervention.* Washington, D. C., 1991

16 Tishler, C. L., McKenry, P. C., Morgan, K. C.: *Adolescent suicide attempts: some significant factors.* In: Suicide and Life-Threatening Behaviour, 11, 1981, S. 86–92

17 Slap, G. B., Vorters, D. F., Chaudhuri, S., Centor, R. M.: *Risk factors for attempted suicide during adolescence.* In: Pediatrics, 84, 1989, S. 762–772

18 Korella, K.: *Teenage suicide gestures: a study of suicidal behaviour among high school students.* In: Dissertation Abstract International, 32, 1972, 5039 A

19 Pfeffer, C. R.: *Family characteristics and support system as risk factors for youth suicide.* In: Alcohol, Drug Abuse, and Mental Health Administration: *Report of the Secretary's Task Force on Youth Suicide, Volume 2, Risk Factors for Youth Suicide.* DHHS Publication Nr. ADM 89-1622. Washington, D. C., 1989

20 Shafii, M., Carrigan, S., Whittinghill, J. R., Derrick, A.: *Psychological autopsy of completed suicide in children and adolescents.* In: American Journal of Psychiatry, 142, 1985, S. 1061–1064

21 Gispert, M., Davis, M. S., Marsh, L., Wheeler, K.: *Predictive factors in repeated suicide attempts by adolescents.* In: Hospital and Community Psychiatry, 38, 1987, S. 390–393

22 Jacobs, J. J.: *Adolescent suicide.* New York 1971

23 Schotte, D. E., Clum, G. A.: *Suicide ideation in a college population: a test of a model.* In: Journal of Consulting and Clinical Psychology, 50, 1982, S. 690–696

24 Rubenstein, J. L., Heeren, T., Housman, D., Rubin, C., Stechler, G.:

Suicidal behaviour in «normal» adolescents: risk and protective factors. In: American Journal of Orthopsychiatry, 59, 1989, S. 59–71

25 Bigagli, A., Grillini, F.: Suicide and risk of suicide among the italian homosexuals. In: Ferrari, G., Bellini, M., Crepet, P. (Hg.): Suicidal behaviour and risk factors. Bologna 1990

26 Bell, A., Weinberg, M.: Homosexualities. New York 1978

27 Langevin, R., Paitich, D., Steiner, B.: The clinical profile of male transsexuals living as females vs those living as males. In: Archives of Sexual Behaviour, 6, 1977, S. 143–154

28 Huxley, J., Brandon, S.: Partnership in transsexualism, part I: paired and non-paired groups. In: Archives of Sexual Behaviour, 10, 1981, S. 133–141

29 Person, E., Ovesey, L.: The transsexual syndrome in males, part I: primary transsexualism. In: American Journal of Psychotherapy, 28, 1974, S. 4–21

30 Harry, J.: Sexual identity issues. In: Davidson, L., Linnoila, M. (Hg.): Risk factors for youth suicide. New York 1991

31 Kosky, R.: Childhood suicidal behaviour in battered children. In: American Journal of Psychiatry, 24, 1983, S. 457–468

32 Herman, J., Hirschman, L.: Families at risk for father-daughter incest. In: American Journal of Psychiatry, 138, 1981, S. 967–970

33 Green, A.: Self-destructive behaviour in battered children. In: American Journal of Psychiatry, 135, 1978, S. 579–582

34 Ellis, E., Atkeson, B., Calhoun, K.: An examination of differences between multiple and single-incidence victims of sexual assault. In: Journal of Abnormal Psychology, 91, 1982, S. 221–224

35 Goyer, P., Eddleman, H.: Same-sex rape of non-incarcerated men. In: American Journal of Psychiatry, 141, 1984, S. 576–579

36 Gabrielson, I., Klerman, L., Currie, J., Tyler, N., Jekel, J.: Suicide attempts in a population pregnant as teenagers. In: American Journal of Public Health, 60, 1970, S. 2289–2301

37 Birtchell, J., Floyd, S.: Further menstrual characteristics of suicide attempters. In: Journal of Psychosomatic Research, 19, 1974, S. 81–85

38 Van Egmond, M., Diekstra, R. F. W.: The predicytability of suicidal behaviour. In: Diekstra, R. F. W., Maris, R., Platt, S., Schmidtke, A., Sonneck, G. (Hg.): Suicide and its prevention. The role of attitude and imitation. Leiden 1989

39 Ferrari, G., Bellini, M.: Suicide prediction and probability. In: Crepet,

P., Ferrari, G., Platt, S., Bellini, M. (Hg.): *Suicidal Behaviour in Europe. Recent research findings.* London 1992

40 Fremouw, W. J., de Perczel, M., Ellis, T. E., *op. cit.* (1990)

41 Brent, D. A., Perper, J. A., Goldstein, C. E., Kolko, D. J., Allman, M. J., Zelenak, J. P.: *Risk factors for adolescent suicide.* In: Archives of General Psychiatry, 45, 1988, S. 581–588

42 Carlson, G. A., Cantwell, D. P.: *Suicidal behaviour and depression in children and adolescents.* In: Journal of the American Academy of Child and Adolescent Psychiatry, 21, 1980, S. 361–368

43 Rotheram, M. J.: *Evaluation of imminent danger for suicide among youth.* In: American Journal of Orthopsychiatry, 57, 1987, S. 102–110

44 Blumenthal, S. J., Kupfer, D. J.: *Overview of early detection and treatment strategies for suicidal behaviour in young people.* In: Alcohol, Drug Abuse and Mental Health Administration: *Report of the Secretary's task force on youth suicide. Volume 3. Prevention and interventions in youth suicide.* DHHS Publication Nr. ADM 89-1623. Washington, D. C., 1989

45 Berman, A. L., Jobes, D. A., *op. cit.* (1991)

46 Smith, K., Conroy, R. W., Ehler, B. D.: *Lethality of suicide attempt rating scale.* In: Suicide and Life-Threatening Behaviour, 14, 1984, S. 215–242

47 Pierce, D. W.: *The predictive validation of a suicide intent scale: a five year follow-up.* In: British Journal of Psychiatry, 139, 1981, S. 131–136

48 Stanley, B., Traskman-Benz, L., Stanley, M.: *The Suicide Assessment Scale: a scale evaluating change in suicidal behaviour.* In: Psychopharmacology Bulletin, 22, 1986, S. 200–205

49 Richman, J.: *Family therapy for suicidal people.* New York 1986

50 Berman, A. L., Jobes, D. A., *op. cit.* (1991)

## 6 Der Turm und der große Drache

1 Brown, S.: *Sample interview questions for assessing suicidal risk.* In: The Network News, 6, 1987, S. 5 f

2 Crabb, A.: *Children and environmental disasters: the counselor's responsability.* Elementary School Guidance and Counseling, 2, 1982, S. 228–231

3 Erikson, E.: *I need to be me: the emergence of self.* Madison 1917, zit. in Stivers, C.: *Promotion of self-esteem in the prevention of suicide.* In:

Leenaars, A. A., Wenckstern, S. (Hg.): *Suicide prevention in schools.* New York 1991

4 Eskilson, A., Wiley, M. G., Muehlbauer, G., Doddler, L.: *Parental pressure, self-esteem and adolescent reported deviance: bending the twig too far.* In: Adolescence, 21, 1986, S. 501–515

5 Hendrickson, S., Cameron, C. A.: *Student suicide and college administrators: a perceptual gap.* In: Journal of Higher Education, 46, 1975, S. 349–354

6 Lamb, F., Dunne-Maxim, K.: *Postvention in the schools: policy and process.* In: Dunne, E., McKintosh, J., Dunne-Maxim, K. (Hg.): *Suicide and its aftermath.* New York 1987

7 Leonardson, G. R.: *The relationship between self-concept and selected academic and personal factors.* In: Adolescence, 21, 1986, S. 467–474

8 Long, V. O.: *The pursuit of happiness: feeling good about yourself, problems and prescriptions.* In: Counseling Interview, 19, 1987, S. 15–17

9 McDermott, J.: *Fantasy game may promote cognitive skill in many young people.* In: Clinical Psychiatry News, 14, 1987, S. 635–647

10 Ross, C. P.: *School and suicide: education for life and death.* In: Diekstra, R. F. W., Hawton, K. (Hg.): *Suicide in adolescence.* Amsterdam 1987

11 Ross, C. P., Lee, A. R.: *Suicide in youth and what you can do about it.* Suicide Prevention and Crisis Centre, Burlingame, California 1977

12 Smith, J.: *A crisis intervention curriculum for teenagers and young adults.* Holmes Beach, Florida, 1988

13 Stivers, C.: *Promotion of self-esteem in the prevention of suicide.* In: Leenaars, A. A., Wenckstern, S. (Hg.): *Suicide prevention in schools.* New York 1991

14 Tierney, R., Ramsey, R., Tanney, B., Lang, W.: *Comprehensive school suicide prevention programs.* In: Leenaars, A. A., Wenckstern, S. (Hg.): *Suicide prevention in schools.* New York 1991

15 Wetzel, R. D.: *Self-concept of suicide intent.* In: Psychological Reports, 35, 1975, S. 279–282

*rororo sachbuch*